中國社會科學院老年學者文庫

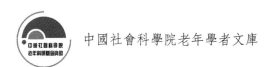

中國社會科學院老年學者文庫

遼史禮志疏證稿

李錫厚 / 著

社會科學文獻出版社

SOCIAL SCIENCES ACADEMIC PRESS (CHINA)

自 序

在中國漫長的封建時代,① 等級森嚴,禮是統治者用以維護等級差別、鞏固專制政權的工具。《孝經·廣要道章》孔子曰:"安上治民,莫善於禮。"注云:"禮所以正君臣父子之別、明男女長幼之序,故可以安上化下也。"② 總之,禮的功用在於協調統治集團內部的關係,從而令其能夠更強有力地"治民"并有效地鞏固統治者的地位。

中國古代"以禮入法",禮也被當作法。如果行爲不依禮,即視爲不守法并會受到懲罰。當權者的暴力統治總要以禮作支撐,至高無尚的專制皇權絕對不容人們非議,否則就是"大不敬";任何人如對各級官員的胡作非爲施加反抗,即是"犯上";如果質疑宗族大佬和族長的權威,就是目無尊長。越來越紛繁複雜的禮儀,將

① 本書作者使用的"封建"一詞,不是傳統文獻如柳宗元的《封建論》中的同義詞,而是西方語言"feudalism"的譯名——封建主義。按照馬克思的人類社會發展規律學説,封建主義是一種社會形態,是以土地占有權和人身依附關係爲基礎的關於權利和義務的社會制度。毛澤東著作以及二十世紀中國多數歷史學家正是在上述含義下使用"封建"這一概念的。近年有人將中西兩種"封建"混爲一談,認爲自從"廢封建"、實行郡縣制,戰國以後就不再是封建社會了,如果是这样,那麼近代的半封建半殖民地社會以及反帝反封建的民主革命又從何説起?
② 《孝經·廣要道章第十二》,《四部叢刊》影印宋刊本。

祖先崇拜、上天崇拜與對最高統治者皇帝的崇拜納入同一體系，因此禮便具有神秘的宗教色彩，成爲所謂“禮教”。封建禮教束縛人們思想、阻礙社會進步，其影響遍及社會各階層，一直延續至近現代。

遼禮就其本質而論，是當時蕃漢統治集團壓迫和奴役各族人民、維護封建政權的工具，與歷代王朝的禮儀制度并無根本區別。但在遼宋分立時期，以契丹貴族爲主體的遼朝統治集團接受漢禮的過程，同時也是他們漢化和封建化的過程。遼禮的研究，是遼史研究不容忽視的重要課題。

《遼史·禮志》是在遼末宰相耶律儼以及大儒耶律固等人留下的稿本基礎上并吸收《遼朝雜禮》編纂而成。如今上述文獻均散佚無存，因此《遼史·禮志》就成了研究遼朝禮儀制度僅存的基本史料，同時它還爲研究遼代政治、文化、民俗及遼與北宋、西夏、高麗的關係提供了許多生動、具體的史實。然而這樣一個重要領域，以往的遼史研究除涉及再生柴冊儀、祭山儀等個別禮儀外，對一系列從唐、五代繼承下來的以及更多照抄北宋的禮儀卻鮮有關注。究其原因，主要是因爲對《遼史·禮志》的校勘、標點問題沒有解決，也就是說，時至今日，這五卷書的文本仍有諸多待解之謎，以至於研究者不能有效地開發和利用。

《遼史·禮志》是記述遼朝各項禮儀的歷史文獻，同時也是時人排演禮儀的腳本。我們讀“禮志”，不應當衹注意字面表述的内容，還應當像導演讀劇本一樣，力求發掘行文省略、但却包含在字裏行間的意思，否則便無法還原禮儀的原貌。當我們用這樣的方法讀《遼史·禮志》時，就會發現有太多的脱漏。斷句、標點工作如果不將脱漏情況考慮在内，必將導致諸多謬誤。中華書局1974年版《遼史》點校本校勘、標點存疑不少，其中禮、樂、儀衛諸志可商榷者尤多。2017年版修訂本《禮志》五卷雖有個別修證，但絕大多數問題仍承襲下來。歸結起來大致有兩方面：一是標點錯誤，如卷五二《禮志·嘉儀·皇帝納后之儀》："宴后族及羣臣，皇族、后族偶飲如初，百戲、角觝、戲馬較勝以爲樂。"①角觝戲類似今日的摔跤。《舊五代史》卷一二四《唐景思傳》："唐景思，秦州人也，幼以屠狗爲業，善角觝戲。""馬較勝"即賽馬以爭勝負。故標點應是："宴后族及羣臣，皇族、后族偶飲如初，百戲、角觝戲、馬較勝以爲樂。"又如卷五三《禮志·禮志·嘉儀·皇后生辰儀》："教坊、監琖、臣僚上殿祗候如儀。"②北方聚飲，總要比拼酒量，你飲一杯，我也同樣飲一杯，有人"監琖"，是爲了杜絕不公平。在皇后生辰宴會上，由教坊監琖。"教坊"和"監琖"不應點斷。

二是文字脫誤以及因脫誤未被點校者發現而導致斷句錯誤，如卷五二《禮志·嘉儀·皇帝受册儀》："太常博士引太常卿，太常卿引帝。内諸司出。協律郎舉麾，太樂令令撞黄鍾之鍾，左五鍾皆應，工人鼓柷，樂作；皇帝即御坐。"③據《通典》卷一二二《臨軒行事》，《遼史·禮志》於"太常卿引帝"後漏掉了"即御座，南向立"。這一脫漏，則使得讀者不知道皇帝被引向何處，因此使下面文字均費解。點校本却將錯就錯。又卷五二《禮志·嘉儀·皇帝納后之儀》："乃詣神主室三拜，南北向各一拜，酹酒。向謁者一拜。起居訖，再拜。"④新册立的皇后，作爲皇室女主人感謝謁者守護神主室的辛勞，故向謁者一拜而止。"起居訖"前脫"謁者"二字，也可能是有意省略。因爲起居是四拜至七拜的大禮，祇有帝、后纔能接受這樣隆重的禮拜。故這段文字應是："乃詣神主室

---

① 1974 年精裝點校本第 2 册，第 864 頁；2017 年修訂本，第 960 頁。
② 1974 年精裝點校本第 2 册，第 870 頁；2017 年修訂本，第 966 頁。
③ 1974 年精裝點校本第 2 册，第 858 頁；2017 年修訂本，第 954 頁。
④ 1974 年精裝點校本第 2 册，第 863 頁；2017 年修訂本，第 960 頁。

三拜，南北向各一拜，酹酒。向謁者一拜。〔謁者〕起居訖，再拜。"卷五三《禮志·皇帝生辰朝賀儀》："中書令、北大王奏諸道進奉表目"，① 實際上是中書令奏諸道進奉表目，漏掉了由北大王奏報契丹臣僚及諸部進奉表目。這類問題祇有疏通文義纔便於發現和解決。

有些闕文，可能是作者認爲不言自明而加以省略。由於點校者没發現有省略，故導致標點連續出錯。如卷五二《禮志·嘉儀·册皇太后儀》："宣徽使贊皇帝再拜，稱'萬歲'，羣臣陪位，揖。翰林學士四人、大將軍四人舁册。皇帝捧册行，三舉武，授册。"② 按照上述標點，當皇帝跪拜時陪位羣臣祇是拱手作揖，這不成體統！實際上是"羣臣陪位"後省略了"皆再拜，稱'萬歲'"。依禮皇帝對太后再拜稱萬歲，陪位羣臣同時也要再拜稱萬歲。"揖"與陪位羣臣無關，是充當典儀者作揖示意翰林學士和大將軍"舁册"。"三舉武"是何等動作，令人百思不得其解。以愚者一得之見，當是皇帝捧册行進過程中三次上舉，"武授册"即大將軍接過御册放在册案上，由同行的文武臣僚抬着上殿。因此標點應是："宣徽使贊'皇帝再拜'、稱'萬歲'，羣臣陪位〔皆再拜，稱'萬歲'〕。揖：翰林學士四人、大將軍四人舁册。皇帝捧册行，三舉，武授册。"

本書稿對百衲本原文進行校補，發現有若干處脱字和闕文，凡查明來源或有其他禮儀相關情節可資參照，則據以訂補；文獻無徵，則據己意加以解說。以上列舉數例并不足以概括問題之全部，欲知校補及修證標點詳情，請以中華書局《遼史》兩種版本與本稿互校。

澶淵之盟後遼宋通好，雖號稱"兄弟之邦"，但實際上仍互爲

① 1974 年精裝點校本第 2 册，第 869 頁；2017 年修訂本，第 965 頁。
② 1974 年精裝點校本第 2 册，第 860 頁；2017 年修訂本，第 956 頁。

“敵國”。北宋嚴格限制官私書籍、文獻出境。王曾瑜先生認爲，遼人修史完全無可能徵引北宋歷朝《會要》之類的官書。這一見解在探尋《遼史·禮志》文本來源的實踐中亦可得到證實。《遼史·禮志》中的諸多禮儀、特別是賓儀和嘉儀中的大多數文本，都是出使宋朝的遼朝官員在開封據典禮現場所見，北返後憑記憶追記，然後交史官結合遼朝典儀實際情況加以修改整理。脱誤頻現即顯露了追記的痕迹。

遼宋分立時期，遼的武力强過北宋，然而北宋的物質文明和精神文明發展水平却大大高過遼，研究遼朝禮樂制度，考證、疏通《遼史·禮志》文義，本書稿試圖幫助讀者理解在這樣的歷史條件下，契丹統治者爲什麽以及怎樣逐步放棄他們故有的塞北游牧文化，而全面接受中原禮樂文化，這方面的研究將證明封建禮樂文化在當時特定的歷史條件下，客觀上還具有促進民族融合與國家統一的積極作用。

書稿對各項禮儀盡可能追溯其來源、解釋其典故、疏通其文義、考定其初始年代及地點，從而揭示遼禮與唐、五代、北宋的密切關係。每項禮儀，標題下多有題解，原文用黑體，疏證用宋體。如原文繁複，則分成數節，疏證亦穿插其間。

書後附作者未曾發表的一篇論文《遼朝禮樂制度溯源》，探索遼朝禮樂制度起源及演變的歷史，破解從阿保機時代的“天子旗鼓”“東向”宫殿，到德光開封登基“胡馬奚車羅列殿廷”，直到遼末“朝廷嚴衮冕，郊廟奏塤箎”禮樂制度變革的過程。此外還初步探討了與遼禮密切相關的遼朝宫廷音樂的來源及演變。

年來我雖雙目尤存，却已是終日視而不見。幸有電子設備，可以使我從柴可夫斯基的美妙旋律中感知周圍世界風光無限，從貝多芬和馬勒的交響樂中，聆聽他們對歷史問題的深度思考。聽古典音樂，憶千年往事，就是我日常的功课。偶爾想收拾一下自己往年留下的學術爛尾工程，已是一種奢求。本書正是在这樣的情況下，歷經幾度寒暑，數易其稿，雖力求爲讀者提供校補有據、標點正確的《遼史·禮志》文本，疏證和溯源也力求具有一定的參考價值，但終於備感力不從心，自知疏漏、錯誤在所不免，讀者一經發現，望不吝賜教。

2022 年 8 月

目　録

一　禮志總序（《遼史》卷四十九）[*]

理自天設，情繇人生，以理制情而禮樂之用行焉。林豺梁獺是生郊禘，窪尊燔黍是生燕饗，藁桿瓦棺是生喪葬，儷皮緇布是生婚冠。

關於禮樂的功用以及理與情的關係，《遼史》禮志序表達的正是宋元理學的觀點。宋人黃榦説："近亦頗覺古人爲學，大抵先於身心上用功……無非欲人檢點身心，存天理，去人慾而已。"^① 所謂"理自天設，情繇人生"，也就是理學家的"天理""人欲"之説。禮樂代表的是天理，是用以制約人的情慾的。因此，這段"序"開宗明義指出：理是上天創設的，情是由人所生。以天理控制人的情慾，禮樂之功用即得以施行。

"林豺梁獺"之説源自《禮記·王制》："獺祭魚，然後虞人入澤梁；豺祭獸，然後田獵；鳩化爲鷹，然後設罞羅；草木零落，然後入山林。"意思是説：林中的豺狼秋季獵獲走獸，陳於住地四周，以備過冬食用，古人稱"豺祭獸"；早春時節水獺捕魚陳於水邊，古人稱"獺祭魚"。豺、獺有祭，啓發帝王以祖先配祭上天的郊禘大典。以此説明祭禮起源於自然，此種觀點實際上否認受社會意識驅動的人類行爲與動物本能的區别。"窪尊燔黍是生燕饗"，

---

[*]　本書引用《遼史》是在 2017 年中華書局修訂本基礎上經校補并重新標點，故非按修訂本原文照録。

①　（宋）黃榦：《勉齋集》卷一七《復饒伯興》，《文淵閣四庫全書》影印本。

意思是鑿地爲尊，黍米置於燒石上加熱取食，這種人類原始生活方式就是燕饗的起源。"虆梩瓦棺是生喪葬"，意思是説簡單裝殮、葬埋就是喪葬制度的開始。"虆梩瓦棺"：虆（櫐），是盛土器；梩，鍬、鍤之類的挖土工具。《孟子·滕文公上》："蓋歸反虆梩而掩之，掩之誠是也，則孝子仁人之掩其親，亦必有道矣。"注云："虆梩，籠臿之屬，可以取土者也。"① 《鹽鐵論·散不足》云："古者瓦棺容尸，木板堲周，足以收形骸、藏髮齒而已。"② "瓦棺墓"，東南沿海及臺灣等地均有發現。"儷皮緇布是生婚冠"，義即毛皮黑布，實是婚冠大禮的初階。"儷皮"是指成對的鹿皮。古人用爲聘問、酬謝或訂婚的禮物。《儀禮·士冠禮》："乃禮賓以壹獻之禮，主人酬賓束帛、儷皮。"鄭玄注："儷皮，兩鹿皮也。"③ "緇"是黑色。

皇造帝秩，三王彌文；一文一質，蓋本于忠。變通革弊與時宜之，唯聖人爲能通其意。執理者膠瑟聚訟，不適人情；徇情者稊稗綿蕝，不中天理。秦漢而降，君子無取焉。

"皇造帝秩"是説唐堯、虞舜禪讓有序，有如皇天上帝安排百神的位次一樣。"三王彌文"是説"三王"——商湯王、周文王和周武王，他們即位不同於唐堯、虞舜禪讓，已充滿文明意味，即"彌文"。堯、舜時期與三王時代的區别，是"一文一質"：一是文明時代、一是質樸的原始時代。不懂得時勢變遷的人，執一成不變之説以爲理，就有如"膠柱鼓瑟"，不懂得樂器的音準需要不斷調適。他們執一成不變的道理，聚訟紛紜。"膠柱鼓瑟"亦作"膠柱調瑟"，指不能靈活變通。漢揚雄云："或曰：'以往聖人之法治將來，譬猶膠柱而調瑟，有諸？'曰：'有之。'曰：'聖君少而庸君

---

① 《孟子注疏》卷五《滕文公章句上》，《文淵閣四庫全書》影印本。
② 王利器：《鹽鐵論校注》，中華書局，1992，第353頁。
③ 《儀禮注疏》卷一《士冠禮》，《文淵閣四庫全書》影印本。

多，如獨守仲尼之道，是漆也。'（注：'漆甚於膠。'）"① 與執一成不變之理的人相反，還有一種"徇情者"，他們"稊稗綿蕝"——運用稊綿等物可以演習整頓朝章典儀。"稊稗"是一種與穀物類似的野草。綿是蠶絲結成的片或團；蕝（蕞）是古代朝會時表示位次的茅束。《史記·叔孫通列傳》載：叔孫通欲爲漢高祖立朝儀，遂與魯生三十人及高祖左右學者及其弟子百餘人"爲綿蕞野外"，演習月餘，朝儀始成。《索隱》引韋昭云："引繩爲綿，立表爲蕞。"又引賈逵云："束茅以表位爲蕝。"② 這種做法，"不中天理"。所以秦漢以後，以上兩種行事的方式、方法都不再爲人所取法。

遼本朝鮮故壤，箕子八條之教流風、遺俗蓋有存者。自其上世，緣情制宜，隱然有尚質之風。遙輦胡剌可汗制祭山儀、蘇可汗制瑟瑟儀、阻午可汗制柴册再生儀，其情朴，其用儉。敬天恤災、施惠本孝，出於悃忱，殆有得於膠瑟聚訟之表者，太古之上椎輪五禮，何以異茲。太宗克晉，稍用漢禮。

"遼本朝鮮故壤"之説，源於《遼史·地理志·東京道》的地理概念錯誤。深入探求其致誤的原因，實始於《地理志》誤將朝鮮半島上的一條名爲"浿水"的河流，"移"到了遼陽附近所致。在述及遼陽附近的河流時，除了遼河、渾河、大樑水（太子河）等河流之外，該卷又説到有浿水。并説："遼陽縣。本渤海國金德縣地。漢浿水縣，高麗改爲勾麗縣，渤海爲常樂縣。"浿水縣，漢屬樂浪郡。據《漢書·地理志》："樂浪郡，武帝元封三年開。莽曰樂鮮。屬幽州。"該郡下轄二十五縣，其中浿水縣因水得名，"水西至增地入海"。③ 浿水縣不在遼陽，它所屬的樂浪郡，應劭注："故朝鮮國

---

① 《法言·先知》，見（漢）揚雄撰，汪榮寶注疏《法言義疏》，陳仲夫點校，中華書局，1987，第 292 頁。
② 《史記》卷九九《叔孫通列傳》，第 2723 頁。
③ 《漢書》卷二八《地理志》，第 1627 頁。

也。"此外，樂浪郡的另一屬縣朝鮮縣，應劭注："武王封箕子於朝鮮。"關於浿水與樂浪郡，《高麗史》記載："周武王克商，封箕子於朝鮮，是爲後朝鮮。逮四十一代孫準時有燕人衞滿亡命，聚黨千餘人，來奪準地，都於王險城（原注：險一作儉，即平壤），是爲衞滿朝鮮。其孫右渠不肯奉詔，漢武帝元封二年遣將討之，定爲四郡，以王險爲樂浪郡……有大同江（原注：即浿江，又名王城江。江之下流爲九津溺水）"① 樂浪郡治所設在王險城，亦即今朝鮮平壤市。浿水或浿江，即流經平壤的大同江。皆與遼之疆域無涉。《漢書·地理志》："殷道衰，箕子去之朝鮮，教其民以禮義，田蠶織作。樂浪朝鮮民犯禁八條：相殺以當時償殺；相傷以穀償；相盜者男没入爲其家奴，女子爲婢，欲自贖者，人五十萬。雖免爲民，俗猶羞之；嫁取無所讎，是以其民終不相盜，無門户之閉，婦人貞信不淫辟。"② 契丹與高麗壤地相接，人員往來頻繁，高麗的禮俗自然會影響到經濟、文化發展相對滯後的契丹。但是，朝鮮半島文化、禮俗，其淵源畢竟主要在中原，對契丹影響更爲巨大和深遠的，祇能是唐、五代和北宋。《遼史》卷六九《部族表序》説："遼接五代，漢地遠近，載諸簡册可考。西北沙漠之地，樹藝五穀，衣服車馬、禮文制度，【文爲】土産品物，得其粗而失其精；部落之名，姓氏之號，得其音而未得其字。歷代踵訛，艱於考索。"③ 分析遼朝的各項禮儀，其中的唐、五代及北宋的因素，仍歷歷可考。阿保機即汗位之前，契丹社會經歷長期發展，早已擺脱了原始狀態。他們繼承匈奴、突厥汗國以及鮮卑文化的同時，臣伏隋唐帝

---

① 《高麗史》卷五八《地理志·樂浪郡》，韓國首爾大學奎章閣藏本。

② 《漢書》卷二八《地理志》，第 1658 頁。

③ 按這段文字，1974 年點校本爲："西北沙漠之地，樹藝五穀，衣服車馬禮文，制度文爲，土産品物，得其粗而失其精。部落之名，姓氏之號，得其音而未得其字。"（第 1077 頁）"文爲"或爲衍文，《文淵閣四庫全書》影印本作"以及"。

國，又更多地學習了中原的禮俗文化。傳說遥輦胡刺可汗、蘇可汗、阻午可汗創制各種禮儀，正反映了當時契丹社會内部已經開始了階級分化，產生了社會地位不平等的各個階層。當時契丹人對禮儀持一種誠懇、忠誠，即"悃忱"的態度。班固説："忠形於悃忱故失野，敬形於祭祀故失鬼，文形於飾貌故失薄。"① 禮樂制度初始階段，難免伴隨這樣的弊端，可以説，禮樂初興正是受益於"膠瑟聚訟之表者"。太古之時，華夏祖先草創"五禮"，也正是如此。所謂"椎輪五禮"：即指原始狀態的吉、凶、賓、軍、嘉五種禮儀。無輻的原始車輪謂之"椎輪"，亦指棧車，此用以比喻五禮草創。

今國史院有金陳大任《遼禮儀志》，皆其國俗之故，又有《遼朝雜禮》，漢儀爲多。別得宣文閣所藏耶律儼志，視大任爲加詳。存其略，著于篇。

金初纂修《遼史》，先由廣寧尹耶律固主持，未及成書，耶律固先亡，於是又由其門人蕭永祺續成。書成後，未曾刊行。至章宗時期，先後有移刺履、賈鉉、黨懷英及蕭貢等人參與刊修，至泰和七年（1207）由陳大任完成，但亦未刊行。金亡後，蕭永祺《遼史》稿本已散佚無存，陳大任《遼史》稿本也已殘缺不全。耶律儼（？ ~1113）：析津人，遼道宗壽昌初，授樞密直學士，拜參知政事，修《皇朝實録》七十卷。元代纂修《遼史》時，陳大任《遼史·禮志》和耶律儼《實録》所提供的"國俗之故"，即是契丹故有的禮俗，其中也包含經歷代傳承下來的匈奴、突厥和鮮卑的禮俗。這些可以統稱爲遼禮當中的塞北因素。元修《遼史》從當時尚存的《遼朝雜禮》中採取的"漢俗"，則可以分解爲兩部分：唐五代禮俗和北宋禮俗。因此可以説遼禮不外以上三源。

---

① （漢）班固撰，（清）陳立疏證《白虎通疏證》卷八《三教》，吳則虞點校，中華書局，1994，第 372 頁。

二 吉儀（《遼史》卷四十九）

五禮之一的吉禮，指祭祀之禮。宋人黄震説：“禮有五經，謂吉、凶、賓、軍、嘉。莫重於祭，謂五禮以吉爲首，而祭者，吉禮也。”①《遼史·禮志·吉儀》除拜日、拜火之外，如祈雨、告廟、謁廟、拜陵等，都屬於祖先崇拜。祭山儀則不僅祭山，而且更重要的是祭契丹始祖——天神和地祇。可以説，契丹人對祖先的崇拜，超過對自然力的崇拜。

祭山儀

在塞北民族中自古以來就有對大山的崇拜。“契丹，本柬胡種，其先爲匈奴所破，保鮮卑山。魏青龍中，部酋比能稍桀驁，爲幽州刺史王雄所殺，衆遂微，逃潢水之南、黄龍之北。至元魏，自號曰契丹。”② 契丹與鮮卑同源，鮮卑又與匈奴關係密切，“風俗官號與匈奴略同，秦漢之際爲匈奴所敗，分保鮮卑山，因以爲號”。③ 大山是包括鮮卑、契丹在内的柬胡民族的保護地，同時也是他們日後

---

① （宋）黄震：《黄氏日抄》卷二三《祭統》，《文淵閣四庫全書》影印本。
② 《新唐書》卷二一九《契丹傳》，第 6167 頁。
③ 《晉書》卷一〇八《慕容廆載記》，中華書局，1974，第 2803 頁。

發展壯大的根據地，他們素來就有對大山、山神的崇拜，因此遼有
祭山儀。

**設天神、地祇位于木葉山，東鄉，中立君樹，前植羣樹，以像朝
班。又偶植二樹以爲神門。**

　　先在木葉山分別面向東方設立天神、地祇神位——祭壇，在兩
祭壇中間立君樹，君樹之前植羣樹，用以象徵朝班。又對植二樹作
爲神門。要解讀以上設置的意義，則應當從契丹祭山爲何選在永州
境内木葉山説起。《遼史》卷三七《地理志·上京道》載，永州是
承天皇太后所建，"乾亨三年，置州于皇子韓八墓側。東潢河，南
土河，二水合流，故號永州。冬月牙帳多駐此，謂之冬捺鉢。有木
葉山，上建契丹始祖廟，奇首可汗在南廟，可敦在北廟，繪塑二聖
并八子神像。相傳有神人乘白馬，自馬盂山浮土河而東，有天女駕
青牛車由平地松林泛潢河而下。至木葉山二水合流，相遇爲配偶，
生八子。其後族屬漸盛，分爲八部。每行軍及春、秋時祭，必用白
馬、青牛，示不忘本云"。以上記載表明，木葉山其本身不僅是契
丹人崇拜的對象，同時山中還有他們的始祖廟。這樣，祭山儀在祭
山神——契丹人的保護神的同時，還祭祀他們的始祖。木葉山有二
始祖廟：奇首可汗在南廟，可敦在北廟，因此始祖神位也是南、北
分設。"中立君樹"是説在天神、地祇位之間東向植君樹。"君樹"
代表木葉山神，他被賦與帝王的身份，就如同中原統治者將泰山神
稱爲東嶽大帝一樣。"鄉"通"向"。《漢書·文帝紀》記載羣臣勸
進情形："羣臣皆伏，固請。代王西鄉讓者三，南鄉讓者再。"如淳
曰："讓羣臣也。或曰賓主位東、西面，君臣位南、北面。故西鄉
坐，三讓不受。羣臣猶稱宜，乃更南鄉坐，示變即君位之漸也。"
師古曰："鄉，讀曰嚮。"[1] 契丹人拜日，日出東方，故東向而尚

---

　　[1]　《漢書》卷四《文帝紀》，第108~109頁。

左。"君樹"象徵帝王，故東向（遼朝祇有行漢禮時，皇帝纔南向坐）。羣樹象徵"朝班"。遼羣臣朝會，按既定次序列隊，稱"排班"。羣樹則如羣臣朝班一樣排列井然有序。"又偶植二樹以爲神門"，人們一到木葉山朝拜天神、過神門就如同進入天神的朝廷。祭山儀始於何時雖不可考，但植樹以象徵君臣、朝班的布局，則應是在太宗以至景宗行尊號册禮以後。

皇帝、皇后至，夷离畢具"禮儀"。牲用赭白馬、玄牛、赤白羊，皆牡。僕臣曰旗鼓拽剌，殺牲、體割，懸之君樹。太巫以酒酹牲。禮官曰敵烈麻都，奏"儀辦"。

　　皇帝、皇后到來，夷离畢要稟報禮儀已經準備好。犧牲用赭白馬、玄牛、赤白羊，而且都要雄性的。稱爲旗鼓拽剌的僕臣，負責殺牲，并將其體割，然後懸掛在君樹上。太巫以酒酹牲——灑在犧牲上。禮官稱爲敵烈麻都，奏"儀辦"——儀式已經辦妥。"夷离畢"，在遼爲執政官，相當於副宰相參知政事。後來官分南、北，北面官有夷离畢院，主要掌刑政。祭山儀由他具體操辦。祭祀犧牲用各色馬、牛、羊，其中包括"玄牛"（青牛）和白馬，表明祭山同時也兼祭始祖。契丹語"走卒"謂之"拽剌"，後爲軍官名，有掌旗鼓者，稱"旗鼓拽剌"。

皇帝服金文金冠，白綾袍，絳帶，懸魚，三山絳垂，飾犀玉刀錯，絡縫烏靴。皇后御絳帊，絡縫紅袍，懸玉佩，雙結帕，絡縫烏靴。

　　據《遼史》卷五六《儀衛志》，皇帝在祭山儀中的服飾是有別於漢服的"國服"。通常，皇帝在各種禮儀中都是漢服。由於"遼國以祭山爲大禮，服飾尤盛"，所以服契丹特有的金文金冠。遼朝皇帝的金冠，迄今尚未發現，但1956年遼寧建平張家營子一座遼墓曾出土一件鎏金龍珠銀冠。高19、直徑20.9厘米。是契丹貴族的隨葬器物。此外，內蒙奈曼旗青龍山遼陳國公主墓也出土了鎏金銀冠。但是，遼朝皇帝爲顯示其不同於契丹可汗的身份，其"國服”也要另加符合皇帝身份的服飾。“三山絳垂”就是在金文金冠之上加通天冠的冠飾。“晉以來，天子郊祀天地、明堂、宗廟、元會臨軒，介幘通天冠。平冕，冕皁表朱緑里，加於通天冠。”① 唐代官員佩戴盛放魚符（朝廷頒發的魚形符契）的袋，稱“懸魚”。宋以後無魚符，仍佩魚袋。“魚袋。其制自唐始，蓋以爲符契也……宋因之，其制以金銀飾爲魚形，公服則系於帶而垂於後，以明貴賤，非復如唐之符契也。”② 這説明祭山儀中皇帝的“國服”也還是蕃漢合璧的。

皇帝、皇后御鞍馬。羣臣在南，命婦在北，服從各部旗幟之色以從。皇帝、皇后至君樹前下馬，升南壇御榻坐。羣臣、命婦分班，以次入就位；合班，拜訖，復位。皇帝、皇后詣天神、地祇位致奠；閤門使讀祝訖，復位坐。

　　皇帝、皇后騎鞍馬。羣臣在南，命婦在北，他們按照各部旗幟之色著裝。皇帝、皇后行至君樹前下馬，升南壇，即天神祭壇前的御榻坐位。羣臣、命婦分班，以次入就班位；然後合班，拜完後，復位。皇帝、皇后分別到天神、地祇位前致奠；閤門使讀祝詞畢，皇帝、皇后復位坐。“命婦”是有封號的婦人。宮廷中的妃嬪稱爲内命婦，宮廷外臣下之母、妻有封號者，稱爲外命婦。《禮記·禮器》：“卿大夫從君，命婦從夫人。”唐時“每歲十月，駕幸華清宮，内、外命婦熠耀景從。”③ 遼以命婦隨帝后祭山，也應是受唐制的影響。閤門使，即古者擯相之職。唐末、五代凡取稟旨命、供奉乘輿、朝會游宴及贊導三公、羣臣、蕃國朝見、辭謝，糾彈失儀

---

① （元）方回：《古今考》卷二九《西漢朝正服不可攷東漢晉始可攷》，《文淵閣四庫全書》影印本。

② 《宋史》卷一五三《輿服志》，第3568頁。

③ （唐）陳鴻：《長恨歌傳》，《文苑英華》卷七九四，中華書局，1966，第5冊，第4200頁。

之事，由閤門使、副掌管。閤門使多以處武臣（詳《文獻通考·職官十二》）。

北府宰相及惕隱以次致奠于君樹，徧及羣樹。樂作。羣臣、命婦退。皇帝率孟父、仲父、季父之族，三匝神門樹；餘族七匝。皇帝、皇后再拜，在位者皆再拜。上香，再拜如初。皇帝、皇后升壇，御龍文方茵坐。

北府宰相及惕隱依次向君樹及代表臣下的羣樹致奠，當音樂奏響時，羣臣與命婦退下。"宰相"是契丹部族官。契丹可汗之下有北、南二府，各部族則分屬二府，故北宰相亦稱北府宰相，南宰相亦稱南府宰相。"惕隱"是主管宗族事務的官員。皇帝的地位，與象徵山神的君樹地位相當，故不與宰相一同致奠。但是，皇帝要率三父房，即宗族成員三過神門，餘人七過，然後皇帝、皇后面向大山兩拜，在位者也都兩拜。拜完上香，"再拜如初"。皇帝、皇后升壇，在龍文方茵上落坐。契丹以玄祖之後爲皇族，分爲三房：孟父房、仲父房和季父房。《遼史·百官志》："玄祖伯子麻魯無後，次子巖木之後曰孟父房；叔子釋魯曰仲父房；季子爲德祖，德祖之元子是爲太祖天皇帝，謂之橫帳；次曰剌葛，曰迭剌，曰寅底石，曰安端，曰蘇，皆曰季父房。"

再聲警，詣祭東所，羣臣、命婦從，班列如初。巫衣白衣，惕隱以素巾拜而冠之。巫三致辭。每致辭，皇帝、皇后一拜，在位者皆一拜。皇帝、皇后各舉酒二爵、肉二器，再奠。大臣、命婦右持酒、左持肉各一器，少後立，一奠。命惕隱東向擲之。皇帝、皇后六拜，在位者皆六拜。皇帝、皇后復位坐。

皇帝、皇后到祭東所之後，隨從而來的羣臣、命婦，班列如初。巫衣白衣，惕隱持白色頭巾向巫一拜，然後以巾戴於巫首。巫三致辭。每致辭，皇帝、皇后一拜，在位者皆一拜。皇帝、皇后各自舉酒二爵、肉二器，兩致奠。大臣、命婦右手持酒、左手各持肉一器，少後立，一致奠。奠後命惕隱東向擲之。皇帝、皇后六拜，在位者皆六拜。皇帝、皇后復位坐。"祭東"也出現在瑟瑟儀、臘儀等禮儀中。祭山儀加入"祭東"一節，應是更晚的事。祭東明顯與統治者祭拜五方神的傳統有關。東、南、西、北、中爲五方。古代五方之民，言語不通，嗜欲不同，各有神明，即所謂五方之帝。五方之帝對於"天帝"來説，衹是諸侯。皇帝號稱"天子"，在都城南郊祭天，是最高規格的祭祀大典。"聖人南面而立而天下大治。"注："南面立者視朝。"① 遼朝皇帝不同，他們東向而尚左：朝會時，東向而坐，其左前方是北面官——契丹臣僚，其地位在南面官之上。"祭東"雖然是因祭拜五方神的傳統而增加的儀式，但同樣反映了契丹以東向爲貴的傳統。

命中丞奉茶果、餅餌各二器，奠于天神、地祇位。執事郎君二十人持福酒、胙肉，詣皇帝、皇后前。太巫奠酹訖，皇帝、皇后再拜，在位者皆再拜。皇帝、皇后一拜，飲福，受胙，復位坐。在位者以次飲。皇帝、皇后率羣臣復班位，再拜。聲蹕，一拜。退。

祭山儀最後一節纔是祭奠天神、地祇。以茶果、餅餌各二器奠於祖先神位，福酒、胙肉則送到皇帝、皇后面前。他們是天神、地祇的化身，在祭拜時代祖先飲福酒，接受胙肉。然後在位者依次飲，皇帝、皇后率羣臣恢復排班，再拜。警蹕聲響起，一拜，禮儀即宣告結束，衆人告退。

太宗幸幽州大悲閣，遷白衣觀音像，建廟木葉山，尊爲家神。於拜山儀過樹之後，增"詣菩薩堂儀"一節，然後拜神，非胡剌可汗之故也。興宗先有事于菩薩堂及木葉山遼河神，然後行拜山儀，冠服、節文多所變更，後因以爲常。神主樹木、懸牲告辦、班位奠祝、致嘏飲福，往往暗合于禮。天理人情，放諸四海而準，信矣

① 《禮記注疏·禮器》，《文淵閣四庫全書》影印本。

夫。興宗更制，不能正以經術，無以大過於昔，故不載。

以上是祭山儀的一段注文，説明太宗、興宗時期此儀的變化。大悲閣是幽州（今北京）一佛寺名。"遷白衣觀音像"，據《遼史》卷三七《地理志》永州條"興王寺，有白衣觀音像，太宗援石晉主中國，自潞州回，入幽州，幸大悲閣，指此像曰：'我夢神人令送石郎爲中國帝，即此也。'因移木葉山，建廟"。太宗尊白衣觀音爲"家神"，在拜山、過樹之後增"詣菩薩堂儀"，興宗又將拜菩薩移至拜山之前，顯然是喧賓奪主。契丹統治者最初將菩薩納入他們的祖先崇拜，這與佛教信仰無關。

瑟瑟儀

瑟瑟儀是契丹人祈雨的儀式。"祈雨"應與農牧業生產有關，起源甚爲久遠。契丹人祈雨儀式具有北方游牧民族的特色。"皇帝致奠于先帝御容"，説明他們是祈求"先帝"——而不是上天——爲他們降雨。"射柳"是瑟瑟儀中的一項游藝活動，但并非始於契丹，其歷史可以追溯至鮮卑和匈奴。《漢書·匈奴傳》："五月大會龍城，祭其先、天地、鬼神。秋，馬肥，大會蹛林，課校人畜計。"注引服虔曰："蹛音帶。匈奴秋社，八月中會祭處也。"師古曰："蹛者，繞林木而祭也。鮮卑之俗，自古相傳，秋天之祭，無林木者，尚豎柳枝，衆騎馳遶三周乃止，此其遺法。'計'者，人畜之數。"[1] 塞北其他游牧民族也有與此相關的風俗，如高車"其語略與匈奴同而時有小異，或云其先匈奴之甥也"。"俗不清潔，喜致震霆，每震則叫呼射天而棄之移去。至來歲秋馬肥，復相率候於震

---

[1]《漢書》卷九四《匈奴傳》，第3752頁。

所，埋殺羊，燃火、拔刀，女巫祝説，似如中國祓除，而羣隊馳馬，旋繞百帀乃止。人持一束柳椄，回豎之，以乳酪灌焉。"①

若旱，擇吉日行瑟瑟儀以祈雨。前期，置百柱天棚。及期，皇帝致奠于先帝御容，乃射柳。皇帝再射，親王、宰執以次各一射。中柳者誌柳者冠服，不中者以冠服質之。不勝者進飲於勝者，然後各歸其冠服。

如遇旱，則選擇吉日舉行瑟瑟儀，以便祈雨。儀式前，先置百柱天棚。臨到瑟瑟儀舉行之日，皇帝要向先帝御容——遺像——致奠，然後射柳。皇帝兩射，親王、宰執以下人等各一射。射中柳枝者取確定柳枝爲目標者的冠服以爲質押；射而不中者，則以自己的冠服交與志柳者爲質。不勝者還要向勝者進酒，然後歸還各自的冠服。契丹射柳，不限於祈雨，"柴册儀"也射柳。此外，金初接待宋使，則以射柳作爲一種游樂項目，明朝也有此活動。

又翼日，植柳天棚之東南，巫以酒醴、黍稷薦植柳，祝之。皇帝、皇后祭東方畢，子弟射柳。皇族、國舅、羣臣與禮者賜物有差。既三日雨，則賜敵烈麻都馬四疋、衣四襲，否則以水沃之。

射柳之翌日，始正式行禮：在天棚東南方植柳，此柳則被賦以神靈性質——巫向其薦獻酒醴、黍稷，并對其贊祝。皇帝、皇后祭東完畢，子弟射柳。然後參與典禮的皇族、外戚以及羣臣都獲賜禮物。至此，禮儀纔算基本完成。過三日，如果有雨，敵烈麻都受賞；否則受罰。"天棚"是在炎熱時節爲遮陽而搭建的臨時建築，一般用木竿作支架，上張席。

道宗清寧元年皇帝射柳訖，詣風師壇，再拜。

以上爲瑟瑟禮注文，説明道宗清寧元年以後此禮的進一步漢化。風雨壇，方志多有記載，是各地祈求上天保祐風調雨順的神壇。

————————

① 《魏書》卷一〇三《高車傳》，中華書局，1974，第 2308 頁。

柴册儀

柴册儀源於中國傳統的"燔柴告天"，是古代天子祭天之禮。據《爾雅·釋天》："祭天曰燔柴。"同時塞北游牧民族一直有祭天的習俗，《漢書·匈奴傳》記載："漢使驃騎將軍去病將萬騎出隴西，過焉耆山千餘里，得胡首虜八千餘級，得休屠王祭天金人。"注："孟康曰：'匈奴祭天處本在雲陽甘泉山下，秦擊奪其地，後徙之休屠王右地。故休屠有祭天金人象也。'師古曰：'作金人以爲天神之主而祭之，即今佛像是其遺法。'"① 其後鮮卑、突厥都承襲祭天之俗。《魏書》卷一《序紀》載：始祖拓跋力微"三十九年遷於定襄之盛樂，夏四月祭天，諸部君長皆來助祭，唯白部大人觀望不至，於是徵而戮之，遠近肅然，莫不震懾。"② 大汗藉祭天而立威，諸部則被迫承認其統治地位的合法性。突厥"五月中多殺羊馬以祭天"。③ 契丹先是臣服於北魏，當突厥汗國强大之時，又曾長期臣服於突厥，其制度、習俗多有對拓跋族和突厥族的摹仿。因此，契丹統治者燔柴告天之"柴册儀"，既有承襲歷代統治者祭天大禮、并以此宣告其統治地位具有合法性的意義，同時又是塞北游牧民族故有祭天習俗在新的歷史條件下的延續。行禮時，積薪於壇，取玉及牲置於柴上焚燒。此禮與契丹的再生禮合併舉行，是爲契丹部落聯盟選汗和遼建國後新皇帝即位舉行的禮儀。相傳遥輦氏阻午可汗始制此儀，遼朝建國後有所增飾及變更。設壇，"凡受册，積柴升其上，大會蕃人其下，已，乃燔柴告天，而漢人不得預。有諢子部百

---

① 《漢書》卷九四《匈奴傳》，第3768~3769頁。
② 《魏書》卷一《序紀》，第3頁。
③ 《隋書》卷八四《突厥傳》，第1864頁。

人，夜以五十人番直。四鼓將盡，歌於帳前，號曰'聒帳'。每謁木
葉山，即射柳枝，諢子唱番歌，前導彈胡琴和之，已事而罷"。①

擇吉日。前期，置柴册殿及壇。壇之制，厚積薪，以木爲三級，壇
置其上。席百尺氈，龍文方茵。又置再生母后搜索之室。皇帝入再
生室，行再生儀畢。八部之叟前導後扈，左右扶翼皇帝册殿之東北
隅。拜日畢，乘馬，選外戚之老者御。皇帝疾馳，仆，御者、從者
以氈覆之。

選擇黃道吉日。在此日之前即設置好柴册殿及壇。壇之制：厚
積柴薪，以木柴作爲三級，其上置壇。《漢書·高帝紀》："漢王齋
戒設壇場，拜（韓）信爲大將軍。"師古曰："築土而高曰壇，除
地爲場。"② 春秋时孔子相鲁，"定公與齊侯會於夾谷，孔子攝相
事……至會所爲壇位，土階三等，以遇禮相見（注：遇之禮，禮之
簡略者也），讓而登"。③ 契丹柴册儀不是築土爲高以爲壇，而是以
木柴築壇，"以木爲三級"仍相當於"土階三等"，即三級臺階之
上置壇。壇上鋪百尺氈，再上是龍文方茵。此外還要置再生母后搜
索之室。皇帝先入再生室，舉行再生儀畢。契丹八部之長老或在前
引導，或在後扈從，左右人等扶翼皇帝至册殿之東北隅。拜日完
畢，乘馬，選擇外戚之老者爲御手。皇帝乘馬疾速奔馳，最後倒
地，此時御者、從者用氈將皇帝覆蓋。

柴册儀與再生禮合併舉行，始於太宗會同元年（938）爲其母
應天皇太后上尊號册禮之後。《遼史》卷四《太宗本紀》："十一月
甲辰朔，命南北宰相及夷离堇就館，賜晉使馮道以下宴。丙午，上

---

① （宋）李燾：《續資治通鑑長編》卷一一〇，宋仁宗天聖九年六月丁丑，上
海師範大學古籍整理研究所、華東師範大學古籍整理研究所點校，中華書
局，2004，第8册，第2561頁。

② 《漢書》卷一《高帝紀》，第30頁。

③ （魏）王肅注《孔子家語》卷一《相魯》，《四部叢刊》影印明翻宋本。

御開皇殿，召見晉使。壬子，皇太后御開皇殿，馮道、韋勳册上尊號曰廣德至仁昭烈崇簡應天皇太后。甲子，行再生柴册禮。丙寅，皇帝御宣政殿，劉昫、盧重册上尊號曰睿文神武法天啓運明德章信至道廣敬昭孝嗣聖皇帝。」從以上記載可知，太宗時包括再生柴册禮在内的上述禮儀都是在上京舉行的。後來則改在捺鉢舉行。據《遼史》卷二一《道宗本紀》，清寧四年「十一月癸酉，行再生及柴册禮，宴羣臣於八方陂」。其地有八方殿，又稱八方公用殿，在永州東南三十里的廣平淀冬捺鉢。此次道宗爲自己舉行再生柴册禮則是在冬捺鉢。行再生儀之後，拜日，再後是皇帝乘馬疾馳、落馬，那些充當御手的外戚老者以氊覆之。道宗增加這樣一節表演，也是再現早期契丹可汗在選汗過程中甚至有不得已被衆人推上汗位的情形。外戚老者和前導後扈的「八部之叟」是各部中最有威望的人，在最初的選汗過程中，他們的意見具有決定性作用。

皇帝詣高阜地，大臣、諸部帥列儀仗，遥望以拜。皇帝遣使敕曰：「先帝升遐，有伯叔父兄在，當選賢者。沖人不德，何以爲謀？」羣臣對曰：「臣等以先帝厚恩，陛下明德，咸願盡心，敢有他圖。」皇帝令曰：「必從汝等所願，我將信明賞罰。爾有功，陟而任之；爾有罪，黜而棄之。若聽朕命，則當謨之。」僉曰：「唯帝命是從。」皇帝于所識之地，封上石以誌之。遂行。拜先帝御容，宣饗羣臣。

　　皇帝登上一處高崗，大臣、諸部首領排列儀仗，遥望下拜。皇帝遣使發布敕命説：「先帝升遐，有伯叔父兄在，應當從他們當中選舉賢者。我并非有德之人，如何爲大家謀事？」羣臣回答：「臣等受先帝厚恩，陛下更是英明有德，我們都願盡心擁戴，不敢有他圖。」皇帝下令説：「一定從汝等所願，我將信明賞罰。你有功，將擢升而任用之；你有罪，必罷黜而抛棄之。若聽朕命，則當爲爾等謀事。」衆人都説：「唯帝命是從。」皇帝於所認定之地，封土石以爲標誌。然後前去拜先帝御容，再宴饗羣臣。以上這段對話，應當是發生在即位之初，如今放在再生柴册儀中，更具有戲劇性。這説明，選汗早已成爲歷史，但遼朝皇帝仍然需要在某種程度上依賴摹擬這種形式，增加統治地位的合法性。遼朝皇位繼承不斷發生危機，也説明遼世襲制尚未鞏固。我們不難想象，儀式中皇帝與衆權貴的相關對答應是用契丹語進行的，《遼史》上的記載是經過史家修飾的。將這一情節與再生禮一併加入柴册儀，説明皇帝不僅要周期性地獲得新生，而且還要周期性地獲得皇位的合法性。這證明依照古老的傳統，每十二年要重復舉行一次世選，在更早的時期，可汗是實行任期制，而不是終身制。在契丹朝廷禮儀制度中保留這種反映古老傳統的禮儀，充分反映了遼朝禮制與歷代王朝傳統禮制的區别。

翼日，皇帝出册殿，護衛太保扶翼升壇。奉七廟神主置龍文方茵。北、南府宰相率羣臣圍立，各舉氈邊贊祝訖，樞密使奉玉寶、玉册入。有司讀册訖，樞密使稱尊號以進，羣臣三稱"萬歲"，皆拜。宰相、北南院大王、諸部帥進赭、白羊各一羣。皇帝更衣，拜諸帝御容。遂宴羣臣，賜賚各有差。

"翼日"即再生儀并排演選汗儀式的次日，始正式舉行柴册儀。皇帝升柴册壇，奉七廟神主牌位置於册壇的龍文方茵之上。然後是北、南府宰相"各執氈邊贊祝"，也就是手執龍文方茵的邊，爲遼朝的祖先贊祝。北樞密院之樞密使，爲北面官之最高官職，掌軍事、部族。由他奉玉寶——玉璽及玉册來到典禮現場。天子或后妃的玉印，據《新唐書·車服志》："至武后，改諸璽皆爲寶。"① 另據《遼史》卷五七《儀衛志·符印》，會同九年（947），太宗討伐後晉，末帝上降表并交出傳國寶一件、金印三件。柴册儀中出現的"玉寶"當是得自後晉的傳國璽。"玉册"亦作"玉策"，古代册書

---

① 《新唐書》卷二四《車服志》，第 524 頁。

的一種，帝王祭祀告天或上尊號用之。用玉簡製成。有關官員讀册，"樞密使稱尊號以進"，即樞密使稱皇帝新上的尊號，并呈上玉册。然後皇帝拜先帝御容。最後還要宴請和賞賜羣臣。值得注意的是契丹柴册再生儀全過程，并無燔柴禮。遼代燔柴禮，見於《遼史》記載，都發生在太祖、太宗時期。燔柴與以尊號册禮爲主的柴册禮不同，燔柴是告天、祭天。柴册禮衹是採取了燔柴的形式，雖然也拜日，但主要是拜祖先。依唐《新禮》，祭畢收取玉、帛、牲體置於柴上，然後燔柴燎壇。唐顯慶（656～661）時，禮部尚書許敬宗等奏稱："是以周官典瑞，文義相因，並事畢收藏，不在燔柴之例。今新禮引同蒼璧，不顧珪瓚，遂亦俱燔，義既有乖，理難因襲。"[1] 唐高宗採納了許敬宗的意見，燔柴不僅不再燔玉帛、牲體，而且也不燔祭壇，"改燔柴爲祭始，位在樂懸之南"。道宗時期的契丹柴册儀，顯然已經將傳統的儀式，改造得更符合漢儀了。

拜日儀

遼的其他禮儀中也有拜日，如《遼史》卷五三《禮志·皇后生辰儀》記載："臣僚昧爽朝。皇帝、皇后大帳前拜日，契丹、漢人臣僚陪拜。"拜日也是塞北故有習俗。《漢書·匈奴傳》載"單于朝出營拜日之始生，夕拜月。"[2] 塞北寒冷，人們生活在嚴酷的自然環境中，自然會産生對太陽的崇拜，因爲太陽給他們帶來温暖和光明。劉攽使遼有詩云："飲冰重見古人心，絕幕仍當暮雪深。朝出穹廬隨拜日，夜鳴刁斗候橫參。胡兒射雁爭娛客，羌女聽笳却

---

[1] （唐）杜佑：《通典》卷四三《禮三·郊天》，王文錦等點校，中華書局，1988，第1194～1195頁。

[2] 《漢書》卷九四《匈奴傳》，第3752頁。

走林。聞説虜情親博望，一言珍重萬黄金。"他的另一首詩，也言及契丹人拜日："朔雪如沙萬里程，幽陰戴斗正嚴凝。終軍何必功横草，沈尹無煩夕飲冰。茗粥邇來誇湩酪，氈裘仍自愧綿繒。歲寒拜日穹廬外，想見東南瑞氣昇。"① 宋使入鄉隨俗，雖然也同契丹人一起拜日、横參，但是兩首詩反映了宋使對契丹人拜日的不甚理解，以及在契丹文明面前的妄自尊大。

皇帝升露臺，設褥，向日再拜，上香。門使通，閤使或副："應拜臣僚殿左右階陪位，再拜。"

皇帝升露臺拜日，露臺是宮殿建築的一部分。明周祈《名義考》卷三《堂室》："今人以正寢爲堂，燕寢爲室，殊非。堂，蓋正寢前露臺也。"他又引《爾雅》"古者爲室，自半以前虛之，謂之堂；半以後實之，謂之室"。② 所謂"半以前虛之"，也就是屋室前與之相接的露臺。皇家宮殿的露臺本應更寬敞、更豪華，但捺鉢的殿帳却并不如此，由於空間有限，皇帝在露臺設褥位拜日，向日兩拜、上香，臣僚祇能在左右階下陪拜。傳統的拜日禮，在遼代已經發生了與統治者身份相適合的變化，成爲盛大的禮儀，衆臣僚陪同參拜，要有司儀主持。"門使"即"閤門使"；"閤使"當是指乾文閣的官員。《遼史》卷二二《道宗本紀》清寧十年十一月"丁丑詔求乾文閣所闕經籍，命儒臣校讎"。乾文閣有學士、有待制，"閤使"的地位當更低。"門使"和"閤使"都不屬於"應拜臣僚"，也不在"左右階陪位"，祇是充當司儀。

皇帝昇坐。奏牓訖，北班起居畢，時相已下通名再拜，不出班奏"聖躬萬福"。又再拜，各祇候。宣徽已下横班同。諸司、閤門、北面先奏事，餘同。教坊與臣僚同。

---

① （宋）劉攽：《彭城集》卷一三《次韻和張舍人使北歸》及《王仲至使北》，《文淵閣四庫全書》影印本。

② （明）周祈：《名義考》，《文淵閣四庫全書》影印本。

　　皇帝昇殿坐，臣下奏事，要先呈上“牓子”。明代學者方以智説：“唐人奏事，非表非狀者謂之劄子，亦謂之録子，又謂之榜子。”①《資治通鑑》後唐潞王清泰二年載：“或事應嚴密，不以其日；或異日聽於閤門奏牓子。”② 據此，臣下奏事的榜子要交閤門使。所謂“北班”，即北面官在朝廷的班列。《遼史》卷五六《儀衛志·國服》：“定衣冠之制，北班國制，南班漢制，各從其便焉。”北班先向皇帝“起居”，然後是“時相”——漢宰相通名再拜，其次是橫班。按照朝會時排班的位序，宋定内客省使至閤門使曰橫班。據《玉海》卷七〇所載《唐貞元班序敕》，貞元二年（786）九月五日敕，文武百官朝謁班序：“中書、門下各以本官序，供奉官在橫班序，若入閤則各隨左右省主。”③ 宣徽使，遼設北、南宣徽，分隸北南樞密院之下。宣徽北院使常執行軍事使命。此外，宣徽使還掌領朝會、宴饗、禮儀、祭祀及御前祗應之事。

告廟儀

　　古代天子、諸侯出巡或遇兵戎等重大事件而祭告祖廟，稱“告廟”。《左傳·桓公二年》：“凡公行，告於宗廟；反行飲至，舍爵策勳焉，禮也。”《正義》曰：“凡公行者，或朝、或會、或盟、或伐，皆是也。孝子之事親也，出必告，反必面，事死如事生。故出必告廟，反必面。”告廟是孝的體現，對先輩“事死如事生”。④ 重

---

① （明）方以智：《通雅》卷三一《器用》，《文淵閣四庫全書》影印本。
② 《資治通鑑》卷二七九，後唐潞王清泰二年，第9132頁。
③ （宋）王應麟：《玉海》卷七〇《唐貞元班序敕》，《文淵閣四庫全書》影印本。
④ 《春秋左傳注疏》，《文淵閣四庫全書》影印本。

大行動要事前告知先輩，事後還要面見先輩。中原統治者告廟，是告宗廟，即列祖、列宗之廟，不獨告"禰廟"。① 然而，《新五代史·伶官傳序》卻云："莊宗受（三矢）而藏之于廟，其後用兵，則遣從事以一少牢告廟，請其矢，盛以錦囊，負而前驅。"② 舊時祭禮用犧牲，牛、羊、豕俱用稱爲"太牢"；祇用羊、豕二牲則稱爲"少牢"。遼太宗告廟是告太祖廟，與後唐莊宗李存勖告父廟同。《遼史》卷四《太宗本紀》載：會同五年（942）六月"丁丑，聞皇太后不豫，上馳入侍，湯藥必親嘗。仍告太祖廟，幸菩薩堂，飯僧五萬人"。遼朝雖然也爲太宗、世宗、穆宗、景宗、聖宗、興宗立廟，但遼歷代皇帝告廟皆是告太祖廟。《遼史》卷二〇《興宗本紀》重熙二十一年（1052）秋七月"壬子，追尊太祖之祖爲簡獻皇帝，廟號玄祖，祖妣爲簡獻皇后；太祖之考爲宣簡皇帝，廟號德祖，妣爲宣簡皇后"。遼在捺鉢行宮有立在車帳中可以四時隨遷的祖廟，其中應供奉列祖、列宗。但"告廟"仍是告太祖廟。太祖廟有兩處，一在上京附近的祖州。《遼史》卷三七《地理志·上京道》祖州："西北隅有內城。殿曰兩明，奉安祖考御容；曰二儀，以白金鑄太祖像；曰黑龍，曰清秘，各有太祖微時兵仗器物及服御皮毳之類，存之以示後嗣，使勿忘本……有祖山，山有太祖天皇帝廟，御靴尚存……太祖陵鑿山爲殿，曰明殿。殿南嶺有膳堂，以備時祭。門曰黑龍。東偏有聖蹤殿，立碑述太祖遊獵之事。殿東有樓，立碑以紀太祖創業之功。皆在州西五里，天顯中太宗建。"以上明確記載太祖廟是在祖山，但祖州城內兩明殿內卻奉安太祖御容，二儀殿又有太祖白金鑄像，上京告廟"見御容"究竟是在祖山太祖廟，還是在兩明殿、二儀殿，不得而知。另一處太祖廟是在中

---

① 《漢書》卷二五《郊祀志》，顏師古注曰："禰，父廟也。"第1227頁，注［19］。

② 《新五代史》卷三七《伶官傳》，第397頁。

京。卷一六《聖宗本紀》開泰九年（1020）十二月“戊子，詔中京建太祖廟，制度、祭器皆從古制。乙巳，詔來年冬行大册禮”。遼中期以後，中京成爲禮儀性的都城，取代了上京的地位，中京建太祖廟，則是爲了方便祭祀。卷一〇〇《耶律章奴傳》：天慶五年（1115）章奴勸耶律淳稱帝，“章奴見淳不從，誘草寇數百攻掠上京，取府庫財物。至祖州，率僚屬告太祖廟云：‘我大遼基業，由太祖百戰而成。今天下土崩，竊見興宗皇帝孫魏國王淳道德隆厚，能理世安民，臣等欲立以主社稷。’”此事説明，直至遼末，太祖廟在遼代宗廟當中一直具有最崇高的地位，在位皇帝告太祖廟，謀廢立者也要告太祖廟。

至日，臣僚昧爽朝服詣太祖廟。次引臣僚合班，先見御容，再拜畢，引班首左上至褥位，再拜。贊：“上香”。揖：“欄内上香畢復褥位，再拜”。各祗候。立定，左右舉告廟祝版，於御容前跪捧。中書舍人俛跪，讀訖，俛興，退。引班首左下，復位，又再拜。分引上殿，次第進酒三。分班引出。

至告廟日，臣僚於天將明時穿上朝服前往太祖廟。臣僚被引導合在一起排班，先見太祖御容——畫像，兩拜完畢，再引班首從左側至褥位，兩拜。舍人贊：“上香。”作揖示意班首“欄内上香畢復褥位，再拜”。然後各自恭候，立定，以左右手舉起告廟祝版，於御容前跪捧。中書舍人俯身跪，讀完祝板，俯身起，退下。引班首自左側下，復歸原位，又兩拜。最後分別引臣僚上殿，次第向太祖御容進酒三杯。再分班引出。

謁廟儀

宋人王珪云：“自漢文以來，皆即位而謁廟。至唐德宗以後，亦踰年而行郊。況本朝景德二年，真宗居明德皇太后之喪，既易月而服除，明年遂享太廟而合祀天地於圓丘。"① 依漢禮，謁廟當行之於皇帝即位，或居喪服除，即位第二年，而且與郊天大禮一併舉行。但遼稍有不同，其謁廟禮應與柴册禮一併舉行，然而却行之於行幸諸京之時，即行之於南京、西京和東京。而拜容——後稱爲告廟緣是源於契丹傳統禮儀。最初太宗開始"告廟"與"謁廟"，二者是没有區別的，統稱"拜容"，即拜太祖遺像，行之於先帝、先后生辰及忌辰。後來纔有告廟和謁廟的區別。

至日昧爽，南、北臣僚各具朝服赴廟。車駕至，臣僚於門外依位序立，望駕鞠躬。班首不出班，奏"聖躬萬福"。舍人贊"各祗候"畢，皇帝降車，分引南、北臣僚左右入，至丹墀褥位。合班定。皇帝升露臺褥位。宣徽贊"皇帝再拜"，殿上、下臣僚陪位皆再拜。上香畢，退，復位，再拜。分引臣僚左右上殿位立，進御容酒，依常禮。若即退，再拜。舍人贊"好去"，引退。禮畢。

至日拂曉時分，南、北臣僚都穿上朝服趕赴祖廟。車駕至，臣僚於門外按照排位次序肅立，望着皇帝鞠躬。班首不出班，奏"聖躬萬福"。舍人贊"各祗候"畢，皇帝下車。承受官分別引導南、北臣僚從左、右兩側進入廟內，至丹墀褥位時合班立定。皇帝升上露臺褥位。宣徽贊"皇帝再拜"，殿上、下臣僚陪位者皆兩拜。皇帝上香完畢，退，復歸褥位，再拜。承受官分引臣僚從左、右側上殿至指定位置站立，向御容進酒，依常禮敬酒三杯。如果進酒後即退出，則兩拜。舍人贊"好去"，承受官引其退出。禮畢。

告廟、謁廟，皆曰"拜容"，以先帝、先后生辰及忌辰行禮，自太宗始也。其後正旦、皇帝生辰、諸節辰皆行之。若忌辰及車駕行幸，亦嘗遣使行禮。凡瑟瑟、柴册、再生、納后則親行之。凡柴

---

① （唐）顧況：《華陽集》卷四五《服除躬行郊廟議》，《文淵閣四庫全書》影
　　印本。

册、親征則告；幸諸京則謁。四時有薦新。

告廟、謁廟，皆稱"拜容"，於先帝、先后生辰及忌辰行此禮，始自太宗。其後正旦、皇帝生辰、諸節辰也都要拜容。如果忌辰恰逢皇帝行幸，也要遣使行拜容禮。凡舉行瑟瑟、柴册、再生、納后之禮時，則皇帝必親行拜容禮。凡柴册、親征則告廟；如果行幸諸京，出發前則謁廟。四時要向祖廟薦新。"薦新"是祭祀祖宗陵廟的禮儀之一。唐"天寶二年八月制自今已後每至九月一日薦衣於陵寢"。① 顧炎武說："今關中之俗有所謂送寒衣者，其遺教也。"原注："今俗乃用十月一日。"② 而遼制則四時有薦新。

孟冬朔拜陵儀

拜陵，起於東晉，因其"非晉舊典"，屢遭非議，"逮於江左，元帝崩後，諸公始有謁陵辭告之事。蓋由眷同友執，率情而舉，非洛京之舊也。成帝時，中宮亦年年拜陵，議者以爲非禮，於是遂止，以爲永制。至穆帝時，褚太后臨朝，又拜陵，帝幼故也。至孝武崩，驃騎將軍司馬道子曰：'今雖權制釋服，至於朔望諸節，自應展情陵所，以一周爲斷。'……及安帝元興元年，尚書左僕射桓謙奏：'百僚拜陵，起於中興，非晉舊典，積習生常，遂爲近法。'"③ 至唐代，拜陵仍然是引起爭議的話題。天寶九載（750）十一月，制："親巡陵改爲朝陵，有司行事爲拜陵。"④ 唐朝皇帝是

① 《舊唐書》卷二五《禮儀志》，第973頁。
② （清）顧炎武：《日知録集釋》卷一五《墓祭》，上海古籍出版社，2006，第876頁。
③ 《晉書》卷二〇《禮志》，第634頁。
④ 《舊唐書》卷二四《禮儀志》，第928頁。

不拜陵的，"有司行事"纔稱爲"拜陵"。宋朝皇帝也不拜陵，而是遣宗室拜陵。遼朝拜陵，明顯是契丹傳統。

有司設酒饌于山陵。皇帝、皇后駕至，敵烈麻都奏"儀辦"。閣門使贊"皇帝、皇后詣位，四拜"訖。巫贊祝燔胙及時服，酹酒、薦牲。大臣、命婦以次燔胙，四拜。皇帝、皇后率羣臣、命婦，循諸陵各三匝。還宮。翼日，羣臣入謝。

有司設酒饌於山陵。"山陵"即帝、后的墳墓。"秦名天子冢曰山，漢曰陵，故通曰山陵矣。"[1] 皇帝、皇后駕至山陵，敵烈麻都奏"儀辦"。閣門使贊"皇帝、皇后詣位，四拜"已畢。巫边贊祝，边燔胙肉和時服，[2] 再酹酒、薦牲。大臣、命婦依次燔胙，四拜。皇帝、皇后率羣臣、命婦，循諸陵各三周。還宮。次日，羣臣入朝感謝恩准他們參預拜陵。這一切都具有强烈的契丹傳統色彩。

爇節儀

"爇節儀"是契丹祭祀先帝的一種特殊儀式，在祭祀時舉行"燒飯"。"（契丹）每其主立，聚所剽人户馬牛金帛及其下所獻生口或犯罪没入者，別爲行宫領之。建州縣，置官屬。既死，則設大穹廬，鑄金爲像。朔望節辰忌日，輒致祭。築臺高逾丈，以盆焚食，謂之'燒飯'。"[3] 所謂"行宫"，其實是"宫衛"，稱致祭儀

---

① （北魏）酈道元：《水經注》卷一九《渭水三》，《四部叢刊》影印武英殿聚珍本。

② 本所同仁樓勁先生在通信中指出原稿對"贊祝"解釋有誤，"贊即贊相，祝爲祝禱或祈祝"。樓勁所言極是，特附誌於此。當然巫"贊祝"，別人是聽不懂的，衹見其口中念念有詞而已。

③ （宋）李燾：《續資治通鑑長編》卷一一〇，天聖九年六月丁丑朔，第8冊，第2561頁。

式爲"燒飯"，雖不見諸《遼史》，但與"爇節儀"的記載完全一
致，大概"燒飯"是傳統民俗之稱謂，"爇節"則是皇家禮儀之
名。是一種規格至高的禮儀。"契丹主嘉祐中以其三世畫像來求聖
容，曰：'思見而不可得，故來求聖容而見之也。'其後遼使云，今
於慶州崇奉，每夕宮人理衣衾，朔日、月半上食，食氣盡，登臺而
燎之，曰燒飯。惟祀天與祖宗則然。"① 金代也承襲"燒飯"之俗，
伴隨葬禮進行。元代燒飯則承襲遼代歲時祭祀之義。"每歲，九月
内及十二月十六日以後，於燒飯院中，用馬一、羊三、馬湩、酒
醴、紅織金幣及裹絹各三匹，命蒙古達官一員，偕蒙古巫覡，掘地
爲坎以燎肉，仍以酒醴、馬湩雜燒之，巫覡以國語呼累朝御名而祭
焉。"② "元朝人死致祭曰燒飯，其大祭則燒馬。"③

**皇帝即位，凡征伐叛國、俘掠人民或臣下進獻人口，或犯罪没官
户，皇帝親覽閒田，建州縣以居之，設官治其事。及帝崩，所置人
户、府庫、錢粟，穹廬中置小氈殿，帝及后妃皆鑄金像納焉。節
辰、忌日、朔、望皆致祭于穹廬之前。又築土爲臺，高丈餘，置大
盤于上，祭酒食撒於其中，焚之，國俗謂之"爇節"。**

　　每個皇帝即位後，凡征伐叛國、俘掠人民，以及臣下進獻的人
口，還有犯罪没官户，都由皇帝親自選擇閒田，建州縣加以安置，
并且設"官"治理。及至該帝駕崩，這些人户、府庫、錢粟仍歸該
官管轄，在穹廬中設置小氈殿，鑄造帝及后妃金像納入其中。每逢
節辰、忌日、朔、望，皆致祭於穹廬之前。又以土築臺，高丈餘，
其上置盤，祭祀酒食撒於其中，加以焚燒，這種契丹故俗謂之"爇
節"。"爇節"與宮衛制度有直接關係。《遼史》卷三一《營衛志》

① （宋）陳均：《九朝編年備要》卷一六，嘉祐八年三月，《文淵閣四庫全書》
　　影印本。
② 《元史》卷七七《祭祀志》，中華書局，1976，第1924頁。
③ （明）葉子奇：《草木子》卷三，《文淵閣四庫全書》影印本。

載："遼國之法，天子踐位置宮衛：分州縣、析部族、設官府、籍戶口、備兵馬。崩則卼從后妃宮帳，以奉陵寢。"契丹諸帝及臨朝稱制的皇太后，還有聖宗同母弟隆慶以及權臣耶律隆運（韓德讓）都有自己的宮衛，他們死後都在所屬的宮衛中鑄金像定期接受祭拜，祭拜活動主要是燒飯。此外，遙輦氏九可汗也各有宮衛。由此可知，"爇節"或"燒飯"是遼朝建立以前就有的傳統禮儀。

歲除儀

契丹歲除儀主要是拜火神。火神是神話中司火之神，上古傳説中有燧人氏。契丹族與我國北方許多信奉薩滿教的民族一樣，也崇拜火神，不過他們的火神與燧人氏無關。

初夕，敕使及夷离畢率執事郎君至殿前，以鹽及羊膏置爐中燎之。巫及大巫以次贊祝火神訖，閤門使贊："皇帝面火再拜。"

初，皇帝皆親拜，至道宗始命夷离畢拜之。

大年初一夜晚，敕使及夷离畢率執事郎君來到殿前，以鹽及羊膏油置於爐中焚燎，同時巫及大巫依次贊祝火神。然後閤門使贊："皇帝面火再拜。"遼初，皇帝皆親拜，至道宗始命夷离畢代爲拜火。

《遼史·禮志》所記"歲除儀"是"初夕"——而不是"除夕"，初夕也就是正月一日夜，顯然不能謂之"歲除儀"，是《遼史》編纂者定名有誤。一年最後一天的夜晚稱爲"除夕"，舊歲至此夕而除，次日即新歲。清人吳景旭云："除猶易也，以新易舊曰除，如新舊歲之交謂之'歲除'。"① 宋诗云："休言四十明朝過，

---

① （清）吳景旭：《歷代詩話》卷五一，《文淵閣四庫全書》影印本。

看取霜髯六十翁。"① 遼朝宮廷之正旦夜活動在《歲時雜儀》中有更多記載。總之，契丹人元日夜晚的活動，在游戲中又帶有强烈的巫術色彩，與中原人歲除及新年的活動很不相同。

---

① （宋）曾幾：《茶山集》卷六《壬戌歲除作明朝六十歲矣》，《文淵閣四庫全書》影印本。

三 凶儀 (《遼史》卷五十)

宋人吕祖謙言："吉凶禮制，人倫所甚重也，不宜廢紊。"① 凶禮同吉禮一樣，所重亦在人倫。遼朝凶禮，其喪葬儀多保留契丹故俗，但至中晚期則多代之以漢禮。此外如宋使弔慰、告哀、致送遺留物等儀式，則完全是摹仿宋朝禮儀。

喪葬儀

"喪葬儀"包括兩個儀式：興宗爲聖宗舉行的葬禮和天祚帝爲道宗舉行的葬禮。中國傳統觀念視喪葬爲"大事"。統治者認爲此事關係到國運興衰；對臣民來説，他們則認爲關係到個人和家族的命運、前途。唐人吕才却對這種廣泛流行的觀點進行嚴厲批判。他在所著《敍葬書》中説："《葬書》云：富貴官品，皆由安葬所致；年命延促，亦曰墳壠所招。然今按《孝經》云：立身行道則揚名於後世，以顯父母。"② 吕才認爲《葬書》説法明顯與經典不合。太平十一年（1031）夏六月己卯，聖宗駕崩，興宗柩前即皇帝位，即

---

① （宋）吕祖謙：《少儀外傳》卷上，《文淵閣四庫全書》影印本。
② 《舊唐書》卷七九《吕才傳》，第 2725 頁。

開始操辦喪事。聖宗葬禮雖然保留許多契丹喪葬習俗，但更多的是體現中國傳統的喪葬觀。至遼末爲道宗舉辦葬禮，則完全尊行漢禮。

聖宗崩，興宗哭臨于菆塗殿。大行之夕四鼓終，皇帝率羣臣入，柩前三致奠。奉柩出殿之西北門，就輼輬車，藉以素裀。巫者祓除之。

聖宗駕崩，興宗於菆塗殿哭臨。出殯之夕四鼓終，皇帝率羣臣進入菆塗殿，在柩前三致奠。然後奉送靈柩出殿之西北門。棺木放到輼輬車上，棺下要鋪上白色的墊褥。靈車出發前，巫者還要"祓除"。祓除有洗滌、清除之義，如"祓除不祥"。"菆塗殿"是皇帝殯殮後停放棺槨的大殿。《禮記·檀弓上》："天子之殯也，菆塗龍輴以槨。"［正義］曰："此一節論菆塗爲古天子殯法也。菆，叢也，謂用木菆棺而四面塗之，故云'菆塗'也。龍輴者，殯時輴車載柩而畫轅爲龍，故云'龍輴'也。""哭臨"即出殯前，朝夕至停放棺槨的殿上舉哀。所謂"舉哀"，即號哭。《漢書·文帝紀》：文帝崩，令"無發民哭臨宮殿中。殿中當臨者皆以旦夕，各十五舉音，禮畢罷。非旦夕臨時，禁無得擅哭臨"。[①]"十五舉音"即號哭十五聲。《後漢書·韋彪傳》載，其族子韋義，"及卒，三縣吏民爲義舉哀，若喪考妣"。[②] 吏民爲韋義舉哀、痛哭，就如同喪父、喪母一樣。所謂"大行之夕"即皇帝出殯前的夜晚。"大行"是對已死而尚未定諡號的皇帝、皇后的稱呼。《後漢書·安帝紀》云："大行皇帝不永天年。"李賢注引韋昭曰："大行者，不反之辭也。天子崩，未有諡，故稱大行也。"[③]"輼輬車"是古代的臥車。亦用做喪車。《史記·李斯列傳》載："李斯以爲上在外崩，無真太子，

---

① 《漢書》卷四《文帝紀》，第 232 頁。

② 《後漢書》卷五六《韋彪傳》，中華書局，1965，第 921 頁。

③ 《後漢書》卷五《安帝紀》，第 204~205 頁。

故秘之。置始皇居輼輬車中。"①

詰旦發引，至祭所凡五致奠。太巫祈禳。皇族、外戚、大臣、諸京官以次致祭。乃以衣、弓矢、鞍勒、圖畫、馬駝、儀衛等物皆燔之。

清晨靈車啓程，途中至祭所，凡五致奠。太巫祈禳。"祈禳"是巫者施法術，祈禱神明，以求平息災禍、福慶延長，內容廣泛，幾乎覆蓋社會生活的一切方面。聖宗葬禮符合歷代帝王葬禮的規格，但參雜許多契丹故有的習俗，如巫者祓除、祈禳等。太巫祈禳後，皇族、外戚、大臣、諸京官還要依次致祭。在葬禮中焚燒衣服、弓矢、鞍勒、圖畫、馬駝、儀衛等物，即所謂"燒飯"。這種風俗源自塞北民族傳統。金代也在葬禮中"燒飯"，《三朝北盟會編》炎興下帙六五引《金節要》曰："（紹興）四年冬，虜主吳乞買以病死，傳位於諳版孛極烈都元帥完顏亶……於五年之春方告諸路、諸郡邑，立吳乞買之靈，拋盞燒飯（虜俗也）。"② 燒飯也在其後的祭禮中舉行。據《金史》卷一七《哀宗本紀》，金宣宗死於元光二年十二月，一年後，正大元年十二月甲寅，"宣宗小祥，燒飯於德陵"。③ 所謂"小祥"通常指周年祭。《儀禮·士虞禮》："朞而小祥。"鄭玄注："小祥，祭名。祥，吉也。"朞，周年。顧炎武云："古人祭當卜日，小祥卜於十三月之日，大祥卜於二十五月之日。"④ 又云："祖宗以來（明代），外廷雖用易月之制，宮中實行三年服。君服如古典，而臣下猶依漢制，故十二日而小祥，期而又小祥，二十四日而大祥，再期而又大祥。"⑤

---

① 《史記》卷八七《李斯列傳》，第 2548 頁。
② （宋）徐夢莘：《三朝北盟會編》下冊，上海古籍出版社，2008，第 1193 頁。
③ 《金史》卷一七《哀宗本紀》，中華書局，1975，第 375 頁。
④ （清）顧炎武：《日知錄集釋》卷三《三年之喪》，上海古籍出版社，2006，第 306 頁。
⑤ （清）顧炎武：《日知錄集釋》卷一四《君喪》，第 844 頁。

至山陵，葬畢，上哀册。皇帝御幄，命改火，面火致奠，三拜。又東向再拜天地訖。乘馬，率送葬者過神門之木乃下，東向又再拜。

靈車至山陵，葬畢，還要上哀册。"哀册"是文體的一種，用於頌揚帝王、后妃以及皇儲生前功德，刻石埋入陵墓中。遼代聖宗及其兩個皇后的漢字哀册、遼道宗皇帝和宣懿皇后的契丹小字和漢字的哀册石刻現均藏於遼寧省博物館。遼興宗和仁懿皇后的契丹小字和漢字册文仍埋在今内蒙古自治區巴林右旗索博日嘎鎮瓦林茫哈地方的永興陵内。漢字和契丹小字哀册石刻現存巴林右旗博物館。上哀册後，即位皇帝進入御帳，命改火，面向火致奠，三拜。又面向東方，兩拜天地，然後乘馬，率送葬者經過神門之木，下馬，面向東方又兩拜。"神門"見祭山儀，在天神、地祇位前方偶植二樹，以爲神門。皇帝率孟父、仲父、季父之族，三匝神門樹。這些契丹故俗加入葬禮中，與傳統帝王葬禮不合。這些不是爲死者而是爲生者祈福，有悖於孝道。

翼日詰旦，率羣臣、命婦詣山陵，行初奠之禮。升御容殿，受遺賜。又翼日，再奠如初。興宗崩，道宗親擇地以葬。

葬事完畢後的次日清晨，皇帝再率羣臣、命婦前往山陵，行初奠之禮。皇帝升御容殿，接受遺賜。第三日，再奠，一如初奠。興宗崩，道宗親擇地以葬。置祭品祭祀鬼神或亡靈謂之奠。《禮記·檀弓下》："奠以素器，以生者有哀素之心也。"孔穎達《疏》："奠謂始死至葬之時祭名。""初奠"謂始死時之奠。

道宗崩，菆塗于遊仙殿，有司奉喪服。天祚皇帝問禮于總知翰林院事耶律固，始服斬衰；皇族、外戚、使相、矮墩官及郎君服如之；餘官及承應人皆白枲衣巾以入，哭臨。

道宗駕崩，殯於游仙殿。朝廷將如何辦喪事？天祚皇帝問禮於總知翰林院事耶律固，於是遼朝始服斬衰：皇族、外戚、使相、矮墩官及郎君皆服斬衰；其餘官員及承應人皆服白枲衣巾哭臨。爲道宗服“斬衰”，是五種喪服中最重的一種，服制三年。子及未嫁女爲父母、媳爲公婆、承重孫爲祖父母、妻妾爲夫均服斬衰。“矮墩官”言契丹官員級別。《遼史》卷一一六《國語解》：“遼《排班圖》，有高墩、矮墩、方墩之列。自大丞相至阿札割只，皆墩官也。”朝會時，臣僚有坐有立，所謂墩官，即在朝會時可就座者，因此，宋人徑稱高墩官爲高座官：“契丹僭號有高坐官。”① 地位顯然比侍立者高。矮墩官地位則在高墩之下。宋使路振於大中祥符元年（遼統和二十六年，1008）使遼，遼聖宗在中京大内武功殿上接見。他在《乘軺録》中記載聖宗見宋使的儀式説聖宗“左右侍立凡數人，皆胡竪。黃金飾抔案，四面懸金紡絳絲結網而爲案帳。漢官凡八人，分東西偏而坐，坐皆繡墩”。② “郎君”，契丹官名。即“舍利”，《國語解》：“契丹豪民要裹頭巾者，納牛駝十頭，馬百匹，乃給官名曰舍利。”白枲衣巾是傳統的喪服。“枲”即麻。道宗葬禮之所以前所未有，是因爲總知翰林院事耶律固爲之設計。此人是漢化的契丹人，通遼漢文字，遼亡後與門人蕭永祺撰修《遼史》。

惕隱、三父房、南府宰相、遙輦常衮、九奚首郎君、夷离畢、國舅詳穩、十閘撒郎君、南院大王郎君，各以次薦奠，進鞍馬、衣襲、犀玉帶等物，表列其數。讀訖，焚表。諸國所賻器服，親王、諸京留守奠祭進賻物亦如之。先帝小斂前一日，皇帝喪服上香，奠酒，哭臨。其夜，北院樞密使、契丹行宮都部署入，小斂。翼日，遣北院樞密副使、林牙，以所賵器服，置之幽宫。

　　惕隱、三父房、南府宰相、遙輦常衮、九奚首郎君、夷离畢、國舅詳穩、十閘撒郎君、南院大王郎君，各依次薦享和祭奠，進獻

---

① （宋）陸游：《老學庵筆記》卷八，中華書局，1979，第110頁。
② （宋）江少虞：《宋朝事實類苑》卷七七，第1013頁。

鞍馬、衣襲、犀玉帶等物，表列其數，讀罷，將表焚燒。諸國爲助葬事所贈器服，以及親王、諸京留守奠祭所進賻物也都如此。"賻"，出錢財助人辦理喪葬事，稱爲"賻金""賻贈"。因有大儒耶律固備顧問，所以道宗葬禮對此前契丹故俗多所摒棄，例如巫者祓除、祈禳等。另外此前弓矢、鞍勒、圖畫、馬駝、儀衛等物皆燔之，即所謂"燒飯"，道宗下葬時則不再"燒飯"，而是將這些珍玩"置之幽宮"，并列表焚燒之以告。先帝"小斂"前一日，皇帝著喪服上香，奠酒，哭臨。當夜，北院樞密使、契丹行宮都部署等官員進入游仙殿，爲先帝（道宗）小斂。"小斂"是一種喪禮的儀式，即爲死者加斂衣。《禮記·喪服大記》："小斂，君大夫、士皆用複衣、複衾。"《後漢書·禮儀志下》記載皇帝駕崩小斂，"是日夜，下竹使符告郡國二千石、諸侯王。竹使符到，皆伏哭盡哀，小斂如禮"。① 次日，遣北院樞密副使、林牙，以所賵器服，放入幽宮。所謂"幽宮"，即墳墓。唐王維《過秦皇墓》詩："古墓成蒼嶺，幽宮象紫臺。"②

靈柩升車，親王推之，至食殺之次。蓋遼國舊俗，於此刑殺羊以祭。皇族、外戚、諸京州官以次致祭。至葬所，靈柩降車，就轝，皇帝免喪服，步引至長福岡。是夕，皇帝入陵寢，授遺物于皇族、外戚及諸大臣，乃出。命以先帝寢幄，過於陵前神門之木。帝不親往，遣近侍冠服赴之。

出殯，靈柩升車，親王推車至食殺羊處。這是遼國舊俗，於此殺殺羊以祭。皇族、外戚、諸京州官依次致祭。然後至葬所，靈柩降車，就轝——放置在轎上，皇帝脫下喪服，近侍引導至長福岡。當晚，皇帝進入陵寢，以先帝遺物授與皇族、外戚及諸大臣，然後乃出。命以先帝生前寢帳，經過陵前神門之木。過神門之木，見於

---

① 《後漢書》志第六《禮儀下》，第 3141 頁。
② 《王右丞集》卷六，《四部叢刊》影印元刊本。

祭山儀，也是契丹故俗，此事皇帝不親往，而是遣近侍服冠服去
辦。道宗葬禮也仍然保留"契丹故俗"，如靈車至"食殺之次"。
"於此刑殺羊以祭。"殺羊，即黑色的公羊。聖宗葬禮，興宗"御
幄，命改火，面火致奠，三拜。又東向再拜天地訖"。拜火、東向
拜天地都是契丹故俗，道宗葬禮都不再保留。

**初奠，皇帝、皇后率皇族、外戚、使相、節度使、夫人以上命婦皆
拜祭，循陵三匝而降。再奠如初。辭陵而還。**

初奠，皇帝、皇后率皇族、外戚、使相（具有"同平章事"
銜的節度使）、節度使、夫人以上命婦皆前往拜祭，繞陵三周而止。
再奠一如初奠。然後辭陵而還。道宗喪禮，大行之夕柩前三致奠及
出殯途中祭所的五致奠，都免除，依漢禮祇行"初奠"及葬畢
"再奠"。"初奠"謂始死時之奠。"夫人以上命婦"當指妃嬪等內
命婦。

在内蒙古自治區巴林右旗索博日嘎（白塔子）北約十餘公里的
瓦林茫哈地方，除遼興宗耶律宗真和仁懿皇后的永興陵外，还有遼
聖宗耶律隆緒和仁德皇后、欽愛皇后的永慶陵，遼道宗耶律弘基和
宣懿皇后的永福陵，因該地在遼属庆州，故統稱爲慶陵。

上諡册儀

"上諡册"即爲死去的皇帝確定諡號。清代著名學者閻若璩
説："漢之羣帝有號、有諡。如'太祖'，其號也；'高皇帝'，
其諡也。此既葬後，孝惠與羣臣至太上皇廟，上其父之稱，著見
《史記》，遷忽譌而爲'高祖'。班固撰《漢書》即正之曰'高帝
紀'，但史文未盡釐正耳。夫遷世掌史官，於本朝開天之聖曰號、
曰諡，猶不能置辨，而況魏晉間及齊時人遽論上古帝王乎？其誤

會也固宜。"① 閻若璩所謂 "號" 即後世所謂 "尊號"；"謚" 又稱
謚號。此二者，司馬遷都不能準確區分，就更不要責備後世了。班
固《白虎通義》卷二《號》稱："帝王者何？ 號也。號者，功之表
也，所以表功明德，號令臣下者也。德合天地者稱帝，仁義合者稱
王，別優劣也。《禮記·謚法》曰：'德象天地稱帝，仁義所生稱
王。'帝者天號，王者五行之稱也。皇者，何謂也？ 亦號也。皇，
君也、美也、大也。天人之總，美大之稱也。"②"皇帝" 已是至高
無上的尊稱，但統治者還嫌不夠，於是生前要 "上尊號"，死後又
增謚號。遼朝爲先帝上謚，大興於聖宗和興宗朝。《遼史》卷九
《景宗本紀》載："統和元年正月壬戌上尊謚孝成皇帝，廟號景宗。
重熙二十一年加謚孝成康靖皇帝。"聖宗不僅爲其父景宗上尊謚，
而且他和興宗又追謚太宗。卷四《太宗本紀》載："統和二十六年
七月，上尊謚孝武皇帝。重熙二十一年九月，增謚孝武惠文皇帝。"
"上謚册儀" 當是聖宗、興宗時確立的儀式，完全是漢儀。

**先一日，於菆塗殿西廊設御幄并臣僚幕次。太樂令展宮懸於殿庭，
協律郎設舉麾位。**

先一日，"於菆塗殿西廊設御幄并臣僚幕次"，即在大殿西廊搭
起帳幕，以便皇帝和羣臣上殿前在幕次整理衣冠。"太樂令" 是太
樂署長官。其職掌調樂器的音律及培養音樂人才。唐制："大樂署
令二人，從七品下……掌調鐘律，以供祭饗。凡習樂，立師以教而
歲考其師之課業，爲三等，以上禮部，十年大校，未成則五年而
校，以番上下。有故及不任供奉，則輸資錢以充伎衣、樂器之
用。"③"宮懸" 是太樂令爲典禮布置的樂器組合：古代鐘磬等樂器

---

① （清）閻若璩：《尚書古文疏證》卷四《第五十九》，《文淵閣四庫全書》影
　　印本。
② （漢）班固撰，（清）陳立疏證《白虎通疏證》卷二《號》，第 43~44 頁。
③ 《新唐書》卷四八《百官志三》，第 1243 頁。

懸掛在架上，其形制因用樂者身份地位不同而有別。帝王懸掛四面，象徵宮室四面的牆壁，故名"宮懸"。"協律郎"，正八品上，掌和律呂，即負責指揮皇家樂隊演奏。演奏時，"協律郎俛伏跪，舉麾"，即躬身跪伏地下舉麾，① 他手中的"麾"上舉即樂聲起，落下則樂止。

至日，北、南面臣僚朝服，昧爽赴菆塗殿。先置冊、寶案于西廊下。閤使引皇帝至御幄，服寬衣、皂帶。臣僚班齊，分班引入，嚮殿合班立定。引冊案上殿至褥位，寶案次之，設於西階。閤使引皇帝自西階升殿。初行，樂作；至位立，樂止。宣徽使揖："皇帝鞠躬、再拜。"陪位者皆再拜。

待到上謚冊之日，北、南面臣僚皆服朝服，黎明前趕赴菆塗殿。事先於西廊下設置冊、寶案。閤使引導皇帝至御幄，改服寬衣、皂帶。臣僚排班整齊，然後分班引入，面向殿庭合班立定。由承受官引導冊案上殿至褥位，寶案隨後，置於西階。冊，即玉冊，亦作"玉策"；寶，亦稱"玉璽"，即天子或后妃的玉印。古人講"事死如事生"。先帝受謚之後，也要有相應的冊和璽印。"冊案"置玉冊，"寶案"置璽印。冊案、寶案依次置於殿前西階下，然後閤使引導皇帝伴隨樂聲自西階上殿。"閤使"即閤門使。另一司儀——宣徽使作揖示意皇帝"鞠躬、再拜"，這時陪位羣臣皆兩拜。翰林使執臺琖以進。皇帝再拜，引至神座前，跪奠三，樂作；進奠訖，復位，樂止。又再拜，陪位者皆再拜。引皇帝于神座前，北面立。捧冊函者去蓋，進前跪。冊案退，置殿西壁下。引讀冊者進前，俛伏跪，自通全銜臣讀謚冊。讀訖，俛伏興，復位。捧冊函者置于案上。捧寶函者進前跪，讀寶官通銜跪讀訖，引皇帝至褥位再拜，陪位者皆再拜，禮畢。

---

① 《宋史》卷一一五《禮志》，第 2726 頁。

"翰林使"是翰林院的低級官員，翰林院的侍讀、侍講、修撰、編修、檢討等，皆謂之翰林使。他們執臺琖進入時，皇帝對先帝神座兩拜。司儀引導皇帝至神座前，跪着奠酒三琖。此時奏樂。奠酒完畢後，皇帝復位，奏樂停止。皇帝又對神座兩拜，陪位臣僚也都兩拜。這時司儀引導皇帝至神座前面北而立，捧册函者掀開册蓋，進前跪。册案退下，置於殿西階之下。此時殿上司儀引讀册者近前，躬身下跪，通報自己的全部官稱和職銜，然後讀謚册。讀畢，躬身起立回到原位。捧册函者將謚册放歸案上。捧寶函者進前跪，讀寶官通銜跪讀完畢，引皇帝至褥位再次兩拜，陪位者皆兩拜，典禮結束。

引皇帝歸御幄。初行，樂作；至御幄，樂止。引臣僚分班出。若皇太后奠酒，依常儀。

典禮結束之後，引導皇帝伴隨奏樂歸御幄，然後臣僚分班退出。如果皇太后向先帝神座奠酒，也依照常禮三致奠。

忌辰儀

即先帝忌日清晨的追思儀式，完全源自漢儀。

先一日，奏忌辰榜子，預寫名紙：大紙一幅，用陰面後第三行書"文武百僚宰臣某以下謹詣西上閣門進名奉慰"。至日，應拜大小臣僚並皂衣、皂鞓帶，四鼓至時，於幕次前（在京於僧寺）班齊，依位望闕敍立。直日舍人跪右、執名紙在前，班首以下皆再拜。引退。名紙於宣徽使面付內侍奏聞。

"忌辰"前一日，應參加"忌辰儀"的臣僚要先向閣門遞交"榜子"：大紙一幅，於背面第三行書"文武百僚宰臣某以下謹詣西上閣門進名奉慰"，即臣僚們具名請求允許他們參加忌辰儀，以便表達對皇帝的慰問。所謂"榜子"，即臣下通過閤門遞交的狀子。朱熹説："舊時朝見皆是先引見閤門，閤門方引從殿下舞蹈後方得上殿。而今都省了。本來朝見底皆是用一榜子上於閤門，閤門奏上，方始引見。而今卻於引見時，閤門積得這榜子，俟放見時却一併上，則都省了許多，衹是殿下拜兩拜，便上殿。"[1] 參加忌辰儀的臣僚皆服"皂衣"即黑衣、素服。《漢書·蕭望之傳》："敞備皂衣二十餘年，嘗聞罪人贖矣，未聞盜賊起也。"顏師古注引如淳曰："雖有五時服，至朝皆著皂衣。"[2] 説明平日"皂衣"也有著裝樸素之義。至日，凌晨四鼓在幕次前集合。"幕次"即帳幕，説明"忌辰儀"多是在捺鉢舉行。如果遇上在諸京舉行此儀，則在僧寺集合。臣僚望闕敍立——向着宮闕方向依序肅立。直日舍人右膝跪地，手執名紙在前，班首以下皆兩拜。然後引退。舍人將名紙於宣徽使面前交付内侍，由内侍向皇帝奏聞。

宋使祭奠弔慰儀

《遼史》卷二一《道宗本紀》載，重熙二十四年（1055）"十一月甲子，葬興宗皇帝於慶陵。宋及高麗遣使來會"。這是興宗駕崩後，宋使祭奠、弔慰的儀式。"澶淵之盟"訂立之後，遼宋通好，成爲兄弟之邦。宋真宗與遼聖宗爲兄弟，其繼承者繼續保持這種關係，宋仁宗與遼興宗仍爲兄弟關係。"元祐初，宣仁臨朝，洪基亦英宗之弟，因用至和故事。"[3] 遼興宗死後，宋朝遣使祭奠、弔慰，反映的是雙方互相承認、互爲兄弟的關係。聖宗欽哀皇后蕭氏，道

---

① 《朱子語類》卷一二八《法制》，中華書局，1986，第3064頁。
② 《漢書》卷七八《蕭望之傳》，第3277～3278頁。
③ （宋）葉夢得：《石林燕語》卷二，第18頁。

宗清寧初尊爲太皇太后；興宗仁懿皇后蕭氏，道宗繼位尊爲皇太后。興宗重熙二十四年八月崩，十一月甲子，葬興宗皇帝於慶陵，宋及高麗遣使來祭奠、弔慰。

太皇太后至菆塗殿，服喪服。太后於北間南面垂簾坐，皇帝於南間北面坐。宋使至幕次，宣賜素服、皂帶。更衣訖，引南、北臣僚入班立定。可矮墩以下並上殿依位立。

祭奠儀式在菆塗殿舉行，該殿應是廣平淀冬捺鉢的某宮殿。太皇太后即興宗生母，她在興宗即位初曾經臨朝聽政，稱"法天太后"。她服喪服至菆塗殿，爲興宗服喪。太后與道宗皇帝分別在北、南間落坐，説明菆塗殿東向，這樣纔會有南、北間。興宗靈於正殿東向停放，北間南面與正殿相接，太后"南面坐"，即是於北間南向坐；同樣，道宗則是於南間北向坐。這樣的安排表示興宗靈位最尊，太后次之，在位皇帝則位列太后之下。太后垂簾不直接面對宋使，符合宋朝太后垂簾會臣僚的規矩。

先引祭奠使、副捧祭文南洞門入，殿上、下臣僚並舉哀。至丹墀立定，西上閤門使自南階下，受祭文，上殿啓封，置於香案，哭止。祭奠禮物列殿前。引使、副南階上殿，至褥位立，揖"再拜"。引大使近前上香，退，再拜。大使近前，跪捧臺琖，進奠酒三。教坊奏樂，退，再拜。揖："中書―舍人跪捧祭文，引大使近前俛伏跪"，讀訖，舉哀。引使、副下殿立定，哭止。禮物擔牀出畢，引使、副近南，面北立。

承受官先引祭奠使和副使捧祭文從南洞門——側門進入，此時殿上、殿下臣僚齊聲舉哀、痛哭。使、副至丹墀立定。"丹墀"指宮殿的赤色臺階或赤色地面。《漢書・外戚傳下・孝成班倢伃》："俯視兮丹墀，思君兮履綦。"顏師古注引孟康曰："丹墀，赤地也。"[1]

---

① 《漢書》卷九七下《外戚傳下》，第3987頁。

《宋書·百官志上》：“殿以胡粉塗壁，畫古賢烈士。以丹朱色地，謂之丹墀。”① 西上閤門使自南階下殿，接受祭文，説明該殿的丹墀是在殿階下。閤門使接過祭文後，上殿啓封，置於靈前香案，這時殿上下的哭聲停止。宋使帶來的祭奠禮物列於殿前。司儀引使、副從南側臺階上殿，至褥位立。司儀作揖示意使、副“再拜”。然後引大使近靈柩前上香，退後，再拜。大使近前跪捧臺琖，向靈位奠酒三琖，教坊奏樂，退，再拜。司儀再作揖示意“中書二舍人跪捧祭文，引大使近前俛伏跪”，讀罷，舉哀。然後引使、副下殿立定，哭聲止。禮物擔牀出示完畢，引使、副靠近南邊，面北立，即面向皇太后肅立。

勾弔慰使、副南洞門入。四使同見大行皇帝靈，再拜。引出，歸幕次。皇太后別殿坐，服喪服。先引北、南面臣僚並於殿上下依位立，弔慰使、副捧書匣右入，當殿立。閤門使右下殿受書匣，上殿奏“封全”。開讀訖，引使、副南階上殿，傳達弔慰訖，退，下殿立。引禮物擔牀過畢，引使、副近南，北面立。勾祭奠使、副入。四使同見，鞠躬，再拜。不出班，奏“聖躬萬福”，再拜。出班，謝面天顔，又再拜，立定。宣徽傳聖旨撫問，就位謝，再拜。引出，歸幕次。

宋使祭奠完畢之後，弔慰使、副亦由南洞門入，四使同見興宗靈，再拜後，司儀引宋使退下，回到幕次，準備進行下一儀式——弔慰。皇太后別殿，即他殿就坐，服喪服見宋使。司儀先引北、南面臣僚一併於殿上、殿下依排班圖位立定，弔慰使和副使捧書匣右入，即從南面上殿，當殿肅立。閤門使從右側下殿接受書匣，上殿奏“封全”。開讀畢，引使、副自南階上殿，傳達宋朝皇帝弔慰之意完畢，後退，下殿肅立。司儀再引導禮物擔牀上殿展示一過，完

① 《宋書》卷三九《百官志上》，第1236頁。

畢後，引使、副近南，面北立。再讓祭奠使、副進入。四使一同見太后，鞠躬，再拜。皆在原位奏"聖躬萬福"，再拜。逐一上前謝"面天顏"——感謝太后接見，又再拜，立定。宣徽傳達聖旨，撫問宋使，宋使就位答謝，再拜。司儀引他們退出，回到幕次。

皇帝御南殿，服喪服。使、副入見，如見皇太后儀，加謝遠接、撫問、湯藥，再拜。次宣賜使副并從人、祭奠使副。別賜讀祭文例物。即日就館賜宴。

四使同見太后之後，再見皇帝。皇帝在南殿，服喪服。宋使、副入見皇帝，與見太后禮儀相同，祇是增加"謝遠接、撫問、湯藥"。再拜之後，宣布賞賜弔慰使、副及隨從人等，以及祭奠使、副。并且依例賜物給讀祭文者。當日宋使回館後，皇帝賜宴招待。

高麗、夏國奉弔、進賻等使，禮略如之。道宗崩，天祚皇帝問禮于耶律固。宋國遣使弔及致祭、歸賵，皇帝喪服御遊仙之北別殿。使入門，皇帝哭。使者詣柩前上香，讀祭文訖，又哭。有司讀遺詔，慟哭。使者出，少頃復入，陳賵賻于柩前，皇帝入臨哭。退，更衣，御遊仙殿南之幄殿。使者入見且辭，敕有司賜宴於館。

高麗和夏國雖然都是遼的屬國，但其奉國王命派遣的奉弔、進賻等使，祭奠、弔慰的儀式，略同宋使。道宗駕崩，天祚皇帝問禮於耶律固，宋國遣使弔唁及致祭、贈賵物，遼朝接待的儀式與興宗駕崩時有別：皇帝喪服，在停靈的游仙殿之北間別殿——而不是在南間接待宋使。宋使入游仙殿門，皇帝哭。使者詣柩前上香，讀祭文完畢，皇帝又哭。有司讀道宗遺詔，皇帝大哭。使者退出，稍後，再次進入，將賵賻之物陳列於柩前，皇帝來到靈前哭，然後退出游仙殿，更衣，在游仙殿南之幄殿入座。此時使者入見并且告辭，皇帝敕令有司於使者下榻處設宴招待。

宋使告哀儀

　　據《遼史》卷二二《道宗本紀》：咸雍三年（1067）"三月癸亥，宋主曙殂，子頊嗣位，遣使告哀。"宋英宗趙曙崩，告哀於契丹。此前真宗、仁宗駕崩，據《續資治通鑑長編》記載，也都曾向契丹告哀，但不見《遼史》記載，故不能確定此儀是哪一次的告哀儀式。

皇帝素冠服，臣僚皂袍、皂鞓帶。宋使奉書右入，丹墀內立。西上閤門使右階下殿受書匣，上殿，欄內鞠躬，奏"封全"。開封，於殿西案授宰相讀訖，皇帝舉哀。舍人引使者右階上，欄內俛跪，附奏起居訖，俛興，立。皇帝宣問"南朝皇帝聖躬萬福"，使者跪奏："來時皇帝聖躬萬福。"起，退。舍人引使者右階下殿，於丹墀西，面東鞠躬。通事舍人通使者名某祇候見，再拜。不出班，奏："聖躬萬福。"再拜。出班，謝面天顏，再拜。又出班，謝遠接、撫問、湯藥，再拜。贊"祇候"，引出，就幕次，宣賜衣物。引從人入，通名拜，奏"聖躬萬福"，出就幕，賜衣，如使者之儀。又引使者入，面殿鞠躬，贊"謝恩"，再贊："有敕賜宴。"再拜。贊"祇候"，出就幕次宴。引從人謝恩、拜、敕賜宴皆如初。宴畢，歸館。

　　"皇帝素冠服，臣僚皂袍、皂鞓帶"，都是表示對宋朝皇帝逝世的哀悼。宋使奉書自右側進入，在丹墀內肅立。"西上閤門使右階下殿"，皇帝御座在殿內高層，并有護欄，西上閤門使從御座的右階走下殿內，接受書匣。然後再上殿，在欄內鞠躬，奏報"封全"。開封後，"於殿西案授宰相讀訖"，說明這個儀式是在中京宮殿中舉行的。皇帝御座南向，故御座前有西案。告哀書讀罷，皇帝舉哀哭。舍人引使者右階上殿，在欄內俛跪，附奏起居一一問安後，躬身起，肅立。皇帝宣問"南朝皇帝聖躬萬福"，是問新即位的皇帝"聖躬萬福"，使者跪着回答："來時皇帝聖躬萬福。"然後起身，退下。舍人引使者自右階從欄內下殿，立於丹墀西側，面向東鞠躬。通事舍人通報"使者名某祇候見"，此時對皇帝兩拜。不出班，奏："聖躬萬福。"然後再兩拜。出班列，謝面見天顏，再兩拜。又出班列，謝遠接、撫問以及給予湯藥照顧，再拜。舍人贊唱"祇候"，引導使者退出，至幕次，宣布賞賜衣物。舍人再引隨從人員進入，通名拜見皇帝，奏"聖躬萬福"，然後退出至幕，賞賜衣，儀式如同使者。又引使者入，面殿鞠躬，舍人贊唱"謝恩"，使者重復贊"謝恩"。舍人宣布"有敕賜宴。"使者再拜。舍人贊唱"祇候"，使者退出至帳幕赴宴。這時舍人再引從人謝恩，拜。同樣宣布有敕賜宴，皆如當初對使者宣布一樣。宴畢，一行人歸館。

《宋會要輯稿》禮四一之一〇《外國發哀》載："真宗大中祥符二年十二月二十四日，雄州言：'得涿州牒，契丹國母蕭氏以此月十二日卒，遣使耶律信寧來告哀。'詔遣官迓之，廢朝七日，擇日制服，命禮官詳定以聞。"[1] 宋遼通好之後，這是遼首次遣使告哀，宋真宗命禮官詳定接待北朝告哀使的禮儀，自此以後，宋朝有了這方面的禮儀。《宋史》卷一二四《禮志·外國喪禮及入弔儀》載："凡外國喪，告哀使至，有司擇日設次於內東門之北隅，命官攝太常卿及博士贊禮。俟太常卿奏請，即向其國而哭之，五舉音而止。皇帝未釋素服，人使朝見，不宣班，不舞蹈，不謝面天顏，引當殿，喝'拜'，兩拜，奏'聖躬萬福'。又喝'拜'，兩拜，隨拜'萬歲'。或增賜茶藥及傳宣撫問，即出班致詞，訖，歸位。又喝

---

① （清）徐松輯《宋會要輯稿》禮四一之一〇《外國發哀》，劉琳等校點，上海古籍出版社，2014，第 3 冊，第 1637 頁。

'拜'，兩拜，隨拜'萬歲'。喝'祇候'，退。"① 宋朝向遼首派告哀使，是在真宗駕崩時。《續資治通鑑長編》卷九八乾興元年（遼太平二年，1022）二月戊午，真宗"崩於延慶殿。仁宗即皇帝位……閤門祇候薛貽廓告哀契丹"。② 遼朝即用與宋朝同樣的禮儀接待宋朝告哀使。天聖九年（遼景福元年，1031）遼聖宗駕崩，"六月，契丹使來告哀。禮官詳定：北朝凶訃，宜於西上閤門引來使奉書，令閤門使一員跪受承進，宰臣、樞密使已下待制已上，並就都亭驛弔慰。七月一日，使者耶律乞石至，帝與皇太后發哀苑中，使者自驛赴左掖門入，至左昇龍門下馬，入北偏門階下，行至右昇龍北偏門，入朝堂西偏門，至文德殿門上奉書。太常博士二員與禮直官贊引入文德殿西偏門階下，行至西上閤門外階下，面北跪，進書。閤門使跪受承進。太常博士、禮直官退。使者入西上閤門殿後偏門，入宣祐西偏門，行赴內東門柱廊中間，過幕次祇候，朝見訖，赴崇政殿門幕次祇候，朝見皇太后訖，出。三日，近臣慰乞石于驛"。③ 遼朝皇帝見宋朝告哀使、遺留使皆在便殿，由西上閤門使受書匣，皇帝素服、舉哀，使者禮拜細節，幾乎與宋朝禮儀完全相同，稍有不同則是宋以太常卿或太常博士贊禮，而遼則是舍人當之。

宋使進遺留禮物儀

皇帝、太后死後，宋遼雙方遣使互贈遺留物。《續資治通鑑長編》卷九八乾興元年（1022）二月戊午，真宗崩，仁宗即皇帝位。

---

① 《宋史》卷一二四《禮志》，第 2897 頁。
② （宋）李燾：《續資治通鑑長編》卷九八，乾興元年二月戊午，第 8 冊，第 2271 頁。
③ 《宋史》卷一二四《禮志》，第 2898 頁。

八天後——丙寅"遣度支副使、禮部郎中薛田爲契丹遺留禮信使，供備庫副使李餘懿副之"。①《續資治通鑑長編》卷一一二明道二年（1033）章獻太后崩，四月庚子"命翰林學士章得象爲大行皇太后遺留契丹國信使，崇儀使安繼昌副之"。②《續資治通鑑長編》卷三五四元豐八年（1085）宋神宗駕崩後，四月辛巳，宋以"承議郎、試中書舍人王震爲大行皇帝遺留北朝禮信使，内殿承制騫育副之"。③宋朝以上幾次派出國信遺留使，均不見《遼史》記載，僅卷二五《道宗本紀》載，大安九年（宋哲宗元祐八年，1093）十二月丙辰，"宋遣使以母后遺留物來饋"。因此，不能確定此"宋使進遺留物儀"是哪一次的禮儀。

百官昧爽朝服，殿前班立。宋遺留使、告登位使副入内門，館伴副使引謝登位使就幕次坐。館伴大使與遺留使、副奉書入，至西上閤門外氈位立。

依照宋使進遺留禮物儀，黎明，臣僚都要穿戴朝服在殿前按照排班圖規定的位置站立。這個儀式應是在中京舉行的。"殿前"是指宣政殿前。"宋遺留使、告登位使副入内門"，所謂"内門"是由宣政殿通往便殿的門。宣政殿是正殿，唐朝的便殿稱紫宸殿。遼燕京和中京也在宣政殿后設便殿。本來在正殿見羣臣和使節更隆重，祇因由於玄宗避正殿而御紫宸殿採取的臨時措施，後成常態，於是"入閤"反成盛典。所謂"入閤"，即"唤仗入閤門"，也就是召唤儀仗入便殿，因爲儀式改在便殿舉行。宋敏求云："明皇意

---

① （宋）李燾：《續資治通鑑長編》卷九八，乾興元年二月戊午，第8册，第2273頁。

② （宋）李燾：《續資治通鑑長編》卷一一二，明道二年四月庚子，第9册，第2610頁。

③ （宋）李燾：《續資治通鑑長編》卷三五四，元豐八年四月辛巳，第24册，第8479頁。

欲避正殿，遂御紫宸殿，喚仗入閤門，遂有入閤之制。"① 費袞亦
云："按唐故事，天子日御殿見羣臣曰'常參'；朔望薦食諸陵寢，
有思慕之心不能御前殿，則御便殿見羣臣，曰'入閤'。宣政前殿
也，謂之衙；衙有仗。紫宸便殿也，謂之閤。其不御前殿而御紫宸
也，乃自正衙喚仗，由閤門而入。百官俟朝于衙者，因隨以入見，
故謂之入閤。"② 當年太宗德光曾在燕京行"入閤禮"。引宋遺留使
和告登位使副入內門、入便殿——"入閤"，這是唐五代以來最隆
重的禮儀。負責接待的館伴副使引謝登位使先到幕次就坐。此時館
伴大使則陪同遺留使及副使奉國書進入，至門外西上閤甎位肅立。
**閤使受書匣，置殿西階下案。引進使引遺留物於西上閤門入，即於
廊下橫門出。皇帝昇殿坐。宣徽使押殿前班起居畢，引宰臣押文、
武班起居，引中書令西階上殿，奏宋使見牓子。契丹臣僚起居，控
鶴官起居。遺留使、副西上閤門入，面殿立。**

　　"閤使"即閤門使從宋遺留使手中接受書匣，放在殿西階下，
即御座西階下的案上。引進使引導遺留物從西上閤門進入，經殿中
於廊下橫門退出。

　　"皇帝昇殿坐"，皇帝的御座在殿內北窗下的高臺上，故曰
"昇殿坐"。宣徽使押殿前班，即皇帝的身邊人員行"起居"、問安
禮畢，然後宣徽使再引導由宰臣押後的文、武班起居，再引中書令
自西階上殿至御座近前，奏上宋使見牓子。契丹臣僚起居，控鶴官
起居。遼漢軍有控鶴軍，是禁衛軍，因此控鶴官當爲禁衛軍官。
《續資治通鑑長編》卷五五咸平六年七月己酉記李信云："國中所
管幽州漢兵，謂之神武、控鶴、羽林、驍武等，約萬八千餘騎。"③

①　（宋）宋敏求：《春明退朝錄》卷中，第 27 頁。
②　（宋）費袞：《梁谿漫志》卷三《入閤》，上海古籍出版社，1985，第 24 頁。
③　（宋）李燾：《續資治通鑑長編》卷五五，咸平六年七月己酉，第 5 册，第
　　1207 頁。

"遺留使、副西上閣門入，面殿立。"謂東、西上閣門，即正殿通往便殿的東、西二門。遺留使和副使從西上閣門進入後，面殿而立。

舍人引使、副西階上殿，附奏起居訖，引西階下殿，於丹墀東，西面鞠躬，通名奏"聖躬萬福"，如告哀使之儀。謝面天顏，謝遠接、撫問、湯藥。引遺留使從人見亦如之。

舍人引遺留使、副西階上殿，至御座前，向皇帝附奏起居後，引他們再從西階下至殿內，於丹墀東，面西鞠躬，并且通報姓名同時奏"聖躬萬福"，一如告哀使之儀。謝面見天顏，謝遠接、撫問、湯藥。再引遺留使隨從人等覲見，亦如上述儀式。

次引告登位使、副奉書匣，於東上閣門入，面殿立。閣使東階下殿，受書匣。中書令讀訖，舍人引使、副東階上殿，附奏起居。引下殿，南面立。告登位禮物入，即於廊下橫門出。退，西面鞠躬，附奏起居，謝面天顏、遠接等，皆如遺留使之儀。

登位使覲見的儀式一如遺留使，不同處是登位使從東上閣門進入、東階上殿、東階下殿：告登位使、副捧着內有國書的書匣，於東上閣門入，面殿而立。閣使自東階下殿，接受書匣，交中書令讀罷，舍人引使、副東階上殿，附奏起居。然後引他們下殿，在南面立。告登位禮物進入，展示一過，當即於廊下橫門出。登位使退，西面鞠躬，附奏起居，謝面天顏、遠接等，皆如遺留使見皇帝之儀。

宣賜遺留、登位兩使副併從人衣物，如告哀使。應坐臣僚皆上殿就位立，分引兩使、副等於兩廊立。皇帝問使、副"衝涉不易"。丹墀內五拜。各引上殿祗候位立。

宣布賜給遺留使和副使、登位使和副使以及兩使隨從人等衣物，皆如告哀使賜衣物例。此時應坐臣僚一同上殿就位站立，并且引兩使、副及從人於兩廊站立。皇帝問候使、副"衝涉不易"。使、副一行在丹墀內五拜，然後分別引他們上殿於祗候位站立。

大臣進酒，皇帝飲酒。契丹通，漢人贊"殿上臣僚皆拜"，稱"萬歲"。贊"各就坐"，行酒、殽、茶、饍、饅頭畢。從人出，水、飯畢。臣僚皆起。契丹通，漢人贊"皆再拜"，稱"萬歲""各祗候"。獨引宋使、副下殿謝，五拜。引出。控鶴官門外祗候，報閣門無事，供奉官捲班出。

各就位之後，宴會開始，首先，大臣向皇帝進酒。皇帝飲酒時，司儀用契丹語和漢語贊唱"殿上臣僚皆拜"，稱"萬歲"。司儀贊唱"各就坐"，於是開始上酒、菜殽、茶、飯、饅頭。隨從人員退下，在殿外飲水、吃飯。最後，臣僚全體起立，司儀又用契丹語和漢語贊唱"皆再拜"，稱"萬歲""各祗候"。引宋使、副單獨下殿致謝，五拜後，引出。控鶴官在門外恭侯，報"閣門無事"，然後供奉官捲班——班首調頭引導退出。

高麗、夏國告終儀

遼是高麗、西夏的宗主國，故其告終儀與宋告哀儀不同：儀式就在捺鉢行宮舉行，也不在接見使節前行"入閣禮"。

先期，於行宮左右下御帳，設使客幕次於東南。至日，北面臣僚各常服，其餘臣僚並朝服，入朝。使者至幕次，有司以嗣子表狀先呈樞密院，准備奏呈。

皇帝不著素冠服，臣僚也均無須皂袍、皂鞓帶，而是北面臣僚常服，其餘臣僚朝服。儀式在捺鉢行宮進行。使者至幕次，通過有關官員先將嗣子——繼承人的表狀呈交樞密院審查，然後纔能上奏皇帝。遼有北、南二樞密院。屬國事務歸北樞密院，因此嗣子表狀是交北樞密院。

先引北面臣僚并矮墩已上近御帳，相對立。其餘臣僚依班位序立。

引告終人使右入，至丹墀，面殿立。引右上，立。揖：少前，拜。跪奏訖，宣問。若嗣子已立，恭身受聖旨，奏訖，復位；嗣子未立，不宣問。

先引北面臣僚及矮墩以上官員至接近御帳處，相對立。其餘臣僚依照排班位序站立。這說明行宮的殿帳規模很小，臣僚們是在殿外排班。引告終人使從殿帳右側進入，至丹墀，面殿肅立。然後引告終使右階上殿，立。司儀作揖示意使者少前下拜。跪奏完畢，皇帝宣問嗣子現狀。若嗣子已繼承，使者即恭身接受聖旨，并且奏呈嗣子表狀，然後復位；如嗣子尚未繼承，不宣問——表明遼朝并不干涉屬國繼承事務。

引右下，丹墀面北鞠躬。通班畢，引面殿再拜。不出班，奏"聖躬萬福"，再拜，出班，謝面天顏。復位，再拜。出班，謝遠接，復位，再拜。贊"祗候"，退就幕次。再入，依前面北鞠躬，通辭，再拜；敍戀闕，再拜。贊"好去"。禮畢。

宣問完畢後，引使者自右側下殿，於丹墀面北鞠躬。在殿外進入排班位已畢，引使者面殿再拜，不出班——在原位奏"聖躬萬福"，然後再拜，出班，謝"面天顏"。復位，再拜。再出班，謝"遠接"，復位，再拜。司儀贊"祗候"，使者退就幕次。再入，依前面北鞠躬，通辭——告辭，再拜；敍述"戀闕"——留戀朝廷之意，再拜。贊"好去"。禮畢。

四　軍儀（《遼史》卷五十一）

　　軍儀是有關皇帝"講武"——主持軍事訓練以及出征的儀式。"先天二年，玄宗講武驪山，（唐）紹以典儀坐失軍容，當斬。帝怒甚，執纛下，左右猶冀少貸，金吾將軍李邈遽傳詔斬之。"[①] 遼朝皇帝講武，主持軍事訓練、出征、凱旋，則多具契丹傳統戰法及宗教色彩，與漢儀不同。

皇帝親征儀

常以秋冬，應敵制變或無時。將出師，必先告廟。乃立三神主祭之：曰先帝，曰道路，曰軍旅。刑青牛白馬以祭天地。其祭，常依獨樹；無獨樹，即所舍而行之。或皇帝服介胄祭諸先帝宮廟，乃閱兵。

　　塞北每年夏季水草豐美，游牧民族的戰馬經一夏牧放，秋冬時節體力最佳，此時他們的騎兵戰鬥力最強。《漢書·李廣傳附李陵傳》載強弩都尉路博德向武帝奏言："方秋匈奴馬肥，未可與戰，

---

① 《新唐書》卷一一三《唐臨傳附孫唐紹傳》，第 4185 頁。

臣願留陵至春，俱將酒泉、張掖騎各五千人並擊東西浚稽，可必禽
也。"① 武帝不聽，詔李陵將其步卒五千人於九月出塞，結果大敗，
李陵降匈奴。《遼史》卷三四《兵衛志》："出兵不過九月，還師不
過十二月。"此即契丹出兵作戰"常以秋冬"之義。"應敵制變或
無時"是說雖然秋冬騎兵戰鬥力最強，但應對隨時生變的軍情，非
秋冬時節也得出兵。關於出兵之前告廟和祭祀，《兵衛志》又載：
"凡舉兵，帝率蕃漢文武臣僚，以青牛白馬祭告天地、日神，惟不
拜月。分命近臣告太祖以下諸陵及木葉山神，乃詔諸道征兵。"這
與"親征儀"所載不盡相同。"神主"即神的牌位。出征前立先
帝、道路、軍旅的神位祭祀。還要殺青牛白馬以祭天地。祭祀通常
是在獨樹前進行；如無獨樹，即在所住房舍前進行。"皇帝服介胄
祭諸先帝宮廟"，因為每一宮衛都有自己的兵馬，即所謂宮衛騎軍，
戰前祭先帝宮廟，意味着向諸宮衛征兵。

**將行，牝牡麠各一爲禷祭。將臨敵，結馬尾，祈拜天地而後入。下
城克敵，祭天地，牲以白黑羊。班師，以所獲牡馬、牛各一祭天
地。出師以死囚、還師以一諜者植柱縛其上，于所向之方亂射之，
矢集如蝟，謂之"射鬼箭"。**

牝牡，鳥獸的雌性和雄性，也形容自然界的陰陽。《漢書·司
馬遷傳》："《詩》記山川谿谷禽獸草木牝牡雌雄，故長於風。"② 行
軍作戰，先以雌雄麠各一爲祭，以除不祥。"麠"是一種走獸，據
《毛詩草木鳥獸蟲魚疏》卷下：麠似鹿而小。將要與敵遭遇時，結
馬尾、拜天地，是契丹人一種巫術。攻下城邑、戰敗敵人，還要以
白黑羊祭天地。班師，還以所獲公馬、公牛各一祭天地。出師、還
師要"射鬼箭"，這是契丹人的巫術，也作爲刑罰。皇帝出征及祭

---

① 《漢書》卷五四《李廣傳附李陵傳》，第 2451 頁。
② 《漢書》卷六二《司馬遷傳》，第 2717 頁。

祀先帝時，都要行這種巫術。即取死囚一人，置於所要前往之方向，以亂箭射殺。契丹人認爲，以此可以祓除不祥。班師歸來則以俘虜的敵方諜者射鬼箭。

臘　儀

臘日，歷代各異。漢以臘爲歲終大祭，以十二月庚日爲"臘"，屆時吏民宴飲如正月歲首。蔡邕説："臘者，歲終大祭，縱吏民宴飲，非迎氣，故但送不迎；正月歲首，亦如臘儀。"[①] 宋人吳曾説："臘祭之名起於三代，廢於始皇而興於漢。"[②] 契丹以十二月辰日爲臘。《遼史·禮志》以臘日圍獵入"軍儀"，是因爲契丹人一直是把圍獵當作軍事演習。其俗焚香拜日、圍獵，與漢俗祭祖、祭神不同。

臘，十二月辰日。前期一日，詔司獵官選獵地。其日，皇帝、皇后焚香拜日畢。設圍，命獵夫張左右翼。司獵官奏"成列"，皇帝、皇后升輦。敵烈麻都以酒二尊、盤殽奉進，北南院大王以下進馬及衣。

"臘"——十二月辰日。此前一日，詔令司獵官選擇獵地。至臘日，皇帝、皇后先焚香拜日，完畢後設圍，命獵夫張開左、右翼，以便讓獵物入圍。司獵官奏報"成列"，皇帝、皇后升轎，掌禮官敵烈麻都向帝、后進酒食，北、南院大王（五院部和六院部的首領）進獻馬及衣服。"拜日"爲契丹故俗。《遼史》卷四九《禮志》記載，遼朝皇帝有拜日儀。此外，卷五三《禮志·皇后生辰儀》也記載："臣僚昧爽朝。皇帝、皇后大帳前拜日，契丹、漢人

---

① （漢）蔡邕：《獨斷》卷上，《文淵閣四庫全書》影印本。
② （宋）吳曾：《能改齋漫録》卷四《臘》，上海古籍出版社，1979，第78頁。

臣僚陪拜。"

皇帝降輿，祭東畢，乘馬入圍中。皇太子、親王率羣官進酒，分兩翼而行。皇帝始獲兔，羣臣進酒上壽，各賜以酒。至中食之次，親王、大臣各進所獲及酒訖，賜羣臣飲，還宮。應曆元年冬，漢遣使來賀，自是遂以爲常儀。統和中，罷之。

皇帝與皇后乘輿來到圍獵現場之後，祭東畢，騎馬進入圍中，皇太子、親王率領羣官向皇帝進酒，然後圍獵開始；張開東、西兩翼行進。皇帝在中路，易於獵獲兩翼驅趕過來的獵物。當其有斬獲時，羣臣便進酒、上壽，同時皇帝還以酒賞賜衆人。直至中飯後，親王、大臣各以自己所獲進獻，同時向皇帝進酒，圍獵便告結束，還宮。關於臘儀，《遼史》卷五三《禮志·歲時雜儀·臘辰日》也有相關記載。

出軍儀

制見《兵志》。

五　賓儀（《遼史》卷五十一）

賓禮範圍甚廣，“冠昏爲嘉禮，喪爲凶禮，祭爲吉禮，鄉者鄉飲、鄉射、鄉舉諸事，相見如士相見，皆賓禮”。[①]

常朝起居儀

常朝起居儀是百官集體朝見并向皇帝問安的禮儀。其制始於久遠，漢代皇帝起居儀是“宮司馬内百官所傳：按籍而後出入，營衛周廬，晝夜誰何，殿外門屬衛尉，殿内廊舍屬光禄勳，黄門鉤盾屬少府。輦動則左右帷幄者稱警，車駕則衛官填街、騎士塞路，出殿則傳蹕止人，清道建五旗，丞相、九卿執兵奉引。先置索清宫而後往，所以重威、防未然也。乘輿冠高山冠，飛羽之纓幘耳，赤丹素里，帶七尺斬蛇劍，履虎尾絢履”。[②] 唐中期以後，“常朝起居儀”就逐漸代之以“入閣”。後唐明宗定五日一起居。遼朝的朝會——常朝起居儀，太宗初行於燕京。會同三年（940），德光至燕京，備法駕，入自拱辰門。他在這套儀衛導引下進入燕京大内，在元和殿

---

① 《御覽經史講義》卷二一，《文淵閣四庫全書》影印本。
② （宋）王應麟：《玉海》卷八〇引衛宏《漢舊儀》，《文淵閣四庫全書》影印本。

上行"入閣禮"。《遼史》卷六《穆宗本紀》載，應曆元年（951）冬十一月"乙亥，詔朝會依嗣聖皇帝故事，用漢禮"。後來常朝起居儀多行於遼中期以後的禮儀性的都城——中京。

昧爽，臣僚朝服入朝，各依幕次。内侍奏"班齊"。先引京官班於三門外，當直舍人放起居，再拜，各祗候。

黎明，臣僚朝服入朝，各在帳幕前排班。内侍奏"班齊"。先引京官於三門外立班，當直舍人開始放京官入内起居，兩拜，然後各自恭候。所謂"京官"，據同卷"正座儀"注文："留守司、三司、統軍司、制置司謂之京官。""三門"是指中京皇城的三個門。遼中京大定府"擬神都之制"，即仿唐東都洛陽，故城亦分爲外城、内城和皇城三部分。"舍人"，據《新唐書》卷四七《百官志二》，中書舍人六人，"掌侍進奏，參議表章。凡詔旨制敕、璽書冊命，皆起草進畫；既下，則署行……大朝會，諸方起居，則受其表狀"。① 意思是説，當京官於三門外排班之時，當直舍人先讓他們向皇帝行起居——問安之禮：兩拜，然後各自恭候。《宋史》卷一一六《禮志》：起居儀有常朝與大朝之分。凡常朝起居兩拜，大起居則七拜。②

次依兩府以下文武官，於丹墀内面殿立，豎班諸司并供奉官，於東西道外相向立定。當直閤使、副贊"放起居"，再拜，各祗候。退還幕次，公服。

京官起居後，依次引兩府以下文、武官於丹墀内面殿立。唐以御史臺與中書省爲"兩府"，宋趙抃稱"本朝樞密院與中書謂之兩府"，③ 遼朝"兩府"當是指其實際上的宰輔機構——北、南樞密

---

① 《新唐書》卷四七《百官志二》，第 1211 頁。
② 《宋史》卷一一六《禮志》，第 2759 頁。
③ （宋）趙抃：《清憲集》卷一〇《奏疏乞速行退罷陳旭以解天下之惑》，《文淵閣四庫全書》影印本。

院。兩府的文武官員在丹墀內面殿肅立，應是橫向排班，即所謂
"橫班"。其他在東西道外相向排班的，應是"豎班"。明代學者方
以智說："橫行，橫班也。宋初沿唐故事，百官日赴文德殿，宰臣
押班，謂之常朝……宋嘉祐三年詔立定橫行員數，客省使至閤門使
曰橫班。宣和官濫，橫行至百十有八人。"① 供奉官是一類官員的
類名。"按舊制，自左、右正言已上，謂之供奉官。"② 當直閤使及
副使贊"放起居"——開始起居，於是官員兩拜，然後各自恭候，
退還幕次，著公服。所謂"公服"，"隋煬帝時始令百官戎服，唐
人謂之便服，又謂之從省服，乃今之公服也"。③

**帝昇殿坐，兩府并京官丹墀內聲喏，各祇候。教坊司同北班起居
畢，奏事。**

　　燕京嘉寧殿，西京同文殿朝服：襆頭、袍笏；公服：紫衫、帽。

　　兩府以及京官在丹墀內聲喏，然後各自恭候。"聲喏"即作揖
并同時出聲致敬，但也有"唱喏"而不發聲的。陸游云："先君
言，舊制，朝參拜舞而已，政和以後增以'喏'。然紹興中予造朝，
已不復'喏'矣。淳熙末還朝則迎駕起居，閤門亦喝'唱喏'，然
未嘗出聲也。"④ 教坊及北班起居完畢，即開始奏事。"教坊"，官
署名，負責宮廷中表演的機構。其中有眾多樂舞表演者，唐貞元二
十一年（805）三月，"出後宮及教坊女妓六百人，聽其親戚迎於
九仙門"。⑤ 說明教坊還有眾多女子。不過上朝的應祇限教坊官員。

　　"燕京嘉寧殿"以下是"常朝起居儀"的注文。遼朝皇帝有時
在燕京和西京上朝，燕京嘉寧殿和西京同文殿的常朝起居儀也大體

---

① （明）方以智：《通雅》卷二八《禮儀》，《文淵閣四庫全書》影印本。
② （宋）王禹偁：《小畜集》卷二一《滁州上表》，《文淵閣四庫全書》影印本。
③ 《朱子語類》卷九一《雜儀》，第 2324 頁。
④ （宋）陸游：《老學庵筆記》卷二，中華書局，1979，第 20 頁。
⑤ （宋）王溥：《唐會要》卷三，《文淵閣四庫全書》影印本。

與中京同。當地的京官絕大多數是漢人，這條注文是規定這些漢官上殿參加起居儀時，應當著"朝服"。

正座儀

遼在常朝起居儀之外，又增正座儀，亦如宋朝起居儀有常起居與大起居之分。宋朝皇帝視朝之制分爲三等："文德殿曰外朝，凡不釐務朝臣日赴，是謂'常朝'；垂拱殿曰內殿，宰臣、樞密使以下要近職事者，并武班日赴，是謂'常起居'；每五日文武朝臣，釐務、不釐務並赴內朝，謂之'百官大起居'。"[1] 所謂"不釐務"者即不治事、無職事的官員。因此"常起居"重於"常朝"，"大起居"則是最具規模的禮儀。宋仁宗慶曆六年（1046）五月十六日中書門下言及曾有制令："諸在京文武升朝官每日朝，其有制免常朝者五日一參起居。"[2] 據《宋史》卷一一六《禮志》，七拜爲大朝起居之禮。遼朝的"正座儀"臣下并七拜，故相當於宋的大朝起居儀。

皇帝升殿坐，警聲絕。契丹、漢人殿前班畢，各依位侍立。次教坊班畢，捲退。京官班入拜畢，揖於右橫街西，依位班立。次武班入拜畢，依位立。文班入拜畢，依位立。北班入，起居畢，於左橫街東序班立。次兩府班入，鞠躬，通宰臣某官已下起居，拜畢，引上殿奏事。

已上六班起居，並七拜。內有不帶節度使，班首止通名，亦七拜。捲班與常朝同。直院有旨入文班。留守司、三司、統軍司、制置司謂之京官。都部署司、宮使、副宮使，都承以下令史，北面主事以下隨駕諸司爲武官。館、閣、大理寺，堂後以下，御史臺、隨

---

[1] （宋）宋敏求：《春明退朝錄》卷中，第 27 頁。
[2] （清）徐松輯《宋會要輯稿》儀制一之八，第 4 册，第 2301 頁。

駕閑員、令史、司天臺、翰林、醫官院爲文官。天慶二年冬，教坊並服袍。

　　"皇帝升殿坐，警聲絶"，皇帝出行、升殿，都要有警蹕聲。宋人有詩云："一聲警蹕慶雲從，向曉來朝大帝宫。"[①] "殿前班"是皇帝的警衛——近衛軍。"五代承唐，衛兵雖衆，未嘗訓練，太祖首議教閲，或召近臣觀陣伍，幸殿前班。馬射所過池苑，多令衛士射雕、截柳，其後常加訓習弓力。"[②] 皇帝上朝，衛士在殿上依班位侍立，待命；教坊班是供其娱樂的，他們班畢即捲班退下。然後京官班入拜完畢後，當直舍人作揖示意他們退至殿前右横街西，依照排班位置站立。"横街"即東西向街道，説明横街後面的宫殿是南向的，表明此儀又是在中京進行。武班、文班拜畢，即分別依固定位置在殿上站立。"北班"當是指文、武班以外的契丹官員，他們拜畢後，退至左横街東站立。其次是"兩府班"入。兩院樞密使、副是遼朝的最高軍政官員，他們先向皇帝鞠躬，通報宰臣某官已下起居，然後再跪拜，完畢後，引他們上殿奏事。

　　以上六班并行七拜大禮。内有不帶節度使銜者，班首衹通報其名，説明不帶節度使銜的官員，其官銜都是不值一提的虚銜。天祚皇帝天慶二年（1112）令教坊也如同其他漢臣一樣"服袍"。"已上六班起居"至"教坊並服袍"是原文的注文。

臣僚接見儀

　　皇帝接見臣僚，先要由内侍向皇帝奏上當日被接見者的"榜

①　（宋）魏齊賢：《五百家播芳大全文粹》卷八九，鄭庶子：《天申節錫宴》，《文淵閣四庫全書》影印本。

②　（宋）王應麟：《玉海》卷一四五《兵制》，《文淵閣四庫全書》影印本。

子"（被接見者請求接見的名狀或奏請），皇帝首肯之後，纔能引入榜子上的臣僚。這是照搬宋朝的規矩，宋真宗大中祥符七年（1014）九月，詔："三班使臣到京，除勾當急速公事外，餘并與限七日內朝參，便赴本院祗候差遣。或非次急要使臣闕人，即憑入門榜子定名差遣。如故有規避者，送宣徽院劾聞。"① 遼朝被接見者要"面殿鞠躬，起居，凡七拜"，禮節比宋朝還要繁複。特別是南宋時，接見的禮節已經大爲簡化。比較起來，遼朝的接見儀式，不僅保留了北宋全部的繁雜手續和禮節，或許還加碼，如"七拜"大禮，在北宋也祇是大起居時纔行此禮，遼却行之於接見。

皇帝御座，奏見榜子畢，臣僚左入，鞠躬。通文武百僚宰臣某官以下祗候見。引面殿鞠躬、起居，凡七拜。引班首出班，謝面天顔，復位。舞蹈、五拜、鞠躬。

宋朝臣僚見宰相，要有樞密使在場。《宋史》卷三〇六《謝泌傳》載：淳化二年（991），"時王禹偶上言：'請自今庶官候謁宰相，并須朝罷於政事堂，樞密使預坐接見，將以杜私請。'詔從之"。② 庶官謁見宰相，須樞密使在坐，目的是爲了杜絕"私請"。因爲私請盛行，皇帝亦不單獨接見，遼宋皆然。文武臣僚受皇帝接見，先奏上"榜子"，待恩准後，則自左入殿，鞠躬，排班，由宰臣率領并通報恭候接見。富直舍人引領一行人等面殿鞠躬，起居閣安，七拜。然後舍人引班首出班，感謝面見天顔，復位——回歸班位。舞蹈、五拜、鞠躬。

宣答問制，再拜。宣訖，謝宣諭，五拜。各祗候畢，可矮墩以上引近前，問"聖躬萬福"。傳宣問"跋涉不易"，鞠躬。引班舍人贊"各祗候"畢，引右上，准備宣問。其餘臣僚並於右侍立。

皇帝通過近臣宣布對臣下答問的制、詔，稱"宣答"。《舊唐

① （清）徐松輯《宋會要輯稿》選舉二五之三，第 10 册，第 5724 頁。
② 《宋史》卷三〇六《謝泌傳》，第 10094 頁。

書》卷一八四《魚朝恩傳》："天寶末以宦者入内侍省，初爲品官，給事黃門，性黠惠，善宣答，通書計。"① 受接見者聽了"宣答"之後，感謝"宣諭"，五拜，然後各自恭候。"可矮墩以上"，言契丹官員級别。朝會時，臣僚有坐有立，可就座者地位顯然比侍立者高。矮墩官地位則在高墩之下。皇帝通過近臣宣問"跋涉不易"，説明受接見者是外地的文武官員。

宣答云："**卿等久居鄉邑，來奉乘輿。時屬霜寒——或云炎蒸，諒多勞止。卿各平安好。想宜知悉。**"

宣答云："卿等久居鄉邑，前來侍奉朕。此時正值霜寒（如逢夏日則云"炎蒸"），諒一路辛勞。願各位平安好。朕意想宜知悉。"

問聖體儀

這是臣僚在捺鉢向皇帝行起居、問安之禮的儀式。"捺鉢"是契丹語音譯，意爲"行在所"。其實契丹皇帝并非"行幸"纔至捺鉢，而是一年四季都居住在捺鉢。"四時捺鉢"，稱爲春水、納涼、秋山和坐冬。皇帝祇有接見宋、夏、高麗使節等特殊情況時纔在中京宮殿中現身。捺鉢"御帳"規模比中京宮殿小得多，儀式也相應簡單得多。

皇帝行幸，車駕至捺鉢，坐御帳。臣僚公服，問"聖躬萬福"。贊"再拜"，各祗候。奏事。宣徽以下常服，教坊與臣僚同。

保大元年夏特旨：通名再拜，不稱宰臣。

皇帝行幸，車駕至捺鉢，在御帳升坐。臣僚著公服，問"聖躬

① 《舊唐書》卷一八四《魚朝恩傳》，第4763頁。

萬福"。舍人贊"再拜",各自恭候。便開始奏事。宣徽以下皆常服。教坊與臣僚同,即教坊也公服。宣徽使是遼朝官名。遼設北、南宣徽院,分隸北南樞密院之下。北、南宣徽使職掌已見拜日儀一節釋文:宣徽北院使常執行軍事使命。此外,宣徽使還掌領朝會、宴饗、禮儀、祭祀及御前祇應之事。

保大元年(1121),天祚帝特下詔旨,臣僚在捺鉢拜見皇帝,通報姓名之後兩拜,不必再稱"宰臣"。①

車駕還京儀

遼朝皇帝"還京",實際上是偶爾駕臨京城,然而就是這樣一個短暫期間,他也不在中京大內留宿,而是於城外就車帳而居。

前期一日,宣徽以下橫班諸司、閣門並公服,於宿帳祇候。

如前所述,所謂"橫班"即上朝時橫向排列。《宋史》卷一六九《職官志》:"武臣自通事舍人轉橫班例:通事舍人、東西上閣門副使、引進副使、客省副使、西上閣門使、東上閣門使、四方館使、引進使、客省使,右內客省使至閣門使謂之橫班。"② 遼朝的"宣徽以下橫班諸司"大致也是指上述諸機構的官員。皇帝還京前一日,宣徽以下橫班諸司及閣門使、副等,都要著公服在宿帳恭候。"閣門"即閣門使,官名,古之擯相之職。唐末、五代凡取稟旨命、供奉乘輿、朝會游宴及贊導三公、羣臣、蕃國朝見、辭謝,糾彈失儀之事,由閣門使、副掌管。閣門使多以處武臣。參見《文獻通考·職官十二》。

---

① 吳麗娛審讀作者原稿提出書面意見說:"'某'即姓名,不在免之列。好像是說祇稱姓名和官稱就可以了,不用加上'宰臣'二字。"
② 《宋史》卷一六九《職官志》,第4032~4033頁。

至日詰旦，皇帝乘玉輅，閤門宣諭軍民訖，導駕。時相以下進至內門，閤副勘箭畢，通事舍人鞠躬，奏"臣宣放仗"。禮畢。

至還京儀進行之日，清晨，皇帝即乘玉輅入城。説明前一日，已經在城外帳中留宿。玉輅是皇帝所乘專車，《遼史》卷五五《儀衛志》"玉輅，祀天、祭地、享宗廟、朝賀、納后用之。青質，玉飾，黃屋，左纛。十二鑾在衡，二鈴在軾。龍輈左建旂，十二斿，皆畫升龍，長曳地。駕蒼龍，金裝，鏤錫，鞶纓十二就。"皇帝乘玉輅進入大內的路上，閤門宣諭軍民，告知皇帝所經之處，軍民人等要回避。"宣諭"之後，皇帝玉輅在閤門引導下行進。當朝宰相進入內門，閤門副使勘箭畢，皇帝乘玉輅至內門（"勘箭儀"見後）。"放仗"，即儀仗結束。

勘箭儀

勘箭儀初行於北宋，後廢。真宗咸平二年（999）八月二十九日，"禮儀使言：'皇帝自朝元門（出）〔乘〕玉輅出乾元門，至太廟門，禮畢，迴（伏）〔仗〕至南薰門，入乾元門。四處並左右金吾仗，與閤門對鑾駕前勘箭。請編入儀注施行。'從之"。① 元豐元年（1078）七月二十三日，禮院又言："'按儀注，親祠，皇帝所過之門皆勘箭契。自熙寧四年始罷勘箭，而猶存勘契之禮。若車駕入太廟、皇城、京城門，鹵簿前仗已從門入，而天子將至，則復閉中門，稽留玉輅。竊詳此禮於眾人則通之，於至尊則限之，非所以爲順也。所有太廟及宣德、朱雀、南薰門勘契伏請不行。明堂文德殿門亦乞准此。'從之"。② 元豐之後，勘箭儀在宋雖已不行，但遼

---

① （清）徐松輯《宋會要輯稿》禮二之三四，第1冊，第532頁。
② （清）徐松輯《宋會要輯稿》禮二之三五，第1冊，第533頁。

却依舊仿效。在遼宋密切交往中，遼朝亦步亦趨向宋朝學習禮儀。

皇帝乘玉輅至内門，北、南臣僚於輅前對班立。勘箭官執雌箭門中立。東上閤門使詣車前，執雄箭在車左立，勾勘箭官進。勘箭官揖進至車約五步，面車立。閤使言"受箭行勘"。勘箭官拜，跪受箭；舉手勘訖，鞠躬，奏"内外勘同"。

皇帝乘玉輅至内門——由正殿通往便殿的門，這時北、南臣僚於輅前相向排班站立。此儀分兩步：入門勘箭和喚仗勘箭。玉輅入門以前，勘箭官執雌箭，閤門使執雄箭交勘箭官行勘。"勘箭"是勘驗符契，故箭分雌雄。以雄箭入雌箭，勘驗完畢，始放行。顧炎武稱："符契亦可稱雌雄。《隋書·高祖紀》'頒木魚符於總管、刺史，雌一、雄一。'《唐六典》'太府寺置木契九十五隻，雄付少府將作監，雌留太府寺'是也。箭可稱雌雄，《遼史·儀衛志》'木箭内箭爲雄，外箭爲雌。皇帝行幸則用之。還宮，勘箭官執雌箭，東上閤門使執雄箭'是也。（原注：亦可稱牝牡。宋沈括《筆談》：'大駕鹵簿中有勘箭，如古之勘契也。其牡謂之雄牡箭，牝謂之闊仗箭。本胡法也，熙寧中罷之。'）"①

閤使言"准敕行勘"。勘箭官平立，退至門中舊位立，當胸執箭，贊"軍將門仗官近前"。門仗官應聲開門，舉聲，兩邊齊出，並列左右立。勘箭官舉右手贊"呈箭"，次贊"内出喚仗御箭一隻，准敕付左金吾仗行勘"。贊："合不合?"應："合、合、合。"贊："同不同?"應："同、同、同。"訖。勘箭官再進，依位立，鞠躬，自通全銜臣某對御勘箭同，退，門中立。贊："其箭謹付閤門使進入。"事畢，其箭授閤使，轉付宣徽。

儀式的第二步是勘箭喚仗。"喚仗"，即召喚儀仗至皇帝所在的便殿。"唐故事，天子日御殿見羣臣，曰'常參'。朔望薦食諸陵

---

① （清）顧炎武：《日知録集釋》卷三二《雌雄牝牡》，上海古籍出版社，2006，第1850~1852頁。

寢，有思慕之心，不能臨前殿，則御便殿見羣臣，曰‘入閣’。宣
政，前殿也，謂之‘衙’，衙有仗；紫宸，便殿也，謂之‘入閣’，
其不御前殿而御紫宸也，乃自正衙喚仗。”① 對照北宋的勘箭儀，
可知遼的勘箭儀來源於宋。按照宋朝禮儀，“每車駕至門，閣門
使持鵓箭贊云：‘勘箭官來前。’勘箭官稱喏，跪受箭以左右箭相
合，奏云：‘內外箭勘同。’閣門使承制云：‘準敕行勘。’勘箭官
稱軍將門仗官前來。軍將門仗官二十八人齊聲喏。勘箭官言‘呈
箭’，又聲喏。勘箭官云：‘某年月日，皇帝宿齋於某殿。某日具
天仗迎鑾駕出入某門詣某所行禮。內出雄、鵓箭一，外進辟仗箭
一，準敕符左右金吾仗行勘。’勘箭官稱‘合不合’？和箭門仗官
皆稱‘合’。如此再問對，又問‘同不同’？和箭門仗皆稱
‘同’。如此再問對，勘箭官乃伏奏云：‘左右金吾列駕仗勾盡都
知具官臣姓名對御勘同，其雄、鵓箭謹奉閣門使進入。’諸司準
式，勘箭官即起居，三呼‘萬歲’。開門進輅。凡宣德門出，左
仗主之；景靈宮入，右仗主之。太廟入，左仗主之；南薰門入則
勘，出則否”。②

宋使見皇太后儀

依中原王朝的禮儀，臣下不能面見皇后和皇太后。《舊唐書》
卷五《高宗本紀》上元二年（675），“時帝風疹不能聽朝，政事皆
決於天后。自誅上官儀後，上每視朝，天后垂簾於御座後，政事大
小皆預聞之，內外稱爲‘二聖’”。③ 宋朝太后臨朝也是坐簾後。仁

---

① （宋）高似孫：《緯略》卷七《入閣》，《文淵閣四庫全書》影印本。
② （宋）李攸：《宋朝事實》卷一三《儀注三》，《文淵閣四庫全書》影印本。
③ 《舊唐書》卷五《高宗本紀》，第100頁。

宗即位初，母后臨朝，初御承明殿，令内侍宣諭曰："予不欲行垂簾御殿之儀，卿等累請，辭不獲已，候皇帝春秋長，即當還政。"①契丹皇太后臨朝不是坐於簾後，而是直接面對臣僚，因此宋使也得以面見太后。《遼史》卷一四《聖宗本紀》載：統和二十三年（1005）"五月戊申朔，宋遣孫僅等來賀皇太后生辰"。《續資治通鑑長編》卷五九景德二年（1005）二月癸卯載："命開封府推官、太子中允、直集賢院孫僅爲契丹國母生辰使，右侍禁、閤門祗候康宗元副之，行李、傔從、什器並從官給。時議草國書，令樞密、學士院求兩朝遺草於内省，悉得之。凡所與之物，皆約舊制而加增損。國母書外，別致書國主，問候而已。自是至國母卒，其禮皆然。僅等入契丹境，其刺史皆迎謁，又命幕職、縣令、父老捧巵獻酒於馬前，民以斗焚香相迎，門置水漿盂杓於路側，接伴者察使人中途所須，即供應之。具蕃漢食味，漢食貯以金器，蕃食貯以木器。所至民無得鬻食物受錢，違者全家處斬。國主每歲避暑於含涼淀，聞使至，即來幽州，屢召僅等宴會張樂，待遇之禮甚優。僅等辭還，贐以器服及馬五百餘匹，自郊勞至於餞飲，所遣皆親信、詞禮恭恪者，以致勤厚之意焉。禮或過當，僅必抑而罷之，其他隨事損益，俾豐約中度，後奉使者率循其制，時稱得體。"② 以上記載，表明北宋對契丹太后生辰的重視，生辰大使不僅帶有禮物，而且還帶去國書。致遼朝國主聖宗皇帝的國書"僅問候而已"，説明直至承天太后卒，遼的實際最高統治者都是她。

後來，宋賀生辰使到達遼的時間都是在歲末或年初，均與遼帝后生辰不符。其原因一是遼方考慮到宋使行程季節之方便，二

---

① （清）徐松輯《宋會要輯稿》后妃一之一一《皇后皇太后雜録》，第 1 册，第256頁。
② （宋）李燾：《續資治通鑑長編》卷五九，景德二年二月癸卯，第 3 册，第1319頁。

是遼接待之方便。關於這一問題，傅樂煥先生有如下論述："宋遼互賀，雙方遣使，例在賀期前三、二月。如賀正旦使，例遣於九月左右……考《長編》所記賀遼生辰聘使，自興宗之後，統命遣於八、九月間，與賀正旦使同時。則到遼亦應在十二月一月之間。初疑遼諸帝后生辰何以均在此兩月之內，於是轉而求諸帝生辰確日……除聖宗確生十二月外，餘如興宗生二月，天祚生四月，而道宗生八月，揆以事理，宋廷決不能在期前一年即行遣使。繼見《長編》所載此期生辰使不獨與正旦使同遣，且確於十二月或一月與正旦使先後抵遼。尤可異者《遼史》記宋賀生辰使之到達，亦多在十二月一月，換言之即與《長編》合，而與其本身所載諸帝生辰不相符……蓋遼帝等終年遊獵，居處無定所。今爲接待異國使人，須趕往三數地點，坐待無謂禮儀之舉行，其爲苦事，可想像而知也……是使臣之蒞臨，打斷其'鈎魚射鵝'之樂，加之以'拱手朝會'之苦，改賀之制在以上種種局勢下產生，事甚自然也。"①

宋使賀生辰、正旦。至日，臣僚昧爽入朝，使者至幕次。臣僚班齊，皇太后御殿坐。宣徽使押殿前班起居畢，捲班。次契丹臣僚班起居畢，引應坐臣僚上殿，就位立；其餘臣僚不應坐者，退於東面侍立。漢人臣僚東洞門入，面西鞠躬。舍人鞠躬，通某以下起居，凡七拜畢，贊"各祗候"。引應坐臣僚上殿，就位立。中書令、大王西階上殿，奏宋使并從人牓子訖，就位立。其餘臣僚不應坐者，退於西面侍立。

孫僅一行至遼是五月，此儀則載賀生辰使與賀正旦使同見太后，表明與孫僅出使不合，而是其後興宗時法天太后見宋使的儀式，地点是在中京。接見儀式開始前，宋使先至幕次。太后在殿

---

① 傅樂煥：《遼史叢考》，中華書局，1984，第241~244頁。

上就御座，接受臣僚起居問安。先是契丹臣僚起居畢，應坐臣僚在殿上就位，其餘不應坐者退於東面侍立。其次是漢臣起居，亦分應坐與不應坐，不應坐則退至西邊侍立。中書令是中書省的長官，屬南面。隋、唐以中書令、侍中、尚書令俱爲宰相，但僅存虛名，而以他官之同中書門下平章事者爲宰相之職。遼之中書令亦屬授予勛望卓著者的加官；"大王"是北面高官。他們奏宋使并從人牓子，告知宋使一行等候接見。"牓子"是唐時文書名，宋人稱"劄子"。

次引宋使、副六人於東洞門入，丹墀内面殿齊立。閣使自東階下，受書匣，使人捧書匣者皆跪，閣使搢笏，立受書匣。自東階上殿，欄内鞠躬，奏"封全"訖，授樞密開封。宰臣對皇太后讀訖，引使副六人東階上殿，欄内立。〔閣〕使（者）揖生辰節大使少前，使者俛伏跪，附起居訖，起，復位立。

宋使、副六人包括賀國母生辰使及副使、賀國母正旦使及副使，還有賀國主正旦使及副使。他們被引至丹墀内面殿齊立。這時原在欄内的閣使自東階下來，接受書匣，使人捧書匣者皆跪，閣使"搢笏"，"笏"是官僚上朝拿着的手板，用玉、象牙或竹片製成，上面可以記事。"搢笏"即將笏板插於腰帶，立受書匣。然後自東階上殿，至欄内向皇帝鞠躬，奏"封全"畢，將書匣授予樞密開封。宰臣對皇太后讀罷，引使副六人東階上殿，至欄内站立。此時閣使作揖示意生辰節大使少前，使者俯伏跪地，附帶行起居禮，拜畢後，起身，退回原位侍立。

次引賀皇太后正旦大使附起居，如前儀。皇太后宣問"南朝皇帝聖躬萬福"，舍人揖生辰大使并皇太后正旦大使少前，皆跪，唯生辰大使奏"來時聖躬萬福"，皆俛伏興。引東階下殿，丹墀内面殿齊立。

生辰大使見太后完畢後，再引正旦大使上殿見太后，行禮如前儀。"南朝"是契丹對宋朝的稱呼。遼宋和好之後，契丹主張與宋互稱南北朝，爲兄弟之國。皇太后宣問"南朝皇帝聖躬萬福"，舍人作揖示意宋使少前，皆跪，衹有生辰大使奏稱"來時聖躬萬福"，然後皆躬身起立，由舍人引導自東階下殿，在丹墀內面殿齊立。

引進使引禮物於西洞門入，殿前置擔牀。控鶴官起居，四拜，擔牀於東便門出畢，揖使、副退於東方，西面，皆鞠躬。舍人鞠躬，通"南朝國信使某官某以下衹候見"，舞蹈，五拜畢，不出班，奏"聖躬萬福"，再拜。揖班首出班，謝面天顔訖，復位，舞蹈，五拜畢，贊"各上殿衹候"。引各使、副西階上殿就位。

引進使引禮物於西洞門進入，放置在殿前擔牀展示。宋朝賀太后生辰、正旦的禮物與諸道進奉不同，諸道進奉物等，不在殿前展示，而是引進使引至殿前，奏云"某等進奉"，奏訖，其進奉物便退出；宋朝賀禮不是引進使奏報後便移出，而是在殿前置擔牀展示後再由控鶴官護送從東便門出。禮物擔牀盡出後，舍人作揖示意使、副退於東方，面西鞠躬。舍人亦鞠躬，通報"南朝國信使某官某以下衹候見"。使、副舞蹈，五拜完畢，不出班，奏"聖躬萬福"，然後再拜。舍人作揖示意班首出班，謝面天顔後，復位，再舞蹈，五拜畢。舍人贊"各上殿衹候"。舍人引各使、副西階上殿就位。

勾從人兩洞門入，面殿鞠躬，通名贊拜：起居、四拜畢，贊"各衹候"，分班引兩洞門出。若宣問使、副"跋涉不易"，引西階下殿，丹墀內舞蹈，五拜畢，贊"各上殿衹候"，引西階上殿，就位立。

引使、副的隨從人員自兩洞門進入，面殿鞠躬，通名，贊拜——由贊禮的舍人唱導行禮。《隋書·百官志上》："鴻臚卿，位視尚書左丞，掌導護贊拜。"[1] 在此儀中，舍人即代鴻臚卿掌導護

---

[1] 《隋書》卷二一《百官志上》，第726頁。

贊拜。他引導從人向皇太后起居，拜畢，贊"各祗候"，引導他們分班由兩洞門退出。如果宣問使、副"跋涉不易"，則舍人要引使、副西階下殿，在丹墀内舞蹈，五拜，完畢後，贊"各上殿祗候"，引西階上殿，就位立。

契丹舍人、漢人閤使齊贊"拜"，應坐臣僚并使、副皆拜，稱"萬歲"。贊"各就坐"，行湯、行茶。供過人出殿門，揖臣僚并使、副起，鞠躬。契丹舍人、漢人閤使齊贊"皆拜"，稱"萬歲"。贊"各祗候"。先引宋使、副西階下殿，西洞門出，次揖臣僚出畢，報閤門無事。皇太后起。

"契丹舍人"，當屬北面官，但《百官志》失載。《歷代職官表》卷三三《鴻臚寺表》注意到契丹舍人一職，稱："以《遼史·禮志》考之，當時殿廷行禮，凡引羣臣合班北向起居、引宋使入門及通名祗候、贊謝、宣諭，皆通事舍人之職。祭祀讀祝、贊帝后詣拜位、受宋使國書、奏牓子、引高麗使至殿下、引新進士至丹墀，皆閤門使之職，而贊拜一節則舍人與閤門使通掌之。是今鴻臚職事在遼時亦專屬此二官也。惟是拜起之節，祗應以一人傳唱，而《遼史》載宋使見皇太后、皇帝諸儀，有契丹舍人、漢人閤使齊贊拜之文，未喻其故。殆以宋之使臣不諳國語，故别令漢人贊唱，與他禮不同耳。"[1] 其實不僅宋使不諳契丹語，遼的漢人臣僚也未必通胡語，故當大臣進酒、皇帝飲酒時，"契丹通、漢人贊'殿上臣僚皆拜'"。即漢人贊唱"殿上臣僚皆拜"的同時，契丹人還要將此節翻譯成契丹語。擔任翻譯者，即是契丹舍人。贊拜完畢後，贊"各就坐"，上湯、上茶。承擔此事的侍者，稱爲"供過人"。宋亦有供過人："更有百姓入酒肆見富家子弟等人飲酒，近前唱喏，小心供過，使人買物、命妓，謂之'閑漢'。"[2] 可見"供過人"是宋遼

---

① 《歷代職官表》，《文淵閣四庫全書》影印本。
② （宋）吳自牧：《夢粱録》卷一六《分茶酒店》，《文淵閣四庫全書》影印本。

時期各地的通行語。"供過人出殿門後，舍人作揖示意"臣僚并使、副起，鞠躬"。契丹舍人、漢人閤使齊贊"皆拜"，稱"萬歲"。贊"各祗候"。最後先引宋使、副西階下殿，西洞門出，其次作揖示意"臣僚出"，然後報"閤門無事"。儀式完畢，皇太后起駕。"行湯"即上湯藥，宋人朱彧云："今世俗客至則啜茶，去則啜湯。湯取藥材甘香者屑之，或溫或涼未有不用甘草者，此俗遍天下。先公使遼，遼人相見，其俗先點湯，後點茶。至宴會亦先水飲，然後品味以進。"①

宋使見皇帝儀

澶淵之盟通好之後，宋遼雙方每年互派信使祝賀皇帝生辰、正旦。《續資治通鑑長編》卷六四景德三年（1006）十月乙亥載："以太常博士王曙爲契丹國主生辰使，內殿崇班、閤門祗候高維忠副之。戶部員外郎、直集賢院李維爲國母正旦使，崇儀使、雅州刺史張利涉副之。太常博士段曄爲國主正旦使，如京副使孫正辭副之。維等使還，言契丹主見漢使強服衣冠，事已，即幅巾雜蕃騎出射獵矣。官屬隨帳，皆自辦器械糗糧。始，孫僅使時，所過官屬路左獻酒，及維至則已變改，然而遇漢使益厚。又言蕃法極嚴，罪死者必屠割慘毒，其主嘗云契丹乃禽獸，非同漢人可以文法治也（注：孫正辭，未見）。"②

宋使賀生辰、正旦。至日，臣僚昧爽入朝，使者至幕次。奏"班齊"，聲警，皇帝升殿坐。宣徽使押殿前班起居畢，捲班出。契丹

---

① （宋）朱彧：《萍洲可談》卷一，《文淵閣四庫全書》影印本。

② （宋）李燾：《續資治通鑑長編》卷六四，真宗景德三年十月乙亥，第5冊，第1428~1429頁。

臣僚班起居畢，引應坐臣僚上殿就位立，其餘臣僚不應坐者，並退
於北面侍立。次引漢人臣僚北洞門入，面殿鞠躬。舍人鞠躬，通
"某官某以下起居"，皆七拜畢，引應坐臣僚上殿，就位立。引首相
南階上殿，奏宋使并從人牓子，就位立。臣僚並退於南面侍立。教
坊入，起居畢。

　　此載皇帝見宋使的儀式也是興宗時期的，與國母見宋使幾乎完
全相同，不過此次不是在中京。宮殿有"北洞門"表明這是冬捺鉢
的東向殿帳。至日臣僚昧爽入朝，使者候於幕次。班齊之後是警蹕
聲——金元時期以鞭聲示警。皇帝升殿坐後，殿前班、契丹臣僚班
及漢人臣僚班上殿次序及應坐、不應坐者各就位，都與見國母儀式
完全相同。臣僚對皇帝也是行七拜的大起居之禮。

引南使、副北洞門入，丹墀內面殿立。閤使北階下殿，受書匣：使
人捧書匣者跪，閤使搢笏，立受。於北階上殿，欄內鞠躬，奏"封
全"訖，授樞密開封。宰相對皇帝讀訖，舍人引使、副北階上殿，
欄內立。搢生辰大使少前，俛伏跪，附起居。俛伏興，復位立。大
使俛伏跪，奏訖，俛伏興，退。引北階下殿，搢使、副北方，南面
鞠躬。

　　使、副也同漢臣一樣，從北洞門入。"閤使北階下殿，受書
匣"，同樣證明御座是東向的，北階在其左側。使人捧書匣者跪於
殿下，閤使下來後搢笏——將手板放在腰間，立身接受書匣，然後
於北階上殿，在欄內鞠躬，奏"封全"後，授樞密開封。由宰相對
皇帝讀罷後，舍人引使、副自北階上殿，於欄內立。舍人作搢示意
"生辰大使少前"，大使俯身跪，附帶行七拜起居大禮。然後躬身站
起，復位立。大使俯身跪，奏罷，躬身起，退。由舍人引導自北階
下殿。再作搢示意使、副站在北方，面南鞠躬。

舍人鞠躬，通"南朝國信使某官某以下祗候見"。起居、七拜畢，
搢班首出班謝面天顏、舞蹈、五拜畢，出班謝遠接、御筵、撫問、

湯藥，舞蹈、五拜畢，贊“各祇候”。引出，歸幕次。

舍人向皇帝鞠躬，通報“南朝國信使某官某以下祇候見”，“以下”，即副使等官員。“起居，七拜畢”是説國信使一行人的動作。然後舍人作揖示意“班首出班”——這一行人爲首者（國信使）上前，感謝皇帝接見，舞蹈，五拜，完畢後退回班位；再出班，謝遠接、御筵——皇帝賜宴、撫問、湯藥，舞蹈，五拜畢，舍人贊“各祇候”。引導國信使一行退出，歸幕次。

閣使傳宣賜對衣、金帶。勾從人以下入見。舍人贊班首姓名以下再拜，不出班，奏“聖躬萬福”，贊“再拜”，稱“萬歲”。贊“各祇候”。引出。舍人傳宣賜衣。

閣使向國信使傳達，皇帝宣布“賜對衣、金帶”。舍人讓國信使隨從以下人員入殿見皇帝。舍人贊唱班首某人以下兩拜。班首不出班奏“聖躬萬福”。舍人贊“再拜”，衆從人下拜同時呼“萬歲”。拜畢，舍人贊“各祇候”，引導他們退出。舍人傳達宣布“賜衣”。“對衣”指裘和衣，即皮袍加外衣。“以裘對衣，則裘爲自然，衣爲使然。凡内裘而外衣者，有内帝外王之意。《詩》曰：‘錦衣狐裘’，又曰：‘黼衣繡裳’。狐裘錦文之上，加以黼衣繡裳，諸侯之顯服，唯見天子與助祭則服之也。”①

使、副并從人服賜衣畢，舍人引使、副入，丹墀内面殿鞠躬。舍人贊“謝恩”：拜，舞蹈。五拜畢，贊“上殿祇候”。引使、副南階上殿，就位立。勾從人入，贊“謝恩”：拜，稱“萬歲”。贊“有敕賜宴”，再拜，稱“萬歲”。贊“各祇候”，承受官引北廊下立。

使、副及從人穿上遼朝皇帝頒賜的衣服，然後舍人引導使、副入殿，在丹墀内面殿鞠躬。舍人贊“謝恩”：拜，舞蹈。使、副五拜完畢，舍人又贊“上殿祇候”。引使、副由南階（御座右前方臺

---

① （宋）衛湜：《禮記集説》卷七五，《文淵閣四庫全書》影印本。

階）上殿，就位立。舍人再讓從人進入，贊"謝恩"：拜，在下拜同時稱"萬歲"。舍人又贊"有敕賜宴"，這時使、副及從人再兩拜，稱"萬歲"。贊"各祗候"。承受官引導他們至北廊下站立。"承受官"，宋屬東宫官，據《宋史》卷一六二《職官志》："承受官一人，以内侍充。"① 遼的承受官也應當是由内侍充。

御牀入，大臣進酒，皇帝飲酒。契丹舍人、漢人閣使齊贊"拜"，應坐并侍立臣僚皆拜，稱"萬歲"。贊"各祗候"。卒飲，贊拜，應坐臣僚皆拜，稱"萬歲"。贊"各就坐行酒"，親王、使相、使副共樂曲。若宣令"飲盡"，並起立飲訖。放琖，就位謝。贊"拜"，並隨拜，稱"萬歲"。贊"各就坐"。次行方茵地坐臣僚等官酒。若宣令"飲盡"，贊謝如初。殿上酒一行畢，贊"廊下從人拜"，稱"萬歲"。贊"各就坐"。若傳宣令"飲盡"，並拜，稱"萬歲"。贊"各就坐"。

"御牀"此指皇帝在殿上用的食案或書案。元人虞集有詩云："珥貂鳴珮入明光，新墨初成進御牀。草野小臣春夢短，猶懷染翰侍君王。"自注："天曆己巳天下大定，中外乂安，天子始作奎章之閣于宫庭之西，日親御翰墨。時榮公存初、康里公子山皆近侍閣下，以朱萬初所製墨進，大稱旨，得禄食藝文之館。"② 是天子書案稱御牀。御牀——皇帝食案進入，大臣進酒，皇帝飲酒。契丹舍人、漢人閣使一齊贊唱"拜"。這時應坐及侍立臣僚皆拜，稱"萬歲"。舍人贊"各祗候"。令衆人飲畢，贊"拜"，應坐臣僚皆拜，稱"萬歲"。贊"各就坐行酒"，爲親王、使相、使副演奏同一樂曲。如舍人宣令"飲盡"，大家一同起立，盡飲杯中酒。放杯，就位致謝。舍人贊"拜"，衆人隨拜，稱"萬歲"。贊"各就坐"。其

① 《宋史》卷一六二《職官志》，第3825~3826頁。
② （元）虞集：《道園學古録》卷二九《贈朱萬初》，《四部叢刊》影印明翻元小字本。

次再爲方茵地坐臣僚等官上酒。若宣令“飲盡”，這些地坐官也如墩官一樣贊謝如初。殿上酒一行過後，舍人贊“廊下從人拜”，稱“萬歲”。贊“各就坐”。廊下從人顯然地位比地坐官更低。若傳宣令“飲盡”，他們也齊拜，稱“萬歲”。然後贊“各就坐”。殿上酒三行，行茶、行殽、行饍。酒五行，候曲終，揖廊下從人起，贊“拜”，稱“萬歲”。贊“各祗候”，引出。曲破，臣僚并使、副並起，鞠躬。贊“拜”，應坐臣僚并使、副皆拜，稱“萬歲”。贊“各祗候”。引使、副南階下殿，丹墀內舞蹈，五拜畢，贊“各祗候”。引出。次引眾臣僚下殿出畢，報閤門無事。皇帝起，聲蹕。

　　殿上酒三行之後，上茶、上饍食。酒五行，待樂曲終了，舍人作揖示意廊下從人起立，贊“拜”，稱“萬歲”。再贊“各祗候”。然後引導他們退出。“曲破”是唐宋樂舞名。大曲的第三段稱“破”。“曲破”亦成爲獨立曲種，表演時當是歌舞配合，或爲獨舞。遼宮廷中上演的“曲破”當是有歌有舞的樂舞。“曲破”表演完畢，臣僚及使、副都起立，鞠躬。舍人贊“拜”，應坐臣僚并使、副皆拜，稱“萬歲”。然後贊“各祗候”。引導使、副由南階下殿，在丹墀內舞蹈，對皇帝五拜完畢，舍人贊“各祗候”。引出。然後引眾臣僚下殿，退出完畢後，報“閤門無事”。皇帝起駕，警蹕聲起。

曲宴宋使儀

　　曲宴有別於正式的大宴，多以樂曲、游戲伴宴。《三國志·魏書·明悼毛皇后傳》：“景初元年，帝游後園，召才人以上曲宴極樂。”[1]

---

　　[1]　《三國志》卷五《魏書·明悼毛皇后傳》，中華書局，1961，第168頁。

《宋史》卷一一三《禮志》載："凡幸苑囿、池籞、觀稼、畋獵，所至設宴，惟从官預，謂之曲宴。或宴大遼使、副于紫宸殿，則近臣及刺史、正郎、都虞候以上預。"① 又載："雍熙二年四月二日詔輔臣、三司使、翰林、樞密直學士、尚書省四品、兩省五品以上、三館學士宴於後苑，賞花、釣魚、張樂、賜飲，命羣臣賦詩、習射、賞花，曲宴自此始。"② 遼宋通好，雙方都以曲宴招待對方使節。《宋史》卷一七《哲宗本紀》元祐二年（1087）七月戊午"以遼蕭德崇等賀坤成節，曲宴垂拱殿，始用樂"；③ 四年七月丁丑"遼國使蕭寅等來賀坤成節，曲宴垂拱殿"；同年十二月庚子"遼使耶律常等賀興龍節，曲宴垂拱殿"；④ 卷一八《哲宗本紀》紹聖四年（1097）十二月甲申"曲宴遼使於垂拱殿"。⑤ 興龍節是哲宗生日，坤成節是其祖母太皇太后高氏生日，哲宗即位初，高氏垂簾聽政。遼朝曲宴宋使是在皇帝見宋使并設宴之後。此番曲宴地點是在中京宣政殿，與前述"初見"非同一年。

昧爽，臣僚入朝，宋使至幕次。皇帝升殿，殿前、教坊、契丹文武班，皆如初見之儀。宋使、副綴翰林學士班，東洞門入，面西鞠躬。舍人鞠躬，通"文、武百僚臣某以下起居"，七拜。謝宣召赴宴。致詞訖，舞蹈，五拜畢，贊"各上殿祗候"。

黎明，臣僚入朝，宋使亦至幕次。皇帝升殿，殿前班、教坊、契丹文武班，起居行禮及在殿上就位皆一如宋使見皇帝儀。宋使、副跟隨翰林學士班，自東洞門入，面西鞠躬。舍人鞠躬，通告"文、武百僚臣某以下起居"，衆臣僚行七拜大起居禮。臣僚謝皇帝

① 《宋史》卷一一三《禮志》，第 2691 頁。
② 《宋史》卷一一三《禮志》，第 2691~2692 頁。
③ 《宋史》卷一七《哲宗本紀》，第 325 頁。
④ 《宋史》卷一七《哲宗本紀》，第 329~330 頁。
⑤ 《宋史》卷一八《哲宗本紀》，第 349 頁。

宣召赴宴，致詞完畢，舞蹈，五拜，然後舍人贊"各上殿祗候"。舍人引大臣、使相、臣僚、使副及方茵朵殿應坐臣僚並於西階上殿，就位立；其餘不應坐臣僚並於西洞門出。勾從人入，起居，謝賜宴，兩廊立，如初見之儀。

　　舍人引大臣、使相——節度使帶宰相銜者、臣僚、使副及方茵朵殿應坐臣僚皆自西階上殿，就位立；其餘不應坐臣僚起居完畢後一併於西洞門退出。舍人讓宋使隨從人等進入，行起居禮，感謝皇帝賜宴，然後退至兩廊站立，也如初見皇帝之儀。

二人監琖，教坊再拜，贊"各上殿祗候"。入御牀，大臣進酒。舍人、閤使贊拜、行酒，皆如初見之儀。次行方茵朵殿臣僚酒，傳宣"飲盡"，如常儀。殿上酒一行畢，兩廊從人行酒如初。殿上行餅、茶畢，教坊致語，揖臣僚、使副并廊下從人皆起立，候口號絕，揖臣僚等皆鞠躬。贊"拜"，殿上應坐并侍立臣僚皆拜，稱"萬歲"。贊"各就坐"。次贊"廊下從人拜"亦如之。

　　宴會開始，設二人監琖。"監琖"由教坊充，故此時教坊再向皇帝跪拜。舍人贊"各上殿祗候"。聽令後，御牀——皇帝酒食案進入，大臣向皇帝進酒。舍人、閤使贊拜、行酒，皆如宋使初見之儀。其次，再爲方茵朵殿臣僚行酒。舍人傳宣"飲盡"，一如常儀。殿上酒一行過後，兩廊從人開始行酒。殿上行餅、行茶完畢後，教坊致語。然後舍人作揖示意臣僚、使副及廊下從人全體起立，待"口號"終了，舍人作揖示意臣僚等皆鞠躬。贊"拜"，殿上應坐及侍立臣僚齊拜，稱"萬歲"。贊"各就坐"。贊"廊下從人拜"亦如前。所謂"口號"，即獻給皇帝的頌詩。遼朝的曲宴，通常由教坊致語末尾頌詩，即口號。《宋史》卷一四二《樂志》："每春、秋、聖節三大宴，其第一，皇帝升坐，宰相進酒。庭中吹觱栗，以衆樂和之，賜羣臣酒，皆就坐，宰相飲，作傾盃樂，百官飲，作三臺；第二，皇帝再舉酒，羣臣立於席後，樂以歌起；第三，皇帝舉

酒如第二之制，以次進食；第四，百戲皆作；第五，皇帝舉酒如第
二之制；第六，樂工致辭，繼以詩一章，謂之口號，皆述德美及中
外蹈詠之情。初致辭，羣臣皆起。聽辭畢，再拜。"①

歇宴，揖臣僚起立，御牀出，皇帝起，入閤。引臣僚東西階下殿，還幕
次內，賜花。承受官引從人出，賜花亦如之。簪花畢，引從人復兩廊位
立。次引臣僚、使副兩洞門入，復殿上位立。皇帝出閤，復坐。御牀
入，揖應坐臣僚、使副及侍立臣僚鞠躬。贊"拜"，稱"萬歲"，贊
"各就坐"。贊兩廊從人亦如之。行單茶，行酒，行饍，行果。

　　宴會前一階段結束，舍人作揖示意臣僚起立，御案退出，皇帝
起身入閤。舍人引臣僚自東、西階下殿，回到幕次內，接受皇帝賜
花。承受官引導隨從人等自廊下退出，接受賜花一如臣僚、使副。
簪花完畢，引導從人再到兩廊位站立。次引臣僚、使副由兩洞門
入，仍在殿上就位立。此時皇帝出閤，再次入坐。"御牀"再入。
舍人作揖示意"應坐臣僚、使副及侍立臣僚鞠躬"。贊"拜"，稱
"萬歲"，贊"各就坐"。贊兩廊從人亦同樣鞠躬、下拜。然後行單
茶，行酒，行膳，行果。"簪花"，即插花於冠，每逢喜慶，百官爲
之。《宋史》卷一一二《禮志》："淳熙二年十一月詔太上皇帝聖壽
無疆，新歲七十，以十一日冬至加上尊號冊寶，十二月十七日立春
行慶壽禮，是日早文武百僚并簪花赴文德殿立班，聽宣慶壽赦。"②
宋朝曲宴有賞花活動，或許遼以百僚簪花代之。

殿上酒九行，使相樂曲聲絕，揖兩廊從人起，贊"拜"，稱"萬
歲"，贊"各好去"，承受引出。曲破，殿上臣僚、使副皆起立，
贊"拜"，稱"萬歲"。贊"各祗候"。引臣僚、使副東西階下殿。
契丹班謝宴出，漢人并使、副班謝宴，舞蹈，五拜畢，贊"各好
去"。引出畢，報閤門無事。皇帝起。

---

①　《宋史》卷一四二《樂志》，第 3348 頁。
②　《宋史》卷一一二《禮志》，第 2679~2680 頁。

"酒九行"是宴會的最高規格。殿上酒九行，恰好爲使相演奏的樂曲也結束，舍人作揖示意"兩廊從人起"，贊"拜"，稱"萬歲"，贊"各好去"，然後承受官引他們退出。殿上曲宴繼續。當演奏"曲破"時，曲宴達到高潮，殿上臣僚、使副全體起立，舍人贊"拜"，稱"萬歲"。然後贊"各祗候"。并引臣僚、使副由東、西階下殿。契丹臣僚班謝賜宴，退出；然後是漢人臣僚以及使副班謝宴、舞蹈、五拜畢，舍人贊"各好去"。引出完畢，報"閤門無事"。皇帝起駕。

賀生辰正旦宋使朝辭太后儀

臣僚、使副班齊，如曲宴儀。皇太后升殿坐，殿前契丹文武起居、上殿畢。宰臣奏宋使副、從人朝辭牓子畢，就位立。舍人引使、副北洞門入，面南鞠躬。舍人鞠躬，通"南朝國信使某官某以下祗候辭"，再拜。不出班，奏"聖躬萬福"，再拜。出班，戀闕致詞訖，又再拜。贊"各上殿祗候"。舍人引南階上殿，就位立。

臣僚及使、副排班整齊，一如曲宴之儀。皇太后升殿坐，殿前班及契丹文、武臣僚行起居禮，上殿畢。宰臣奏宋使、副及從人朝辭牓子，然後就位立。舍人引使、副自北洞門入，面南鞠躬。舍人鞠躬，通報"南朝國信使某官某以下祗候辭"——"某官"是言其官銜，後一"某"則言其姓名。舍人通報完畢，使、副向太后兩拜。不出班，在原位奏"聖躬萬福"，然後再兩拜。出班上前，"戀闕致詞"結束，又兩拜。舍人贊"各上殿祗候"。舍人引使、副南階上殿——御座東向，"南階"在其右前方，就位立。"戀闕"即留戀宮闕，用以比喻心不忘君。杜甫有詩云："歸老守故林，戀闕悄延頸"。注云："九齡在荆州之久，封始興縣伯，請還展墓也。

戀闕言其心不忘君也。"[1] 契丹讓宋使辭行時表示"戀闕",不合情理。

引從人,贊姓名"再拜",奏"聖躬萬福",再拜,稱"萬歲"。贊"各好去",引出。殿上揖應坐臣僚并使、副就位鞠躬。贊"拜",稱"萬歲"。贊"各就坐"。行湯、行茶畢,揖臣僚并南使起立,與應坐臣僚鞠躬。贊"拜",稱"萬歲"。贊"各祗候立"。引使、副六人於欄內拜,跪受書匣畢,直起立,揖少前,鞠躬,受傳答語訖,退。於北階下殿,丹墀內面殿鞠躬。舍人贊"各好去",引出。臣僚出。

　　舍人引導從人自報姓名,然後兩拜,奏"聖躬萬福",再兩拜,稱"萬歲"。舍人贊"各好去",引出。在殿上,舍人作揖示意"應坐臣僚并使、副就位鞠躬"。贊"拜",稱"萬歲"。贊"各就坐"。然後上湯、上茶完畢,再作揖示意"臣僚并南使起立",與應坐臣僚鞠躬。舍人贊"拜",稱"萬歲"。贊"各祗候立"。引使、副六人於欄內拜,跪受書匣畢,直身起立。舍人作揖示意他們少前,鞠躬,領受傳答語完畢,退下。於北階下殿,并在丹墀內面殿鞠躬。舍人贊"各好去",引他們退出。臣僚也退出。

賀生辰正旦宋使朝辭皇帝儀

臣僚入朝如常儀,宋使至幕次,於外賜從人衣物。皇帝升殿,宣徽、契丹文武班起居、上殿,如曲宴儀。中書令奏宋使、副并從人朝辭牓子畢,臣僚並於南面侍立。教坊起居畢,舍人引使、副六人北洞門入,丹墀北方,面南鞠躬。舍人鞠躬,通"南朝國信使某官

---

① (宋)黃希(原本)、黃鶴補注《補注杜詩》卷一四《故右僕射相國張公九齡》,《文淵閣四庫全書》影印本。

某以下袛候辭"，再拜、起居、戀闕如辭皇太后儀。贊"各袛候"，
平身立。

臣僚入朝次序一如常儀，宋使至幕次，在殿外賜給隨從人員衣
物。皇帝升殿，宣徽、契丹文武班行起居禮、上殿，"如曲宴儀"。
按：曲宴儀入朝次序如"初見之儀"，即"宣徽使押殿前班起居
畢，捲班出。契丹臣僚班起居畢，引應坐臣僚上殿，就位立；其餘
臣僚不應坐者，并退於北面侍立"。這是一次在捺鉢殿帳進行的儀
式：殿帳東向，御座東向，不應坐臣僚退於北面，即退至御座前右
側。其次引漢人臣僚北洞門入，面殿鞠躬。中書令奏"宋使、副并
從人朝辭牓子"畢，臣僚并於南面侍立——應是漢人臣僚并於南面
侍立。教坊起居完畢，舍人引使、副六人北洞門入，丹墀北方，面
南鞠躬。舍人鞠躬，通報"南朝國信使某官某以下袛候辭"。舍
人通報後，使副兩拜、行起居禮、戀闕致詞，皆如向皇太后告辭之
儀。致詞完畢後，舍人贊"各袛候"，平身立。

揖使、副鞠躬。宣徽贊"有敕"，使、副再拜，鞠躬，平身立。宣
徽使贊"各賜卿對衣、金帶、疋段、弓箭、鞍馬等，想宜知悉"，
使、副平身立。揖大使三人少前，俛伏跪，搢笏。閤門使授別錄，
賜物過畢，俛起，復位立。揖副使三人受賜亦如之。贊"謝恩"，
舞蹈，五拜。贊"上殿袛候"，舍人引使、副南階上殿，就位立。
引從人，贊"謝恩"，再拜，起居，再拜，贊"賜宴"，再拜，皆
稱"萬歲"。贊"各袛候"，承受引兩廊立。

舍人作揖示意使、副鞠躬。宣徽贊"有敕"，使、副再拜，鞠
躬，然後平身立。宣徽使贊"各賜卿對衣、金帶、疋段、弓箭、鞍
馬等，想宜知悉"。使、副平身立。舍人作揖示意"大使三人少
前"，躬身下跪，搢笏——將笏板插於腰帶。閤門使將"別錄"授
與宋使，待賜給大使的物品展示完畢後，三位大使躬身起，退到原
位站立。然後舍人作揖示意副使三人受賜，過程如前。舍人贊"謝

恩"，使、副舞蹈，五拜。舍人贊"上殿祗候"，然後舍人引使、副南階上殿，就位立。再引從人，贊"謝恩"，從人兩拜，行起居禮，再兩拜。舍人贊"賜宴"，從人再拜，皆稱"萬歲"。舍人贊"各祗候"，承受引從人至兩廊立。"別錄"即賜物的目錄或清單。《隋書》卷一三《音樂志》："漢武帝時，河間獻王與毛生等共採《周官》及諸子言樂事者，以作《樂記》。其内史丞王定傳授常山王禹。劉向校書，得《樂記》二十三篇，與禹不同。向《別録》有《樂歌詩》四篇、《趙氏雅琴》七篇、《師氏雅琴》八篇、《龍氏雅琴》百六篇，唯此而已。《晉中經簿》無復樂書，《別録》所載已復亡逸。"[1] 刘向《別録》祇是目录，其所載《趙氏雅琴》七篇等，至晉已經亡佚。契丹閣門使授宋使的"別録"，即是包括對衣、金帶、疋段、弓箭、鞍馬等物的目錄。

御牀入，皇帝飲酒，舍人、閣使贊"臣僚、使副拜"，稱"萬歲"，皆如曲宴。應坐臣僚拜，稱"萬歲"，就坐。行酒、樂曲，方茵、兩廊皆如之；行殽、行茶、行饍亦如之。行饅頭畢，從人起，如登位使之儀。曲破，臣僚、使副皆起立，拜，稱"萬歲"，如辭太后之儀。

御牀——皇帝的酒食案進入，皇帝飲酒，舍人、閣使贊"臣僚、使副拜"，稱"萬歲"，皆如同曲宴之儀。應坐臣僚拜，稱"萬歲"，然後就坐。開始上酒，演奏樂曲。方茵朶坐官及兩廊人員皆上酒，也如曲宴之儀；上菜殽、上茶、上饍食亦如之。上饅頭之後，"從人起立，如登位使之儀"，接待登位使，事見卷五〇《禮志》"宋使進遺留禮物儀"："行酒、殽、茶、饍、饅頭畢。從人出，水、飯畢。"當演奏"曲破"時，臣僚、使副皆起立，拜，稱"萬歲"，也如向太后辭行之儀。

---

[1] 《隋書》卷一三《音樂志》，第288頁。

使、副下殿，舞蹈，五拜。贊“各上殿祗候”，引北階上殿，欄內
立。揖生辰、正旦大使二人少前，齊跪，受書畢，起立。揖磬折。
受起居畢，退，引北階下殿，丹墀內並鞠躬。舍人贊“各好去”，
引南洞門出。次引殿上臣僚南北洞門出畢，報閤門無事。

　　使、副走進殿中，舞蹈，向皇帝五拜。舍人贊“各上殿祗候”，
引導使、副北階上殿，在欄內立。舍人作揖示意生辰、正旦大使二
人少前，齊跪，接受國書完畢，起立。舍人作揖示意他們：“磬
折”——肅立。《曲禮》曰：“因以磬折曰肅立，因以垂佩曰卑立。
立容也。”[1] 待皇帝受起居完畢，再引退。舍人引宋使北階下殿，
在丹墀內一起鞠躬。舍人贊“各好去”，引他們從南洞門出。然後
再引殿上臣僚從南、北兩洞門退出完畢後，報“閤門無事”。

　　宋使在太后及皇帝生辰，以及正旦、冬至期間來賀，故接見宋
使的儀式，同時也就是大朝會的儀式。“引首相南階上殿”，是因為
捺钵殿帳和御坐皆東向，所以南階是殿前右側階。“引使、副北洞
門入，丹墀內面殿立”。所謂“北洞門”即與別殿門對應的門。
《漢書·董賢傳》：“詔將作大匠為賢起大第北闕下，重殿洞門，木
土之功窮極技巧。”顏師古注曰：“重殿謂有前後殿；洞門，謂門門
相當也。”[2]

高麗使入見儀

　　高麗（918～1392）：王建創建的高麗王朝，統治地域在今朝鮮
半島，首都在開京（開城）。高麗是大遼屬國，而且不時與遼起战

---

① （宋）朱熹：《儀禮經傳通解》卷一一《學禮四》，《文淵閣四庫全書》影
　　印本。
② 《漢書》卷九三《董賢傳》，第 3733～3734 頁。

端，故遼朝接待高麗來使時蓄意壓低禮儀規格。

臣僚常服，起居，應上殿臣僚殿上序立。閤門奏牓子，引高麗使、副面殿立。引上露臺拜，跪附奏起居訖，拜，起立。閤門傳宣"王詢安否？"使、副皆跪，大使奏："臣等來時詢安。"引下殿，面殿立。

臣僚上朝參加隆重禮儀，都要服朝服。"常服"，古指軍服。《詩·小雅·六月》："四牡騤騤，載是常服。"毛傳："常服，戎服也。"因軍情緊急，著裝不講究，故引申爲通常之服。遼臣僚服常服見高麗使節，以示遼尊而高麗位卑。臣僚起居完畢，應上殿臣僚於殿上依序立。閤門奏"牓子"——皇帝見高麗使節的文書。奏畢，引高麗使、副面向宮殿肅立。引他們上露臺拜。露臺在丹墀以外。見宋使，在丹墀跪拜，引高麗使臣上露臺拜，示輕慢。下拜後不起身，跪着附奏起居完畢，又拜，然後起立。閤門傳達皇帝宣問："王詢安否？"使、副皆跪，大使奏："臣等來時詢安。"閤門引使、副下殿，面殿立。王詢：高麗王朝第八任君主，字安世，《遼史》卷一一五《二國外記·高麗》載：遼統和二十八年（1010）"五月，高麗西京留守康肇弒其主誦，擅立誦從兄詢"。遼興師問罪。雙方戰爭持續多年，幾度重開，開泰元年（1012），王詢遣使乞稱臣如舊，遼聖宗詔詢親朝。王詢不從，雙方又重開戰。直至開泰八年，詢遣使乞貢方物。九年，高麗扣押的遼使耶律資忠多年後放還，以詢降表進，遼釋其罪。高麗使入見當是在開泰八年後。

進奉物入，列置殿前。控鶴官起居畢，引進使鞠躬，通"高麗國王詢進奉"。宣徽使殿上贊"進奉赴庫"，馬出，擔牀出畢，引使、副退，面西鞠躬。舍人鞠躬，通"高麗國謝恩進奉使某官某以下祗候見"。舞蹈，五拜，不出班，奏"聖躬萬福"，再拜。出班，謝面天顏，五拜。出班，謝遠接、湯藥，五拜。贊"各祗候"。使、

副私獻入，列置殿前。控鶴官起居，引進使鞠躬，通"高麗國謝恩進奉［使］某官某以下進奉"。宣徽使殿上贊如初。

高麗進奉物品入殿，列置於殿前。控鶴官起居完畢，引進使鞠躬，通報"高麗國王詢進奉"。宣徽使殿上贊唱："進奉赴庫"。待進奉物擔牀全部出殿，再引使、副退出，面西鞠躬。舍人鞠躬，通報"高麗國謝恩進奉使某官某以下祇候見"。使者一行人舞蹈，五拜。大使不出班，奏"聖躬萬福"，再拜。然後出班，謝"面天顏"——感謝皇帝接見，五拜。再度出班，謝遠接、湯藥，五拜。舍人贊"各祇候"。使、副私人進獻入殿，列置殿前。控鶴官起居，引進使鞠躬，通報"高麗國謝恩進奉使某官某以下進奉"。原文脫"使"字，據上文補。宣徽使殿上贊唱"進奉赴庫"如前儀。

引使、副西階上殿序立。皇帝不入御牀，臣僚伴酒。契丹舍人通、漢人閤使贊"再拜"，稱"萬歲"，各就坐。酒三行，肴膳二味。若宣令"飲盡"，就位拜，稱"萬歲"，贊"各就坐"。肴膳不贊"起，再拜，稱'萬歲'"。引下殿，舞蹈，五拜。贊"各祇候"。引出，於幕次內，別差使臣伴宴。起，宣賜衣物訖，遙謝，五拜畢，歸館。

舍人引使、副西階上殿序立。皇帝的御牀不入殿，祇由臣僚爲高麗使節伴酒。契丹舍人通、漢人閤使贊（二人使用不同語言）"再拜"，稱"萬歲"，"各就坐"。酒三行——比起曲宴宋使的酒九行，規格很低，肴膳祇有二味。若宣令"飲盡"，就位拜，稱"萬歲"，舍人贊"各就坐"。肴膳二味很快就吃罷，然後舍人不贊唱"起，再拜，稱'萬歲'"，而是直接引使節下殿，在殿內舞蹈，五拜。舍人贊"各祇候"。引出。在幕次內，另差使臣伴高麗使赴宴。宴罷起立，宣布賜使節衣物，高麗使即在幕次內遙謝，向皇帝五拜完畢，歸館。

曲宴高麗使儀

臣僚入朝，班齊，皇帝升殿。宣徽、教坊、控鶴、文武班起居，皆如常儀。謝宣宴，如宋使儀。贊"各上殿祗候"。契丹臣僚謝宣宴。勾高麗使入，面南鞠躬。舍人鞠躬，通"高麗國謝恩進奉使某官某以下起居"，"謝宣宴"，共十二拜。贊"各上殿祗候"，臣僚、使副就位立。大臣進酒，契丹舍人通、漢人閣使贊："上殿臣僚皆拜。"贊"各祗候"，進酒。大臣復位立，贊"應坐臣僚拜"，贊"各就坐"。

臣僚入朝，排班整齊後，皇帝升殿。宣徽、教坊、控鶴以及文武班起居，皆如常朝起居儀。以上臣僚謝宣詔赴宴，如同曲宴宋使儀。舍人贊"各上殿祗候"，先是契丹臣僚謝宣宴，然後讓高麗使進入，并且面南鞠躬。舍人鞠躬，通報"高麗國謝恩進奉使某官某以下起居"，"謝宣宴"，共十二拜。按"曲宴宋使儀"："漢人并使、副班謝宴，舞蹈，五拜"。遼朝臣僚對皇帝五拜、七拜而止。"十二拜"祗見正旦朝賀教坊行此禮，令高麗大使"十二拜"，亦即視大使地位與教坊同。使人拜畢，舍人贊"各上殿祗候"，臣僚、使副就位立。大臣向皇帝進酒，契丹舍人與漢人閣使各自用不同語言贊唱："上殿臣僚皆拜。"拜過之後，舍人贊"各祗候"。向皇帝進酒後，大臣復位立。舍人贊"應坐臣僚拜"，然後贊"各就坐"。行酒。若宣令"飲盡"，贊"再拜"，贊"各就坐"。教坊致語，臣僚皆起立。口號絕，贊"再拜"，贊"各就坐"。凡拜皆稱"萬歲"。曲破，臣僚起，下殿。契丹臣僚謝宴，中書令以下謝宴畢，引使、副謝，七拜。贊"各好去"。控鶴官門外祗候，報閣門無事。供奉官捲班出。來日問聖體。

開始行酒。如宣令"飲盡"，舍人便贊"再拜"，然後贊"各就坐"。當教坊致語時，臣僚皆起立，待教坊致語末尾"口號"（頌詩）完畢，舍人又贊"再拜"，贊"各就坐"。凡下拜，皆同時呼"萬歲"。當演奏"曲破"時，臣僚起身走入殿中。先是契丹臣僚謝宴，然後漢官中書令以下謝宴完畢後，引使、副謝，七拜。贊"各好去"。控鶴官在門外侍候，通報閤門無事。供奉官捲班出。來日再出席問聖體儀。

高麗使朝辭儀

臣僚起居、上殿如常儀。閤門奏高麗使朝辭牓子，起居、戀闕，如宋使之儀。贊"各上殿祇候"，引西階上殿立。契丹舍人贊"拜"，稱"萬歲"。贊"各就坐"，中書令以下伴酒三行，肴饍二味，皆如初見之儀。既謝，贊"有敕宴"，五拜。贊"各好去"，引出，於幕次內別差使臣伴宴。畢，賜衣物，跪受，遙謝，五拜。歸館。

　　臣僚行起居禮以及上殿程式一如常朝之儀。閤門奏"高麗使朝辭牓子"後，使人起居、戀闕致詞，皆如宋使朝辭之儀。舍人贊"各上殿祇候"，引高麗使自西階上殿立。契丹舍人贊"拜"，稱"萬歲"。然後贊"各就坐"。由中書令以下官員伴宴，酒至三行，肴饍二味而已，皆如同初見之儀。行酒、行饍後，使人致謝，舍人贊"有敕宴"，使人五拜。舍人贊"各好去"，引出，於幕次內另差使臣伴宴。宴畢，賜高麗使衣物，使人跪受，就在幕次向皇帝遙謝，五拜。然後歸館。

西夏國進奉使朝見儀

　　夏國（1038～1227）：以党項民族爲主體建立的政權。公元

1038 年，元昊叛宋稱帝，建立大夏王朝，傳十代，至公元 1227 年爲蒙古所滅。元昊稱帝以前，作爲北宋境內的地方割據政權，已經具有獨立性。先後與遼、北宋及金、南宋并立於中國境內。境土包括今寧夏回族自治區全部、甘肅省大部、陝西省北部以及青海省、內蒙古自治區的部分地區。夏國君主名義上向遼稱臣，實際却關起門來當皇帝，而且在遼宋之間首鼠兩端。遼興宗親征連吃敗仗，損兵折將。遼朝遷怒於西夏來使，壓低接待禮儀規格，比接待高麗使節的規格還低。

臣僚常朝畢，引使者左入，至丹墀，面殿立。引使者上露臺立。揖少前，拜，跪，附奏起居訖，俛興，復位。閤使宣問“某安否？”鞠躬聽旨，跪奏“某安”。俛伏興，退，復位。引左下，至丹墀面殿立。禮物右入左出畢，閤使鞠躬，通某國進奉使姓名候見，共一十七拜。贊“祇候”，平立。有私獻，過畢，揖使者鞠躬，贊“進奉收訖”。贊“祇候”，引左上殿，就位立。臣僚、使者齊聲“喏”。酒三行，引使左下，至丹墀謝宴，五拜畢，贊“有敕宴”，五拜。祇候，引右出。禮畢。於外賜宴，客省伴宴，仍賜衣物。

　　夏使朝見之前，臣僚依常朝之儀起居完畢，然後引使者左入，至丹墀，面殿而立。引使者上露臺立。舍人作揖示意使者“少前”，拜，跪着附奏并行起居禮，完畢後“俛興”——躬身起立，復位。閤使宣問“某安否？”——遼皇帝問夏國在位國王安否。“某”即皇帝直呼夏國在位君主的姓名。使者鞠躬聽旨，跪奏“某安”。躬身起立，退，復歸原位。引使者左下，至丹墀面殿而立。進奉物由右入而左出，完畢後，閤使鞠躬，通報某國進奉使某候見，共一十七拜，比教坊及高麗使者的十二拜還多五拜，寓折辱之義。拜畢，舍人贊“祇候”，使者平身立。使者有私獻，同樣在殿上展示一過，完畢後，使者鞠躬，舍人贊唱“進奉收訖”——夏國的進奉已經收到。贊“祇候”，引使者左階上殿，就位立。臣僚、使者齊聲

"喏"。酒三行，引使者左階下殿，在丹墀內謝宴，五拜以後，舍人贊"有敕宴"，然後使者再五拜。祗候，引右出。禮畢。於宮外賜宴，客省官員伴宴，仍賜給夏使衣物。"客省"是官屬名。會同元年（938）置，掌接待諸國使節，設官有都客省、客省使、左右客省使等。

西夏使朝辭儀

常朝畢，引使者左入，通某國某使祗候辭，再拜。不出班，起居，再拜。出班，戀闕致詞，復再拜。賜衣物，謝恩如常儀。若賜宴，五拜畢，贊"好去"，引右出。

　　常朝儀式完畢，引使者左側進入，舍人通報"某國某使祗候辭"。值得注意的是通報不提"某官"——不稱官銜，這也表明比對待高麗使者的規格更低，也是一種折辱。通報完了之後，使者兩拜。不出班，即在班列內行起居禮，然後再兩拜。出班，戀闕致詞，再兩拜。宣布賜使者衣物，使者謝恩如常儀。如果賜宴，則使者五拜。然後舍人贊"好去"，引使者右側退出。

六　嘉儀上（《遼史》卷五十二）

皇帝受册儀

　　皇帝自稱天子，"君權神授"，怎麼還會接受"封册"呢？遼朝之所以有"皇帝受册儀"，與契丹王朝建立及發展的歷史過程有關。契丹部落聯盟可汗，長期以來一直接受中原王朝封册。阿保機稱帝，要解決帝位合法性問題，最便捷的方式就是求得中原王朝的"封册"。但是封册直到其子德光即位後纔得以實現。天顯十一年（後晉天福元年，936）十一月，耶律德光册石敬瑭爲大晉皇帝，約爲父子之國。天顯十三年十一月，後晉又派馮道、韋勳、劉昫、盧重等出使契丹，德光在上京開皇殿召見晉使，并在殿上爲述律氏上尊號曰"廣德至仁昭烈崇簡應天皇太后"；德光御宣政殿，上尊號曰"睿文神武法天啓運明德章信至道廣敬昭孝嗣聖皇帝"，改天顯十三年（938）爲會同元年。所謂"册皇帝儀"其實是尊號册禮，包含德光受册典禮細節，聖宗尊號册禮的部分內容則見於卷五四《樂志》。

前期一日，尚舍奉御設幄於正殿北墉下，南面設御坐。奉禮郎設官僚、客使幕次於東西朝堂。太樂令設宮懸於殿庭，舉麾位在殿第二重西階上，東向。

　　"尚舍奉御"是唐官，其職"掌殿庭張設，供其湯沐而潔其灑掃。直長爲之貳，凡大駕行幸，預設三部帳幕"。① "御幄"即是尚舍奉御爲皇帝設的帳幕。《周礼·天官·幕人》："幕人掌帷幕幄帟綏之事。"注："王出宫則有是事。在旁曰帷，在上曰幕。幕或在地，展陳於上。帷幕皆以布爲之，四合象宫室，曰'帷'，王所居之帳也。"據此，帳、幄原本是爲王出宫活動張設。"尚舍奉御設幄於正殿北墉下，南面設御坐"，這句話的標點與中華書局點校本同，但今注本《遼史》誤斷爲"設幄，於正殿北墉下南面設御坐"。作者考慮到"設幄於正殿北墉下"，其南面再設御坐，則臣僚排班、禮拜之空間不足，這種顧慮實是不解遼制所致。其實"幄"設在殿內北墉下，御坐是在幄內，此即本卷冊皇太子儀中的"幄坐"。殿內設幄正如契丹諸宫衛在帳內又設小氈帳，供奉先帝小金像一樣。"南面設御坐"亦即南向設御坐。傳統漢儀，皇帝的坐位總是南向的。"奉禮郎設官僚、客使幕次於東西朝堂"，爲官僚、客使設幕次，是爲了他們上殿前整理衣冠。唐代宫城南門稱"承天門"，東西朝堂在承天門內。典禮設客使位，説明此儀最初是馮、劉一行爲德光及述律氏上尊號时遺留下的。太樂令是太樂署長官。其職掌調試樂器的音律及音樂人才的培養。冊禮前一日，太樂令設宫懸於殿庭，準備冊禮奏樂。"宫懸"，古代鐘磬等樂器懸掛在架上，其形制因用樂者身份地位不同而有別。帝王懸掛四面，象徵宫室四面的牆壁，故名"宫懸"。

乘黄令陳車輅，尚輦奉御陳輿輦，尚舍奉御設解劍席于東西階。設文官六品已上位橫街南，東方西向；武官五品已上位橫街南，西方東向。皆北上重行，每等異位。將士各勒所部六軍仗屯諸門。金吾仗、黄麾仗陳于殿庭。

---

① （唐）李林甫等：《唐六典·殿中省》，《文淵閣四庫全書》影印本。

乘黄令是車府官名。"宋、齊、梁、陳車府乘黄令、丞掌之。"① 遼朝因之。"尚輦奉御",唐官名。據《唐六典·殿中省》載,其職"掌輿輦、傘扇之事,分其次序而辨其名數。直長爲之貳,凡大朝會則陳於庭,大祭祀則陳於廟"。册禮開始前,文官六品以上先在承天門外横街南排班,位於街東,面向西方;武官五品以上也在横街南,位於街西,東向。排成兩行北上進承天門,向宣政殿重行進,每個等級的官員其位置要有差別。將士各統領所部六軍仗駐屯諸門。金吾仗、黄麾仗兩支儀仗隊則於殿庭列陣。"金吾亦棒也,以銅爲之,黄金塗兩足,故謂之'金吾'。御史大夫、司隸校尉亦得執焉。"② "金吾仗",當即手執金吾銅棒的儀仗隊。在清代"黄麾仗"是皇帝出行鹵簿的一部分。"又考鹵簿凡四等:大駕、法駕、鑾駕、黄麾仗。"③ 黄麾仗多用於皇帝出行,因此也用於爲皇帝送葬途中警蹕。《通典·葬儀》引《大唐元陵儀注》:"山陵日……神駕動,警蹕如常,千牛將軍夾輅而趨。至侍臣上馬所,禮生賛'侍臣上馬',侍臣上馬訖,夾侍於前,禮生在供奉官内。諸侍衛之官,各督其屬,左右翊神駕動,鹵簿官以黄麾麾之,鼓吹振作,警蹕如常。"④ 册禮陳設的宫懸、輿輦,都是晉使帶來的法物。《遼史》卷五五《儀衛志》載:"太宗皇帝會同元年,晉使馮道、劉昫等備車輅法物,上皇帝、皇太后尊號册禮。自此天子車服昉見於遼。"這説明契丹方面在此之前并没有典禮所要使用的車輅法物,没有"天子車服"。法物是古代帝王用於儀仗、是能代表其身份的器物。

至日,押册官引册自西便門入,置册案西階上。通事舍人引侍從班

---

① （元）馬端臨:《文獻通考》卷五七《職官十一》,中華書局,1986,第513頁。

② （晉）崔豹:《古今注》卷上,《四部叢刊》影印宋刊本。

③ （清）秦蕙田:《五禮通考》卷一二《圜丘祀天》,《文淵閣四庫全書》影印本。

④ （唐）杜佑:《通典》卷八六《禮四六·凶禮八·葬儀》,第2346頁。

入，就位。侍中東階下解劍履上殿，欄外僬伏跪，奏"中嚴"；下殿，劍履，復位立。閣使西階上殿，欄外跪請木契；面殿鞠躬，奏"奉敕喚仗"。殿中監、少監、殿中丞等押金吾四色仗入，位臣僚後。

　　至册禮舉行當日，押册官引導玉册從西便門進入宣政殿。如前所述，"玉册"亦作"玉策"，是古代册書的一種，帝王祭祀告天或上尊號用之。用玉簡製成。册禮開始時，置於御座前西階上邊的册案上。通事舍人引導侍從班進入，就位。"通事舍人"是唐官名，唐中書省有通事舍人十六人。《唐六典·諸衛府》：朝會"若有口敕，通事舍人承受傳聲於階下"。侍中在御座東階（即座前方左側臺階）下解劍履——脫靴、解下佩劍，然後上殿，在欄外"僬伏跪"，奏"中嚴"，然後下殿，重新佩劍穿靴，回原位立。"中嚴"爲"三嚴"之一。唐制未明擊鼓三次，謂"三嚴"。"唐《續時令儀》曰：'唐制日未明七刻，搥一鼓爲一嚴，侍中奏開宮殿門及城門；未明五刻搥二鼓，爲再嚴，侍中奏請中嚴，羣臣五品以上俱集朝堂；未明二刻搥三鼓，爲三嚴，侍中、中書令以下俱詣西閣奉迎鑾駕出宮，詣太極殿。'"[1]閣使西階上殿，欄外跪請頒給木契；面殿鞠躬，奏"奉敕喚仗"——奉皇帝敕令，召喚儀仗從前殿入閣。殿中監、少監、殿中丞等押金吾四色仗（"金吾四色仗"亦名"金吾仗"），即手持"金吾"的儀仗隊。金吾仗"位臣僚後"，并不是保衛臣僚，而是鎮懾他們，以防其中有人圖謀不軌。"喚仗"，即召喚儀仗至皇帝所在的便殿。

協律郎入，就舉麾位。符寶郎詣閣奉迎。通事舍人引文官四品至六品、武官三品至五品，就門外位。

　　"麾"是古代用以指揮軍隊的旗幟。後又成爲宮廷演奏音樂時的指揮工具。《晉書》卷二一《禮志》："升平八年，臺符問'迎皇

---

①　（宋）高似孫：《緯略》卷七《三嚴》，《文淵閣四庫全書》影印本。

后大駕應作鼓吹不?' 博士胡訥議: '臨軒《儀注》闕，無施安鼓吹處所，又無舉麾鳴鐘之條。'"① "協律郎官"掌和律呂，即負責指揮皇家樂隊演奏。《新唐書》卷一一《禮樂志》載，演奏時，"協律郎跪俛伏舉麾"。② 册禮開始，協律郎在舉麾席就位，手中的麾上舉即開始奏樂，麾落下即樂止。"符寶郎"到便殿準備迎接皇帝到來。符寶郎是唐官名，據《通典·職官三·門下省》載："其符節并納於宮中，有行從則請之。郎掌諸進符寶、出納幡節也。"③ 這是爲皇帝掌印的官員，品級雖低，但最受信任。通事舍人引文官四品至六品、武官三品至五品，在閤門——便殿門外就位。言及文武官員就門外位，而未言北、南面官，這是因爲太宗德光時尚未形成北、南面官體制。此事也説明"皇帝受册儀"所記當是後晉上太宗尊號的儀式。

皇帝御輦至宣德門。宣徽使押内諸司班起居，引皇帝至閤，服袞冕。侍中東階下解劍履，上殿版奏"外辦"。太常博士引太常卿，太常卿引帝〔即御座，南向立〕。内諸司出。協律郎舉麾，太樂令令撞黄鍾之鍾，左五鍾皆應，工人鼓柷，樂作；皇帝即御坐，宣徽使贊"扇合"，樂止。贊"簾捲"，扇開。

　　當皇帝的御輦到達宣德門時，首先是宣徽使押内諸司班——皇帝身邊小吏起居，引皇帝至宣政殿後的便殿，皇帝在此服袞冕。"袞冕"是古代帝王與上公的禮服和禮冠。《國語·周語中》："棄袞冕而南冠以出，不亦簡彝乎。"韋昭注："袞，卷龍之衣；冕，大冠也。"④ 亦單指穿袞服時所用的冕。《新唐書·車服志》："首飾大

---

① 《晉書》卷二一《禮志》，第 668 頁。
② 《新唐書》卷一一《禮樂志》，第 317 頁。
③ （唐）杜佑:《通典》卷二一《職官三·門下省》，第 559 頁。
④ 《國語·周語中》，《四部叢刊》影印杭州葉氏藏明金李刊本。

小華十二樹，以象袞冕之旒。"① 《宋史・輿服志》："袞冕十有二旒，其服十有二章，以享先王。"② 侍中在御座的東階下解下佩劍、脫去軍靴，然後上殿，版奏"外辦"——已經戒嚴。"嚴與戒嚴及三嚴、外辦同。"③ "版奏"即持版啓奏。"版"非"笏版"，清人何焯云："范滂投版棄官而去。注云'版，笏也。'按：版非笏，乃署其職官、氏名於版，持以上謁者也。"④ "太常博士引太常卿，太常卿引帝。"這句話不完整，因爲沒有説明引皇帝至何處、做何動作。據《通典》卷一二二《嘉禮一》："皇帝出自西房。太常博士引太常卿、太常卿引皇帝即御座，南向立。樂止（太常卿與博士退，立於皇帝之左）。"⑤ 内諸司——皇帝身邊的官員出現在殿庭之上。負責宮廷音樂創作及演奏的協律郎，漢稱協律都尉。據《通典・職官七》："晉改爲協律校尉，後魏有協律郎，又有協律中郎。北齊及隋協律郎皆二人，大唐因之。掌舉麾節樂、調和律吕、監試樂人典課。"⑥ 協律郎舉麾則樂作，將麾放下則樂止。太樂令下令撞黃鍾之鍾，左五鍾皆應。黃鍾之鍾是宮廷樂器名，"《尚書》傳曰：天子將出，撞黃鍾之鍾，右五鍾皆應；入則撞蕤賓之鍾，左五鍾皆應。"⑦ 唐制也是"皇帝將出，太樂令令撞黃鍾之鐘，右五鐘皆應"。⑧ 皇帝進入和離開殿庭時，皆撞鐘，但次第不同：入則左五鐘回應，出則右五鐘回應，但《遼史》卷五四《樂志》所載則不同："聖宗太平元年，尊號册禮：設宮懸於殿庭，舉麾位在殿第

① 《新唐書》卷二四《車服志》，第 517 頁。

② 《宋史》卷一五二《輿服志》，第 3540 頁。

③ （宋）戴埴：《鼠璞》卷下《嚴更》，《文淵閣四庫全書》影印本。

④ （清）何焯：《義門讀書記》卷二三《後漢書》，《文淵閣四庫全書》影印本。

⑤ （唐）杜佑：《通典》卷一二二《嘉禮一》，第 3107 頁。

⑥ （唐）杜佑：《通典》卷二五《職官七》，第 695 頁。

⑦ 《周禮注疏・樂師》，《文淵閣四庫全書》影印本。

⑧ （唐）杜佑：《通典》卷一二二《嘉禮一》，第 3107 頁。

三重西階之上，協律郎各入就舉麾位，太常博士引太常卿，太常卿引皇帝。將仗動，協律郎舉麾，太樂令令撞黄鍾之鍾，左右鍾皆應。工人舉柷，樂作；皇帝即御坐，扇合，樂止。王公入門，樂作，至位樂止。"馮道一行導演的德光册禮撞鍾次序是不會弄錯的。《禮志·皇帝受册儀》所載是德光受册舊儀，《樂志》所載左右五鍾皆應，反映了此儀後來的變化。[1] 工人鼓柷，當音樂再奏響時，皇帝即御坐。宣徽使贊"扇合"，樂止；贊"簾捲"，扇開。聖宗、興宗都精通音律，因此他們在位時，對慶典奏樂多有改變。唐有《十二和樂》，梁改爲《九慶樂》，後唐仍用《十二和樂》，後晉改爲《十二同樂》。馮道爲應天皇太后及太宗德光上尊號册禮用的應是《十二同樂》。《遼史·樂志》載："聖宗統和元年，册承天皇太后，設宫懸，簨虡，太樂工、協律郎入。太后儀衛動，舉麾，《太和樂》作；太樂令、太常卿導引升御坐，簾捲，樂止。文武三品以上入，《舒和樂》作，至位樂止。皇帝入門，《雍和樂》作，至殿前位樂止。"這説明聖宗時期，已經恢復用唐《十二和樂》。《太和樂》《舒和樂》《雍和樂》皆屬十二和樂。"唐太宗貞觀二年太常少卿祖孝孫斟酌南北樂，考以古音，作爲大唐雅樂，以十二律各順其月旋相爲宫，制十二和之樂，合三十一曲、八十四調。""唐文宗開成三年四改法曲爲仙韶曲。"[2]《遼史·樂志》："興宗重熙九年，上契丹册，皇帝出，奏《隆安》之樂。"《隆安樂》，屬十二安樂，《遼史·樂志》據《遼朝雜禮》載："天子出入，奏《隆安》；太子行，奏《貞安》。"其餘十《安》樂名不可考。然而，《十二安樂》

---

[1] 吴麗娱先生審讀作者原稿提出書面意見説："這個問題如何解釋待考。《開元禮》皇帝的出入有兩種不同的説法，一是左、右五鍾皆撞，冬至祀圜丘和正月上辛祈穀都是，《通典》和《開元禮》各本都是這樣記載，祇有文淵閣四庫本有一點修改。但是還有一種就是出入分别撞左五鍾、右五鍾，大都是在後面的一些禮中，如祭方丘。"

[2] （宋）李上交：《近事會元》卷四《大唐雅樂》，《文淵閣四庫全書》影印本。

原是宋樂。建隆元年（960）夏四月，“改周樂文舞《崇德之舞》
爲《文德之舞》；武舞《衆咸之舞》爲《武功之舞》；《十二順》
爲《十二安》。樂章皆竇儀所定也”。[①] 從用樂變化，也可以看出遼
中期以後，禮樂文化從原來主要是學唐、五代到學北宋的變化。

**符寶郎奉寶進，左、右金吾報平安。通事舍人引文官三品、武官二
品已上入門，樂作；就相向位畢，樂止。通事舍人引侍從班、南班
文官三品、武官二品已上合班，北向。東班西上，西班東上，起
居，七拜。分班，各復位。通事舍人引押册官押册自西階下至丹
墀，當殿置香案、册案。置册訖，樂作；就位，樂止。捧册官近
後，東西相對立。**

　　“符寶郎奉寶進”，此寶即刻有爲皇帝所上尊號的璽印。[②] 進寶
後，左、右金吾報平安。然後通事舍人引文官三品、武官二品以上
進入閤門，此時樂曲奏響；文、武官相向就位已畢，樂止。“通事
舍人引侍從班、南班文官三品、武官二品已上合班，北向。”“合
班”即相向而立的文、武班合。入閤後，先北向，然後相向立，即
變爲東、西兩班。東班西上，西班東上，向皇帝起居，七拜，是不
同於常朝起居五拜的大起居。起居完畢，分班，各復位。此時通事
舍人再引押册官押册自西階下至丹墀，在殿上分別設置香案、册
案。置册後，樂作；押册官就位，樂止。捧册官近押册官後，東西
相對立。

---

① 《九朝編年備要》卷一，《文淵閣四庫全書》影印本。
② 本書原稿將符寶郎所進之寶釋爲“傳國寶”。吳麗娛先生審讀作者原稿時提
　出書面意見説：“這個寶是不是後晉歸命的國寶值得推敲，因爲按中原王朝
　慣例，每一次都有皇帝受寶，受寶應當是尊號寶，寶上應有皇帝尊號，否則
　加尊號的意義和憑證是什麽呢？再説一個皇帝在位可以加尊號幾次，怎麽會
　每次都奉傳國寶。後晉既然是來册尊號，那是不是應當帶來尊號寶？另外天
　顯十三年是 938 年，也就是天福三年，晉朝的傳國寶開運末晉亡纔到。所以
　如果是耶律德光的册尊號禮不應當是所謂傳國寶。”吳説甚是，故據以修正。

舍人引侍從班并南班合班，北向如初。贊"再拜"，在位者皆再拜，舞蹈，五拜。分班，各復位如初。捧册官就西階下解劍席，解劍履，捧册西階上殿，樂作；置册御坐前，東西立，北向。

起居完畢，分班，故又有南、北班，舍人引侍從班與南班合班，北向如初。舍人贊"再拜"，在位者皆兩拜，然後舞蹈，又五拜。再分班——侍從班與北班分，各自復位如初。捧册官在西階（御座右前方）下解劍席就位，解下佩劍，脫靴，捧册由西階上殿，同時奏樂。上殿后，置册於御坐前，兩捧册官分立東、西，面北。捧册官西墉下立，北上，樂止。讀册官出班，當殿立，贊"再拜"，三呼"萬歲"。就西階下解劍席，解劍履，西階上殿，欄內立。當御坐前。侍中取册，捧册官捧册匣至讀册官前，跪，相對捧册。讀册官俛伏跪，讀訖，俛伏興。捧册官跪左膝，以册授侍中。侍中受册，以册授執事者，降自西階，劍履訖，復當殿位。贊"再拜"，三呼"萬歲"，復分班位。

捧册官置册後下殿，在西窗下站立然後從北邊上殿，這時音樂停止。讀册官從班列中走出，殿前站立。舍人贊"再拜"，三呼"萬歲"。讀册官拜畢，在西階下解劍席就位，解劍脫靴，由西階上殿，在欄內立。在御坐前，侍中取册，交捧册官捧着册匣走到讀册官面前，相對跪捧玉册。讀册官俯伏跪地，讀完後再俯伏起身。捧册官跪左膝，以册授予侍中。侍中受册，再以册授執事者，然後從西階下殿，佩劍、穿靴後回到原在殿上的位置。舍人贊"再拜"，三呼"萬歲"，捧册官、讀册官拜畢各自分別回到班列位置。舍人引侍從班、南班合班，北向如初。贊"拜"，在位者皆拜，舞蹈、鞠躬如初。通事舍人引班首西階下解劍履，上殿，樂作；就欄內位，樂止。俛伏跪，通全銜臣某等，致詞稱賀訖，俛伏興。降西階下，帶劍、納舄，樂作；復位，樂止。贊"拜"，在位者皆再拜，舞蹈，五拜，鞠躬。

舍人再次引侍從班與南班合班，北向站立如初。舍人贊“拜”，在位者皆拜，然後舞蹈、鞠躬如初。通事舍人引班首於西階下解劍、脫靴，然後上殿，此時樂作；上殿班首在欄內就位，樂止。俯伏跪，通報自己全銜——臣某等，然後致詞稱賀完畢，俯伏起身。從西階下去帶劍，穿靴，同時樂作；下殿班首復位，樂止。舍人贊“拜”，在位者皆兩拜，舞蹈，然後五拜，鞠躬。

侍中臨軒，西向稱“有制”，皆再拜。侍中宣答訖，贊“皆再拜”，舞蹈，五拜，分班各復位。三品已上出，樂作；出門畢，樂止。侍中當御坐俛伏跪，通全銜，奏“禮畢”，俛伏興。退，東階下殿，帶劍，納履，復位。宣徽使贊“扇合，下簾”。太常博士、太常卿引皇帝起，樂作；至閤，樂止。

“臨軒”，即靠近御座欄檻處。《漢書·史丹傳》：“元帝被疾，不親政事，留好音樂，或置鼙鼓殿下，天子自臨軒檻上，隤銅丸以擿鼓。”顏師古曰：“檻，闌版也；隤，下也；擿，投也。”[1]《後漢書·張奐傳》：“青蛇見於御座軒前。”李賢注：“軒，殿檻欄板也。”[2] 侍中臨軒，西向稱“有制”，意在強調他是在皇帝身邊代其發令。眾人一聽宣布“有制”，皆再拜。侍中宣答完畢，舍人贊“皆再拜”，舞蹈，又五拜，然後分班各自復位。三品以上先退出，音樂奏響；待全都出門，樂止。侍中在御坐前俯伏跪，先通報自己全銜，然後奏“禮畢”，俯伏起身。退下，自東階下殿，佩劍，穿靴，復位。宣徽使贊“扇合，下簾”。太常博士、太常卿引皇帝起身，音樂大作；皇帝至閤，樂聲終止。

舍人引文官四品、武官三品以下出，門外分班立；次引侍從班出，次兵部、吏部出，次金吾出，次起居郎、舍人出，次殿中監、少監押金吾細仗出，仍位臣僚後。次東、西上閤門使於丹墀內鞠躬，奏

---

① 《漢書》卷八二《史丹傳》，第 3376 頁，師古注第 3377 頁。
② 《後漢書》卷六五《張奐傳》，第 2140 頁，李賢注第 2141 頁。

“衙內無事”，捲班出。

舍人引文官四品、武官三品以下退出，於門外分班立；其次引侍從班退出，次兵部、吏部退出，以下依次金吾出，起居郎、舍人退出。殿中監、少監押金吾細仗退出，仍然位於臣僚後。最後東、西上閣門使於丹墀內鞠躬，奏“衙內無事”，捲班退出。《新唐書》卷二三上《儀衛志上》：“唐制，天子居曰‘衙’，行曰‘駕’，皆有衛、有嚴。”①

閣門使丹墀內鞠躬，揖，[稱]“奉敕放仗”。出，門外文武班中間立。喚承受官，承受官聲“喏”，至閣使後，鞠躬，揖。閣使鞠躬，稱“奉敕放仗”。承受聲“喏”，鞠躬，揖，平身立，引聲“奉敕放仗”。聲絕，趨退。文武合班，再拜。舍人一員攝詞令官，殿前鞠躬，揖，稱“奉敕放黃麾仗”，出。放金吾仗亦如之。翼日，文武臣僚入問聖躬。

“閣門使丹墀內鞠躬，揖，奉敕放仗”，據下文“舍人一員攝詞令官，殿前鞠躬，揖，稱‘奉敕放黃麾仗’，出”，“奉敕放仗”前應有“稱”字。因爲“揖”的動作無法表示“奉敕”之義。西上閣門使上奏皇帝後退出，在門外文武班中間立，召喚承受官，承受官應聲稱“喏”，見閣使後，鞠躬，作揖。閣使鞠躬，稱“奉敕放仗”。承受官應聲“喏”，鞠躬，作揖，平身立，拉長聲音召喚：“奉敕放仗”。待喊聲終止，急忙退下。殿內文、武合班，再拜。舍人一員兼攝詞令官，在殿前鞠躬，作揖，稱“奉敕放黃麾仗”，然後退出。放金吾仗亦如上程式。次日，文武臣僚入閣問候皇帝聖體康健。

太平元年行此儀，大略遵唐、晉舊儀。又有《上契丹册儀》，以阻午可汗柴册禮合唐禮雜就之。又有《上漢册儀》，與此儀大同

---

① 《新唐書》卷二三上《儀衛志上》，第481頁。

小異，加以《上寶儀》。

太平元年（1021）行此儀，大略遵唐與後晉此儀之舊。此外，遼又有《上契丹冊儀》，以阻午可汗契丹禮與唐禮參雜而成。受契丹冊，同時也受"契丹寶"，即契丹符印。卷五七《儀衛志》："契丹寶，受契丹冊儀，符寶郎捧寶置御坐東。"又有《上漢冊儀》，與此儀大同小異，再加以《上寶儀》。宋稱"上尊號冊寶儀"。據《遼史》卷一六《聖宗本紀》，太平元年"十一月癸未，上御昭慶殿，文武百僚奉冊上尊號曰睿文英武遵道至德崇仁廣孝功成治定昭聖神贊天輔皇帝，大赦，改元太平，中外官進級有差"。聖宗上尊號行此儀，證明此儀就是上尊號儀。既然又是唐、晉舊儀，就進一步證實了前面的判斷：當初契丹主德光是把後晉爲他及述律太后上尊號當作"封冊"了。當初是馮道、劉昫帶上鹵簿儀仗、車輅，爲契丹行此儀，太平元年上尊號的儀式不過是舊儀的重新排演。加"尊號"本非古制，而是始於武后之時。① 陸贄説："尊號之興，本非古制，行於安泰之日，已累謙沖；襲乎喪亂之時，尤傷事體。"② 皇帝既要加尊號，又要表現謙沖，於是就讓臣下一再上表，似乎加"尊號"真是臣下的要求。《宋史》卷一一〇《禮志》載："尊號之典，唐始載於禮官。宋每大祀，羣臣詣東上閤門，拜表請上尊號，或三上，或五上，多謙抑弗許。如允所請，即奏命大臣撰冊文及書冊寶。"③ 契丹主德光接受後晉爲其封冊、加尊號，是其多年夙願，因此并無臣下三番五次拜表請上尊號的虛僞表演，也無須命大臣撰冊文，而是一切聽憑後晉安排。會同元年（938）德光受冊時，已有上京，但上京是按契丹傳統興建的，據宋使薛映所見，"至承天

---

① 《舊唐書》卷六《則天皇后本紀》垂拱四年（688）五月，"皇太后加尊號曰聖母神皇"，第119頁。

② 《陸宣公集》卷一三《奉天論尊號加字狀》，《四部叢刊》影宋本。

③ 《宋史》卷一一〇《禮志》，第2639頁。

門，内有昭德、宣政二殿，皆東向”。① 這種格局無法行禮如儀，爲舉行册禮，特闢承天門。統和二十五年（1007）遼建中京作爲一座禮儀性的都城，聖宗上尊號的儀式，應當就是在中京舉行。

册皇太后儀

宋有爲皇太后上尊號册寶禮，册和寶（璽印）都反映的是太后的尊號。會同元年（938）上尊號，契丹却認爲是完成對皇帝册封，同樣爲太后上尊號也認爲是册封太后。皇太后述律氏册禮在先、皇帝耶律德光在後，這一順序反映了當時述律太后的地位和權勢高過德光。《遼史》卷五二《禮志》雖然顛倒了這一順序，并且“册皇太后儀”所記是聖宗時期册承天皇太后的儀式。承天太后（？~ 1009）：諱綽，小字燕燕，北府宰相思温女。景宗即位，選爲貴妃。尋册爲皇后，生聖宗。景宗崩，尊爲皇太后，攝國政。統和元年，上尊號曰承天皇太后。據《遼史》卷一〇《聖宗本紀》，統和元年（983）四月“壬子，大臣以太后預政，宜有尊號，請下有司詳定册禮。詔樞密院諭沿邊節將，至行禮日，止遣子弟奉表稱賀，恐失邊備”。五月乙亥，“詔近臣議皇太后上尊號册禮，樞密使韓德度以後漢太后臨朝故事草定上之。丙子，以青牛白馬祭天地”。太后臨朝，契丹自有傳統。北方游牧民族大汗過世，選出新汗之前，由大汗之妻攝政。阿保機死後次日，淳欽皇后述律氏即宣布由她“稱制，權決軍國事”，直至一年後德光繼位。景宗睿智皇后不循此例，而循東漢太后臨朝故事，即意在長期把持朝政。《後漢書》卷一〇

① （宋）李燾：《續資治通鑑長編》卷八八，真宗大中祥符九年九月己酉，第2015頁。

《皇后本紀》序："東京皇統屢絕，權歸女主。外立者四帝，臨朝者六后（李賢注：謂安、質、桓、靈。章帝竇太后、和熹鄧太后、安思閻太后、順烈梁太后、桓思竇太后、靈思何太后也）。莫不定策帷帟，委事父兄，貪孩童以久其政，抑明賢以專其威。"① 以後漢太后臨朝故事上之的樞密使韓德度，僅一見，當即是承天太后的寵臣樞密使韓德讓之誤。攝政的承天太后權位高於皇帝這一點，仍然不變。因此，該儀式也還是源於馮道一行所傳會同舊儀。承天太后尊號册禮的地點仍然是在遼南京，時間應是聖宗即位之初。德光上尊號、受册之後，又行"入閣禮"。據《遼史》卷四《太宗本紀》，會同三年（940）"夏四月庚子，至燕，備法駕，入自拱辰門，御元和殿，行入閣禮"。可知，以下儀式所在的元和殿是在燕京，即遼南京。

前期，陳設於元和殿如皇帝受册之儀。至日，皇帝御弘政殿。册入，侍從班入，門外金吾列仗，文武分班。侍中解劍奏"中嚴"、宣徽使請木契喚仗皆如之。樂工入。閣使門外文武班中間立，喚承受官，聲"喏"，趨至閣使後立。閣使鞠躬，揖，稱"奉敕喚仗"。承受官鞠躬，聲"喏"，揖，引聲"奉敕喚仗"。文武合班，再拜。殿中監押仗入、文武班入，亦如之。

在典禮進行前，先在元和殿完成各種陳設，包括布置宮懸、陳設輦輅等，就如同皇帝受册之儀一樣。至典禮舉行之日，皇帝先至弘政殿。玉册入，然後侍從班入，門外金吾列仗，文武分班。侍中解劍奏"中嚴"、宣徽使請木契喚仗皆如皇帝受册之儀。樂工進入。閣使立於門外文武班中間，召喚承受官，承受官應聲"喏"，立即至閣使身後立。閣使鞠躬，作揖，稱"奉敕喚仗"。承受官鞠躬，聲"喏"，作揖，拉長聲音喊"奉敕喚仗"。文、武合班，兩拜。

---

① 《後漢書》卷一〇《皇后本紀》，第 401 頁。

殿中監押在前殿（宣政殿）列隊完畢的儀仗隊進入弘政殿。文、武班入，亦如皇帝受册儀。皇太后上尊號册禮，規格與皇帝尊號册禮同，不合漢禮。南宋寧宗慶元二年（1196）十月三日，爲太上皇后上尊號曰壽仁太上皇后，壽康殿是太上皇宋光宗的宮殿，太上皇與太上皇后册禮同日在壽康殿舉行，但太后并不出席典禮，衹是在典禮之後，太后在本宮接受皇帝、皇后朝賀，并由内侍將册、寶送至太后本宮。[1]

宣徽使押内諸司供奉官、天橋班候皇太后御紫宸殿，乘平頭輦，童子、女童隊樂引至金鑾門。閣使奉内諸司起居訖，贊"引駕"，自下先行至元和殿。皇太后入西北隅閤内更衣。侍中解劍，上殿奏"外辦"。宣徽受版，入奏。侍中降，復位。

宣徽使押内諸司供奉官、天橋班，敬候皇太后在紫宸殿乘平頭輦，由童子、女童隊伴隨音樂導引至金鑾門。閣使奉陪内諸司向太后起居後，贊"引駕"，即自金鑾門下先行至元和殿。皇太后進入元和殿之西北隅閤内更衣，然後上殿。侍中解劍，上殿奏"外辦"。宣徽受版，入奏。侍中從殿上走下，復位。"天橋班"職責不詳。明朝於諸陵置"天橋軍"。[2] 在山陵置天橋軍，"事死如事生"，皇帝宮中的天橋班當與照顧其生活起居有關。"平頭輦"本爲皇帝平常出行所乘的車。《宋史》卷一四九《輿服志》載："平輦，又名

---

① 據徐松輯《宋會要輯稿》禮四九之七七《尊號十三》："皇帝詣宮中奉上壽仁太上皇后册寶。其日先設壽仁太上皇后座於本殿，南向；設皇帝褥位如壽康殿上之儀。殿上行禮畢，内侍捧壽仁太上皇后寶興，舉册寶案。内侍舉壽仁太上皇后册寶案，先詣壽仁太上皇后座前稍南在東褥位，西向立定，都大主管官前導册寶進行，作《正安》之樂。内侍前導皇帝、后從册寶入宮，舉册寶，内侍置册寶於本殿册寶案，樂止，興。"（第3册，第1840頁）

② （清）徐乾學《讀禮通考》卷九三《山陵》引《兩朝從信録》："諸陵神宮監軍、巡山軍、巡邏軍、夜不收軍、黃土軍、行宮軍、天橋軍、圮墳軍、本户軍、御馬監軍、御女軍、朝房看料軍、金錢山軍，并悼陵軍、李貴妃墳軍，共六千二百四名。"（《文淵閣四庫全書》影印本）

平頭輦，亦曰太平輦。飾如逍遥輦而無屋。輦官十二人，服同逍遥輦。常行幸所御。"① 同書卷一五〇《輿服志》又載："神宗嗣位，尊皇太后爲太皇太后，其行幸依治平元年之制，而皇太后、皇后常出止用副金塗銀裝白藤輿，覆以棕櫚屋，飾以鳳。輦官服同乘輿平頭輦之制。"② 平頭輦原是皇帝常行所乘，遼則以之作爲皇太后乘輿。

協律郎舉麾，樂作。太樂令、太常卿導引皇太后升坐。宣徽使贊"扇合"，簾捲；"扇開"，樂止。符寶郎奉寶置皇太后坐右。左右金吾大將軍對揖、鞠躬，奏"軍國内外平安"。東上閤門副使引丞相東門入、西上閤門副使引親王西門入、通事舍人引文武班入如儀。樂作，至位樂止。文武班趨進，相向再拜，退，復位。

協律郎舉麾，音樂奏響，於是太樂令、太常卿導引皇太后升坐。宣徽使贊"扇合"，隨即簾捲；贊"扇開"，樂止。符寶郎奉"寶"置皇太后坐右側。此寶即皇太后璽印。《遼史》卷五七《儀衛志》載："皇太后寶，制未詳。天顯二年，應天皇太后稱制，羣臣上璽綏。册承天皇太后儀，符寶郎奉寶置皇太后坐右。"左、右金吾大將軍相對作揖、鞠躬，奏報"軍國内外平安"。東上閤門副使引丞相自東門進入，西上閤門副使引親王自西門進入，通事舍人引文、武班進入，皆如儀式規定。宋人趙升曰："趨朝之儀，如出入不由端禮門、不端簡、朝堂行私禮、交互幕次、語笑誼謹、殿門内聚談、行立失序、立班交語相、無故離位、拜舞不如儀、穿班仗出之類，皆謂'失儀'，即閤門彈奏有責。"③ 當他們進入時，樂作；至位，樂止。文武班趨進，相向兩拜，拜畢退，復位。儀式中的重要角色"丞相"，即大丞相韓德讓（942~1011），

---

① 《宋史》卷一四九《輿服志》，第 3488 頁。
② 《宋史》卷一五〇《輿服志》，第 3503 頁。
③ （宋）趙升：《朝野類要》卷一《朝儀》，《文淵閣四庫全書》影印本。

是韓匡嗣第四子。統和初年，承天稱制，韓德讓以南院樞密使的身份"總宿衛事"。統和十七年（999），北院樞密使、魏王耶律斜軫病故，承天太后以韓德讓兼知北院樞密使事，至此，遼朝的蕃漢軍政大權就集於韓德讓一身了。統和二十二年（1004），承天太后又賜韓德讓姓耶律，徙封晉王，并且仍舊爲大丞相，事無不統。次年十一月，她又詔韓德讓"出宮籍，屬於橫帳"。二十八年更名耶律隆運。

東西上閤門使、宣徽使自弘政殿引皇帝御肩輿至西便門下。引入門，樂作，至殿前位樂止。宣徽使贊"皇帝拜"，問皇太后"聖躬萬福"，拜。皇帝御西閤坐，合班，起居如儀。北府宰相押册，中書、樞密令史八人舁册，東西上閤門使引册，宣徽使引皇帝送册，樂作；至殿前置册位，樂止。

東、西上閤門使與宣徽使一起自弘政殿引導皇帝乘肩輿至西便門下轎，然後引皇帝入門，同時樂作；至殿前位，樂止。"肩輿"即轎。"凡器有橫樑者，匠皆呼曰'橋'，今之肩輿亦謂其如橋也。山行之橋本是轎"。① 優禮老臣，准其"肩輿入宮"，則肩輿是君臣通用之交通工具。皇帝至殿位後，宣徽使贊"皇帝拜"，問皇太后"聖躬萬福"，"拜"。皇帝拜過皇太后，入西閤落坐，此時臣僚合班、起居如儀。北府宰相押册，中書、樞密令史八人抬册，"令史"《遼史·百官志》未載。漢代蘭臺尚書屬官有令史，居郎之下，掌文書事務，歷代因之。隋唐以後，三省、六部及御史臺都置令史，爲低級事務員。東、西上閤門使在册前導引，宣徽使導引皇帝送册，伴樂行進至殿前置册位，音樂停止。

宣徽使贊"皇帝再拜"，稱"萬歲"，羣臣陪位〔皆再拜，稱"萬歲"〕。揖：翰林學士四人、大將軍四人舁册。皇帝捧册行，三舉。

---

① （明）方以智：《通雅》卷三五，《文淵閣四庫全書》影印本。

武授册，① 昇之，西階上殿，樂作；置太后坐前，樂止。皇帝册西
面東立。舍人引丞相當殿再拜，三呼"萬歲"，解劍，西階上殿，
樂作；至讀册位，樂止。俛伏跪讀册訖，俛伏三呼"萬歲"，復
班位。

宣徽使贊"皇帝再拜"，稱"萬歲"，羣臣陪位皆再拜，稱
"萬歲"。舍人作揖，示意翰林學士四人、大將軍四人昇册，即抬
册。唐代始設翰林學士，以專知制誥。遼代尚有宣政殿、觀書殿諸
學士，其職掌不見於《遼史》，當亦如宋之雜學士，以爲加銜，并
不司文翰之事。所謂"翰林學士"當即指這類人。遼又稱學士爲
"林牙"。皇帝接過册，捧册行進，途中三次上舉。"武授册，昇
之"：即皇帝將册授予大將軍，大將軍將册置於册案上，由同行文
武官員抬着自西階上殿，此時樂作；將册置於太后坐前時樂止。皇
帝在册西、面東而立。舍人引丞相當殿再拜，三呼"萬歲"，然後
解劍，從西階上殿，此時樂作；至讀册位，樂止。丞相俯伏跪讀册
完畢，俯伏三呼"萬歲"，復歸排班位。在太后受册儀中由丞相韓
德讓讀册，尤其突出此人的地位。宋、金皇太后册禮，均無"皇帝
捧册"的記載。前引《宋會要輯稿》載，壽仁皇太后册禮，舉册
的是内侍。《金史》卷三七《禮志》所載，天德二年（1150）奉册
皇太后儀："通事舍人、太常博士贊引，太常卿前導，押册官押册
而行，奉册太尉、讀册中書令、舉册官等以次從之。"② 皇帝對皇
太后再拜，但不稱萬歲。對比之下，可見契丹太后是多麼位高
權重。

宣徽使引皇帝下殿，樂作，至殿前位樂止。皇帝拜，舞蹈。拜訖，
引皇帝西階上殿，至皇太后坐前位，俛跪；致詞訖，俛伏興。引西

---

① 中華書局 1974 年點校本《遼史》此句作："皇帝捧册行，三舉武，授册。"
　（第 860 頁）
② 《金史》卷三七《禮志》，第 855 頁。

階下，至殿前位，拜，舞蹈，拜，鞠躬。侍中臨軒，宣太后答稱"有制"，皇帝再拜。宣訖，引皇帝上殿，樂作；至西閣，樂止。

宣徽使引導皇帝下殿，此時樂作，當其到達殿前位置時樂止。皇帝在殿前對太后下拜，舞蹈。拜過之後，舍人引皇帝自西階上殿，至皇太后坐前位置，俯跪致詞，完畢後俯伏起身。舍人引皇帝西階下殿，至殿前位置，拜，舞蹈，又拜，鞠躬。侍中臨軒——靠近御座前欄，宣太后答稱"有制"——太后有制命，皇帝聽後兩拜。宣答完畢，舍人"引皇帝上殿，樂作；至西閣，樂止"：這一段有缺文。皇帝最後上殿是向太后稱賀，而且稱賀必拜，然後下殿，直到至於西閣，樂聲纔停止。

丞相、親王、侍從、文武合班，贊"拜"，舞蹈，三呼"萬歲"如儀。丞相上賀，侍中宣答如儀。丞相以下出，舉樂；出門，樂止。侍中奏"禮畢"，宣徽索扇，扇合，下簾。皇太后起，舉樂，入閣樂止。文、武官出，門外分班。侍從、兵部、吏部起居，金吾仗出，如儀。閣使奏"放仗"，皆如皇帝受冊之儀。

皇帝退走之後，丞相、親王、侍從、文武合班，贊"拜"，舞蹈，三呼"萬歲"皆如儀式規矩。丞相上賀，侍中宣答亦如皇帝稱賀之儀。丞相以下退出，舉樂；當其出門後，樂止。侍中向太后奏報"禮畢"，宣徽索扇，扇合、下簾。皇太后起身，奏樂；太后入閣，樂止。文、武官退出，在門外分別排班。侍從、兵部、吏部向太后起居，金吾仗退出如儀。閣使奏"放仗"，皆如同皇帝受冊之儀。

册皇后儀

契丹本無皇帝，也沒有后妃。《遼史》卷七一《后妃傳序》

云："遼因突厥，稱皇后曰'可敦'，國語謂之'賦俚蹇'，尊稱曰'耨斡麼'，蓋以配后土而母之云。太祖稱帝，尊祖母曰太皇太后，母曰皇太后，嬪曰皇后。等以徽稱，加以美號，質於隋、唐，文於故俗。"遼初幾祖皆曰"立后"，而不言"册"。《遼史》卷七一《景宗睿智皇后蕭氏傳》載："帝即位，選爲貴妃，尋册爲皇后。"册皇后，當從景宗册蕭氏始。聖宗皇后蕭氏，據卷一四《聖宗本紀》載，統和十九年（1001）五月"丙戌，册蕭氏爲齊天皇后"。興宗仁懿皇后蕭氏，重熙四年（1035），立爲皇后。卷一九《興宗本紀》重熙十一年（1042）"冬十一月丁亥，羣臣加上尊號曰聰文聖武英略神功睿哲仁孝皇帝，册皇后蕭氏曰貞懿宣慈崇聖皇后"，二十三年又加上尊號。卷二三《道宗本紀》大康二年"六月乙酉朔上大行皇太后尊謚曰仁懿皇后"，"仁懿"是其謚號，非尊號。道宗宣懿皇后蕭氏，重熙中，帝王燕趙，納爲妃。卷二一《道宗本紀》清寧二年十一月"甲辰，文武百僚上尊號曰天祐皇帝，后曰懿德皇后"。綜上所述，聖宗、興宗、道宗都曾爲皇后舉行過尊號册禮。册皇后儀即是這一期間爲皇后舉行的尊號册禮。

至日，北南臣僚、内外命婦詣端拱殿幕次。皇后至閤，侍中奏"中嚴"，引命婦班入，就東、西相向位立。皇帝臨軒，命使發册。使、副押册至端拱殿門外幕次。侍中奏"外辦"。所司承旨索扇，扇上。舉麾，樂作，皇后出閤升坐。扇開，簾捲，偃麾，樂止。

舉行册典之日，北、南臣僚及内、外命婦都到端拱殿幕次。當皇后來到殿閤，侍中奏"中嚴"。舍人引命婦排班進入，東、西相向就位立。皇帝臨軒——殿上憑欄，命册使（承旨負責皇后册的官員）發册。册使、副押册至端拱殿門外幕次。侍中奏"外辦"——已經戒嚴。有關官吏依聖旨索扇，扇至殿上。此時協律郎舉麾，樂作，皇后出閤升坐。扇開，簾捲，協律郎將麾降下，樂止。

引命婦合班面殿起居，八拜。皇后降坐，樂作；至殿下褥位，樂止。引冊入，置皇后褥位前。侍中傳宣，皇后四拜，命婦陪位皆拜。引讀冊官至皇后褥位前，俛伏跪讀訖，皇后四拜，陪位者皆拜。

舍人引命婦合班面向皇帝、皇后起居，八拜。按：臣僚起居七拜而止，命婦八拜，即比其夫多一拜，以示男尊女卑。然後皇后從御座下來，此時樂作；皇后到達殿下褥位，樂止。舍人引冊進入，置於皇后褥位前。侍中傳宣畢，皇后四拜，命婦陪位皆拜。舍人引讀冊官至皇后褥位前，俯伏跪讀畢，皇后又四拜，陪位者皆拜。

引皇后升殿，使臣引冊置皇后坐前冊案，退，西向侍立。命婦當殿稱賀，四拜。引班首東階上殿，致詞訖，東階下殿，復位，四拜。侍中奏宣答稱"有教旨"，四拜。宣答訖，四拜。班首上殿進酒，皇后賜押冊使、副等酒訖，侍中奏"禮畢"。承旨索扇，樂作；皇后起，入閣，樂止。分引命婦等東、西門出。

讀冊畢，舍人引皇后升殿。充當冊使的使臣引冊，置於皇后坐前冊案上，然後退下，西向侍立。命婦在殿前稱賀，四拜。舍人引命婦班首自東階上殿，致詞完畢，自東階下殿，復歸班位，然後四拜。侍中奏，宣答稱"有教旨"，這時殿下命婦四拜。"教旨"是上對下的告諭，如皇后、皇太后的命令皆是。[1] 宣答畢，又四拜。班首上殿進酒，皇后賜押冊使、副等酒畢，侍中奏"禮畢"。殿上承旨索扇，樂作；皇后起身，入閣，樂止。舍人分引命婦等東、西門退出。在皇后起身入閣之前，遺漏皇帝離席的記載。

---

[1] （宋）司馬光《傳家集》卷三二《言任守忠第三劄子》："皇后正位尚新，天下聳觀令德。守忠輒爲皇后畫策，并不稟問皇太后，矯傳教旨，開祖宗寶藏，擅取金珠數萬兩，以獻皇后。既取悅一時，又坐享厚賜。"（《文淵閣四庫全書》影印本。）

册皇太子儀

　　遼朝初無立太子之制。契丹汗位并不是“世襲”，而是“世選”的。世襲之制即嫡長子繼承制，其基本原則是“立子以貴不以長，立貴以長不以賢”，依據這一原則，嫡長子爲貴、爲長，是當然的繼承人。阿保機稱帝，生前并未立太子，德光亦然。德光死後，世宗、穆宗、景宗都是經過激烈爭奪纔取得皇位的。聖宗耶律隆緒於乾亨三年（981）十一歲時受封爲“梁王”，乾亨五年即位。後來，遼朝皇位繼承人均封梁王。開泰七年（1018），聖宗之子耶律宗真受封爲梁王，時年三歲，表明，其作爲皇位繼承人的地位，已經確定。果然，没過多久，太平元年（1021）又被立爲皇太子。興宗即位前即被立爲皇太子，但道宗洪基即位前僅受封爲梁王，并未立爲皇太子。這是因爲興宗即位初期，其母法天太后獨攬大權，她屬意皇太弟重元作爲皇位繼承人。後來道宗雖然得以即位，但重元也已經羽翼豐滿，故道宗初即位就下詔以從前的皇太弟爲“皇太叔”。未立太子，先立“太叔”，此舉反映道宗不得不認可勢力業已坐大的重元將來可以繼承皇位。不過，侄兒在位，叔父等待接班，這究竟有無可能，重元必有所考慮，以致最終釀成“重元之亂”。平亂之後，道宗立太子，但很快又廢掉太子和皇后，并將他們殺害。這說明立太子之制，在遼朝始終未確定下來。他們引進了宋朝的册封皇太子的儀式，并未真正引進立太子的制度。《遼史》卷五二《禮志·册皇太子儀》所記就是聖宗册立宗真爲皇太子的儀式。

前期一日，設幄坐于宣慶殿。設文武官幕次于朝堂，并殿庭板位，太樂令陳宫縣，皆如皇帝受册儀。守宫設皇太子次于朝堂北，西

向；乘黄令陳金輅朝堂門外，西向。皇太子儀仗、笳簫、鼓吹等陳宣慶門外。典儀設皇太子板位于殿横街南，近東北向。設文武官五品以上位於樂縣東、西，餘官如常儀。

　　以上是敍述册太子儀的前期準備。典禮舉行前一天，"設幄坐于宣慶殿"。"宣慶殿"是皇太子的宫殿，位階下皇帝宣政殿一等。高麗國王的宫殿亦稱"宣慶殿"，《高麗史》中多次提及，例如卷一六《仁宗世家》載：十五年（1137）"閏月戊寅設百座道場於宣慶殿三日，命中外齋僧三萬"。① 卷五三《五行志》載：明宗十三年（1183）"十月丙申，雉升於宣慶殿。識者謂：'雉，火屬，殿必復災。'"②高麗爲遼之屬國，如以"宣政"名殿，即屬僭越。高麗國王以"宣慶"名殿，則反映其地位在大遼皇帝之下。遼上京和中京都有宣政殿。皇帝在宣政殿處理政務。聖宗建中京以後，中京宣政殿就取代了上京宣政殿。太平元年宗真（興宗）册爲皇太子，此時中京必有太子宫殿——宣慶殿。殿内設"幄坐"，即座位之上有幄。設文、武官幕次於朝堂，并於殿庭爲其預設站位。太樂令陳宫懸，皆如皇帝受册儀。"守宫設皇太子次于朝堂北，西向"，"次"即"幕次"。"守宫"即衛尉少卿。《舊唐書》卷四四《職官志·衛尉寺》："卿一員，少卿二人。卿之職，掌邦國器械、文物之事，總武庫、武器、守宫三署之官屬……凡大祭祀、大朝會則供其羽儀、節鉞、金鼓、帷帟、茵席之屬。"③ 乘黄令將皇太子所乘的金輅置於朝堂門外，西向；皇太子儀仗、笳簫、鼓吹等陳於宣慶門外。"鼓吹"即鼓吹樂，古代的一種器樂合奏曲。亦即《樂府詩集》中的鼓吹曲。用鼓、鉦、簫、笳等樂器合奏。源於我國古代民族北狄。漢初邊軍用之，以壯聲威，後漸用於朝廷。"鐃歌者，漢

① 《高麗史》卷一六《仁宗世家》。
② 《高麗史》卷五三《五行志》。
③ 《舊唐書》卷四四《職官志》，第 1879 頁。

樂也。殿前謂之鼓吹，軍中謂之騎吹。"① 此則謂編入儀仗隊中演奏鼓吹曲的樂隊。太子鹵簿儀仗中有演奏鼓吹樂的軍樂隊，正與其身份相合——遼的皇位繼承人都爲天下兵馬大元帥。典儀設皇太子板位於殿前橫街以南，近東，北向；又設文武官五品以上位於樂懸之東、西兩側；其餘官員站位一如常儀規定。

至日，門下侍郎奉册，中書侍郎奉寶綬，各置于案。令史二人絳服，對舉案立。寶案在橫街北，西向；册案在北，[東向]。門下侍郎、中書侍郎並立案後。

門下侍郎，《遼史》卷四七《百官志》門下省有門下侍郎，品秩、職掌未詳。唐門下省有黃門侍郎二人，正四品上。"掌貳侍中之職，凡政之弛張，事之與奪，皆糸議焉。若大祭祀則從升壇以陪禮。皇帝盥手，則奉巾以進：既帨，則奠巾于篚。奉匏爵以贊獻。凡元正、冬至，天子視朝則以天下祥瑞奏聞。"② 天寶元年黃門侍郎改門下侍郎。"中書侍郎"原來也是唐官名。唐初以三省之長中書令、侍中、尚書令爲宰相，後罷尚書令不置，而左右僕射亦爲宰相。自中葉以後，則以他官之同平章事者獨預機務，而中書令、侍中、僕射遂僅存虛名。唐宋侍中、僕射爲二三品，而中書、門下侍郎之同平章事者僅四品，却是真宰相。據《遼史》卷七六《張礪傳》，滅後晉，太宗德光曾以礪爲右僕射，兼門下侍郎、平章事。但這是在張礪受契丹權貴攻擊而失勢之後的虛職。至册典舉行日，門下侍郎奉册，中書侍郎奉寶綬，分別置於各自案上。令史二人自著絳紅色服裝，對面舉案而立。"寶案在橫街北，西向；册案在北"，"橫街"在殿前，即殿南，寶案設在橫街北側。《元史》卷六七《禮樂志·册立皇太子儀》："典寶官設香案於太子殿前階上，

① （宋）姜夔：《白石道人歌曲》卷一《聖宋鐃歌鼓吹曲十五首》詩序，《文淵閣四庫全書》影印本。

② （唐）李林甫等：《唐六典·門下省》，《文淵閣四庫全書》影印本。

設册案於西，寶案於東；又設受册案於殿內座榻之西，受寶案於東。"① 寶案與册案應東、西相對。寶案"西向"，則必在東；"册案在北"——也應是在橫街北，其後應缺"東向"二字。門下侍郎、中書侍郎應是分別立於兩案之後。

侍中板奏"中嚴"。皇太子遠遊冠，絳紗袍，秉珪出。太子舍人引入，就板位北，面殿立。東宮官三師以下皆從，立皇太子東南，西向。太子入門，樂作；至位，樂止。典儀贊"皇太子再拜"，在位者皆再拜。中書令立太子東北，西向，門下侍郎引册案，中書侍郎取册，進授中書令，退，復位。

　　侍中持板奏"中嚴"——已經戒嚴，時爲二鼓，未明前五刻。皇太子遠游冠係"秦採楚制。楚莊王通梁組纓，似通天冠而無山述，有展筩橫之於前"。② 這是皇太子及帝之兄弟、皇子的專用服飾。"皇太子及王者後、帝之兄弟、帝之子封郡王者服之。諸王加官者自服其官之冠服，惟太子及王者後常冠焉。太子則以翠羽爲綾，綴以白珠，其餘但青絲而已。"③ "秉珪"以示對上天的敬畏。《史記·周公世家》載："周公於是乃自以爲質，設三壇，周公北面立，戴璧秉圭。"（"集解"引孔安國曰："璧以禮神，圭以爲贄。"）④ 所謂"贄"者，見面禮也。"太子舍人"是東宮官，他引太子進入，就板位北，面殿而立。東宮官三師以下皆跟隨在後，立於皇太子東南，西向。太子入門時，樂作；至板位站立，樂止。典儀贊"皇太子再拜"，在位者皆兩拜。中書令立於太子東北，西向。門下侍郎引册案，中書侍郎取册，進前授予中書令，然後侍郎退，復歸原位。

① 《元史》卷六七《禮樂志》，第 1676 頁。
② （唐）杜佑：《通典》卷五七《禮一七》，第 1609 頁。
③ 《晉書》卷二五《輿服志》，第 766~767 頁。
④ 《史記》卷三三《周公世家》，第 1516 頁。

傳宣官稱"有制"，皇太子再拜。傳宣訖，再拜。中書令跪讀册訖，俛伏興。皇太子再拜，受册，退授左庶子。中書侍郎取寶，進授中書令。皇太子進受寶，退授左庶子。中書令以下退，復位。舁案者以案退。典儀贊"再拜"，皇太子拜，在位者皆再拜。太子舍人引皇太子退，樂作；出門，樂止。侍中奏"禮畢"。

　　傳宣官稱"有制"——皇帝命爲"制"。皇太子聽後兩拜。傳宣完畢，又兩拜。中書令跪讀册，讀畢俯伏起。遼之中書令屬授予勛望卓著者的加官。中書令讀册後，皇太子兩拜，接過册，退授左庶子。中書侍郎取寶，進前授予中書令。皇太子進前受寶，退授左庶子。"太子左庶子"，東宮官。遼沿唐制，左春坊置左庶子。唐制太子左春坊置左庶子二人，正四品上。[①] 據《禮記》，古者周天子有"庶子"之官，負責諸侯、卿、大夫之庶子事務，"掌其戒令、與其教理，別其等、正其位"，至秦漢因之置中庶子員，主管宮中并諸吏之適子及支庶版籍。隋門下坊置左庶子二人領之，典書坊置右庶子二人領之。唐朝因之，龍朔二年（662）改門下坊爲左春坊，左庶子爲太子左中護。咸亨元年（670）復故。左庶子在東宮，職擬侍中，職掌侍從、贊相禮儀、駁正啓奏、監省封題等事。太子受册後，中書令以下退，復原位。抬案者抬空案退下。典儀贊"再拜"，皇太子拜，在位者皆兩拜。太子舍人引皇太子退，同時樂作；太子出門，樂止。侍中奏"禮畢"，册禮至此結束。《新唐書》卷一九《禮樂志》所載唐册皇太子儀與此大致相同，亦是"中書令跪讀册，皇太子再拜受册，左庶子受之；侍郎以璽綬授中書令，皇太子進受，以授左庶子"。[②] 此儀與宋朝册皇太子儀不同之處，即宋是以右庶子代唐及遼之左庶子。

　　《遼史》卷五四《樂志》載："册皇太子儀：太子初入門，《貞

①　（唐）李林甫等：《唐六典·左右春坊内官》，《文淵閣四庫全書》影印本。
②　《新唐書》卷一九《禮樂志》，第430頁。

安》之樂作。"《貞安》之樂是十二安樂中的一個樂章。卷五四《樂志》又載册禮樂工次第:"四隅各置建鼓一虡,樂工各一人。宮懸每面九虡,每虡樂工一人。樂虡近北置柷、敔各一,樂工各一人。樂虡内坐部樂工,左右各一百二人。樂虡西南武舞六十四人,執小旗二人。樂虡東南文舞六十四人,執小旗二人。協律郎二人,太樂令一人。""建鼓",旁懸木柱之上的鼓。《漢書·何并傳》:"林卿既去,北渡涇橋,令騎奴還至寺門,拔刀剥其建鼓。"顏師古注:"建鼓,一名植鼓。建,立也,謂植木而旁懸鼓也。"[1] 擊鼓以掌握音樂節奏。"坐部樂",又稱"坐部伎"。"明皇分爲二部:堂上立奏,謂之立部伎,其曲最多;堂上坐奏,謂之坐部伎,則僅六曲耳,而此曲居其四焉。"[2]

皇太子升金輅,左庶子以下夾侍,儀仗、鼓吹等並列宣慶門外,三師、三少、諸宮臣於金輅前後導從,鳴鐃而行,還東宮。宮庭先設仗衛如式,至宮門,鐃止。皇太子降金輅,舍人引入就位坐,文、武宮臣序班稱賀。禮畢。

皇太子退出後,升金輅,左庶子以下東宮官左右護侍;儀仗、鼓吹等并列於宣慶門外,東宮的"三師""三少"以及諸宮臣於金輅前後或引導,或隨從,一路鳴鐃而行,回歸東宮。東宮庭内預先按規定設仗衛,太子至宮門,鐃聲停止。皇太子從金輅中走下,舍人引太子入就位坐,東宮文、武臣僚依序排班稱賀。禮畢。

册王妃公主儀

至日,押册使、副并讀册等官押册東便門入,持節前導至殿。册案

---

① 《漢書》卷七七《何并傳》,第3266頁,注第3267頁。

② (明)彭大翼:《山堂肆考》卷一六一《萬崴樂》,《文淵閣四庫全書》影印本。

置橫街北少東。引使、副等面殿立而鞠躬。侍中臨軒稱“有制”，皆再拜，鞠躬。宣制訖，舞蹈，五拜，引冊於宣慶門出。

至冊禮舉行之日，押冊使、副使以及讀冊等官一行押冊自東便門入宮，持節前導至殿。冊案置於橫街北，偏東。司儀引使、副等面殿而立并鞠躬。侍中臨軒稱“有制”，此時殿下之人皆兩拜，鞠躬。宣布制命完畢，在場者舞蹈、五拜。引冊自宣慶門出宮。

使副等押領儀仗、冊案，赴各私第廳前，向闕陳列。設傳宣受冊拜褥，冊案置褥左，去冪蓋。使、副案右序立。受冊者就位立，傳宣稱“有制”，再拜。宣制畢，舁冊人舉冊匣於褥前跪捧，引讀冊者與受冊者皆俛伏跪，讀訖，皆俛伏興。受冊者謝恩，國王五拜，王妃、公主四拜。

冊使與副使等押領儀仗、冊案，趨赴受冊者各自私第廳前，朝宮闕方向陳列。設傳宣受冊拜褥，冊案置於褥左，去下冊書冪蓋。冊使與副使在冊案右側依序而立。受冊者就在褥位肅立。傳宣稱“有制”，受冊者兩拜。宣布制命完畢，抬冊人舉冊匣於褥前跪地捧冊，引讀冊者與受冊者皆俯伏跪，讀畢，皆俯伏起身。受冊者謝恩，如果受冊者爲國王則五拜，若王妃、公主則四拜。

若冊禮同日，先上皇太后冊寶，次臨軒同制遣使冊皇后、諸王、妃、主，次冊皇太子。

如果幾個冊禮同日舉行，則先上皇太后冊寶，其次皇帝臨軒下達同一制命，遣使冊皇后、諸王、妃、公主，再次冊皇太子。

皇帝納后之儀

遼朝皇帝納后之儀，多參雜開封民間婚禮習俗，多與皇帝大婚禮儀不合。這一點，衹要對比同時期北宋皇帝婚禮，即可明瞭。以元祐六年（1091）哲宗婚禮爲例。《宋史》卷一一一《禮志·册立皇后儀》："將至宣德門，百官、宗室班迎，再拜訖，分班。皇后入門，鳴鐘鼓，班迎官退，乃降車入，次升輿入端禮門、文德殿、東上閤門，出文德殿后門，入至内東門内降輿，司輿前導，詣福寧殿門大次以俟。晡後，皇后車入宣德門，侍中版奏請中嚴，内侍轉奏，皇帝服通天冠、絳紗袍，御福寧殿，尚宮引皇后出次，詣殿庭之東，西向立。尚儀跪奏外辦，請皇帝降坐禮迎，尚宮前引，詣庭中之西，東面皇后以入，導升西階入室，各就榻前立。尚食跪奏具，皇帝揖皇后皆坐，尚食進饌，食三飯，尚食進酒，受爵飲，尚食以饌從；再飲如初，三飲用巹如再飲。尚儀跪奏禮畢，俱興，尚宮請皇帝御常服，尚寢請皇后釋禮服入幄。次日，以禮朝見太皇太后、皇太后，參皇太妃，如宮中之儀。"[1]

擇吉日。至日，后族畢集。詰旦，后出私舍，坐于堂。皇帝遣使及媒者，以牲、酒、饔餼至門。執事者以告，使及媒者入謁，再拜，平身立。少頃，拜，進酒于皇后，次及后之父母、宗族、兄弟。酒徧，再拜。納幣，致詞，再拜訖。

儀式要選擇吉日良辰。到那一天，后族全都聚集在一起。天將明，準皇后走出自己的閨房，坐於堂上。皇帝遣使者及説媒者，以牲、酒、饔餼至后家門。家中管事者告知主人，使及媒者入宅謁見皇后，兩拜後，平身立。少頃，又拜，并向皇后進酒，其後進酒遍及后之父母、宗族、兄弟。普遍進酒後，再向皇后兩拜，然後納幣，致詞，又兩拜完畢。"納幣"是男方向女方致送聘禮。以上基本上採漢禮。《後漢書·梁皇后紀》載："桓帝懿獻梁王后……依孝惠皇帝納后故事，聘黃金二萬斤，納采鴈、璧、乘馬、束帛，一如舊典。建和元年六月始入掖庭，八月立爲皇后。"李賢注："《漢

---

① 《宋史》卷一一一《禮志》，第 2659~2660 頁。

（書）舊儀》：‘娉皇后，黃金萬斤。’呂后爲惠帝娶魯元公主女，故特優其禮也。《儀禮》曰：‘納采用鴈。’鄭玄注曰：‘納其采擇之禮。用鴈，取順陰陽往來也。’《周禮》：‘王者穀、圭以聘女。’”①

《宋史》卷一一一《禮志·册立皇后儀》：“元祐五年八月，太皇太后詔：以皇帝納后，令翰林學士、御史中丞、兩省與太常禮官檢詳古今六禮沿革，參考《通禮》典故，具爲成式。羣臣又議勘昏，御史中丞鄭雍等請不用陰陽之説，吕大防亦言不可，太后納之。六年八月，三省、樞密院言：‘六禮，命使納采、問名、納吉、納成、告期，差執政官攝太尉充使，侍從官或判宗正官攝宗正卿充副使。以舊尚書省權爲皇后行第。納采、問名同日，次日納吉、納成、告期。納成用穀、圭爲贄，不用鴈。‘請期’依《開寶禮》改爲‘告期’，‘親迎’爲‘命使奉迎’。納采前，擇日告天地、宗廟。”②

后族皆坐，惕隱夫人四拜，請就車。后辭父母、伯叔父母、兄各四拜，宗族長者皆再拜。皇后升車，父母飲后酒，致戒詞，徧及使者、媒者、送者。發軔，伯叔父母、兄飲后酒如初。教坊遮道贊祝，后命賜以物。后族追拜，進酒，遂行。

在皇后家的堂上，后族皆坐，掌皇家宗族政教的官員“惕隱”，其夫人向皇后四拜，請皇后上車。后辭別父母、伯叔父母、兄，分別向他們四拜；向宗族長者皆兩拜。然後皇后升車，父、母飲過皇后敬他們的酒，對皇后致以告誡之詞，并向使者、媒者、送親者加以囑托。出發前伯叔父母、兄飲皇后酒，也如同父母飲皇后酒，即也有一番囑托。教坊遮道贊頌祝詞，后命以物賞賜。后族追着下拜，向皇后進酒，於是啓程。

---

① 《後漢書》卷一〇《皇后紀》，第443頁，注第444頁。
② 《宋史》卷一一一《禮志》，第2656頁。

將至宮門，宰相傳敕，賜皇后酒，徧及送者。既至，惕隱率皇族奉迎，再拜。皇后車至便殿東南七十步止，惕隱夫人請降車。負銀罌，捧縢，履黃道行。後一人張羔裘若襲之，前一婦人捧鏡却行。置鞍于道，后過其上。

　　將要到達宮門，宰相傳皇帝敕令，賜皇后酒，同時遍及送親者。既至宮門，惕隱率領皇族奉迎，向皇后兩拜。皇后車停在便殿東南七十步遠處，惕隱夫人請皇后下車。皇后背負銀罌（器皿。唐制，臘日宣賜口脂、面藥），“口脂面藥隨恩澤，翠管銀罌下九霄（注：‘口脂、面藥以禦寒凍。……翠管、銀罌，指所盛之器。’）。”① 捧縢（“縢”通“幐”），《後漢書·儒林列傳》：“大則連爲帷蓋，小乃制爲幐囊。”② 所謂“履黃道行”，因爲入宮與皇帝成婚，事前必選定大吉之日、大吉之時。長期以來就有“黃道吉日”之説，“黃道”即是良辰吉日所經之道。“後一人張羔裘若襲之，前一婦人捧鏡却行”，“置鞍于道，后過其上”，以上皆可從當時北宋開封民間婚俗溯源：“新婦下車子，有陰陽人執斗，内盛穀豆、錢、菓、草節等，呪祝望門而撒，小兒輩争拾之，謂之撒穀豆。俗云厭青羊等，殺神也。新人下車、簷，踏青布條或氈席，不得踏地。一人捧鏡倒行，引新人跨鞍驀草及秤上過。”③ 過“鞍”，取其諧音“安”——平安之義。《舊唐書》卷一八五《强循傳》，睿宗時，突厥默啜請尚公主，和逢堯充使報命。默啜對所送金鏤鞍檢乃銀胎金塗，不悦，欲罷和親。和逢堯謂曰：“漢法重女壻，令送鞍者，衹取平安長久之義，何必以金銀爲升降耶？”④

乃詣神主室三拜：南、北向各一拜，酹酒。向謁者一拜。［謁者］

---

① （清）仇兆鰲：《杜詩詳注》卷五《臘日》，《文淵閣四庫全書》影印本。
② 《後漢書》卷七九《儒林列傳》，第 2548 頁。
③ （宋）孟元老：《東京夢華録》卷五《娶婦》，《文淵閣四庫全書》影印本。
④ 《舊唐書》卷一八五《强循傳》，第 4817 頁。

起居訖，再拜。次詣舅姑御容拜，奠酒。選皇族諸婦宜子孫者，再拜之，授以罍、滕。又詣諸帝御容拜，奠酒。神賜襲衣、珠玉、佩飾，拜受服之。后姊若妹、陪拜者各賜物。皇族迎者、后族送者徧賜酒，皆相偶飲訖，后坐別殿，送后者退食于次。媒者傳旨，命送后者列于殿北。

新婦走過便殿東南一段路之後，即前往神主室三拜：南、北向各一拜，酹酒；向謁者一拜。"謁者"即守衛神主室的衛士。《漢書·惠帝紀》："謁者、執楯、執戟，武士、騶比外郎。"應劭曰："執楯、執戟，親近陛衛也。武士，力士也。高祖使武士縛韓信是也。騶，騶騎也。"顏師古曰："騶本廄之馭者，後又令爲騎，因謂騶騎耳。"① "起居訖，再拜"，這應是謁者向皇后行禮。然後皇后走向舅姑——公婆遺像下拜，奠酒。選皇族諸婦人當中育有子孫者，對皇后再拜，皇后以罍、滕授予該婦人。再向諸帝御容拜，奠酒。神——祖先賜給新婦襲衣、珠玉、佩飾，新婦拜受服之。皇后的姊或妹，作爲陪拜者也各獲賜物。皇族迎親者、后族送親者普遍賜以酒，皆相對飲罷。皇后坐於別殿時，送后者也都到休息處——如幕次就餐。媒者傳聖旨，命送后者於殿北排列。

竢皇帝即御坐，選皇族尊者一人當奧坐，主婚禮。命執事者往來致辭于后族，引后族之長率送后者升當御坐皆再拜，又一拜，少進，附奏送后之詞；退，復位，再拜。后族之長及送后者向當奧者三拜：南、北向各一拜，向謁者一拜。后族之長跪問"聖躬萬福"，再拜；復奏送后之詞，又再拜。當奧者與媒者行酒三周，命送后者再拜，皆坐，終宴。

當皇帝在御坐就坐，這時選皇族中尊者一人當奧坐，即在西南隅就坐，主持婚禮。"御衽於奧……"〔義疏〕案："室中以奧爲

---

① 《漢書》卷二《惠帝紀》，第86~87頁。

尊，故布同牢席，夫西婦東，西則當奧也。今卧席同布扵奧，則男陽當在東，婦陰當在西，從男女之正位也。"① 命執事者一再向后族致辭，引后族之族長率領送后者上前，全體在御坐之前兩拜。這時族長又一拜，少近前，附奏送后之詞；然後退，復歸原位，再拜。后族之長及送后者向當奧者三拜：南、北向各一拜，向謁者一拜。后族之族長跪問"聖躬萬福"，向皇帝兩拜；再奏送后之詞，然後又兩拜。當奧者與媒者行酒三周，命送后者向皇帝兩拜，皆坐，婚宴結束。

翼日，皇帝晨興，詣先帝御容拜，奠酒訖，復御殿，宴后族及羣臣。皇族、后族偶飲如初，百戲、角觝戲、馬較勝以爲樂。又翼日，皇帝御殿，賜后族及贐送后者，各有差。受賜者再拜，進酒，再拜。皇帝御別殿，有司進皇后服飾之籍。酒五行，送后者辭訖，皇族獻后族禮物；后族以禮物謝當奧者。禮畢。

次日，皇帝晨起，前去拜先帝御容，奠酒完畢後，再上殿，宴請后族及羣臣。皇族、后族對飲如初。百戲、角觝戲、馬較勝——賽馬，以此爲娛樂。第三日，皇帝上殿，賞賜后族以及贐——送行時向客人贈送的財物。《孟子·公孫丑下》："予將有遠行，行者必以贐。"② 送后者各獲多少不等。受賜者再拜，向皇帝進酒，再拜。皇帝御別殿，有司送上皇后服飾的典籍。酒過五行，送后者告辭完畢，皇族獻給后族禮物；后族也以禮物答謝當奧者。禮畢。

公主下嫁儀

選公主諸父一人爲婚主，凡當奧者、媒者致詞之儀，自納幣至禮成，

---

① 《儀禮義疏》卷三《士昏禮第二之一》，《文淵閣四庫全書》影印本。
② 《孟子·公孫丑下》，《文淵閣四庫全書》影印本。

大略如納后儀。擇吉日，詰旦，媒者趣尚主之家詣宮。竢皇帝、皇后御便殿，率其族入見。進酒訖，命皇族與尚主之族相偶飲。

選公主諸父（公主伯、叔父）一人爲婚主，即"當奧"。自納幣至禮成，一切禮儀及當奧者、媒者致詞，大略都與納后儀相同。選擇吉日，清晨，媒者催促尚主之家前往皇宮。皇帝、皇后一同御便殿。尚主之家率其族入見帝、后，進酒完畢，命皇族與尚主之族人對飲。

翼日，尚主之家以公主及婿率其族入見，致宴于皇帝、皇后。獻賵送者禮物訖，朝辭。賜公主青幰車，二螭頭、蓋部皆飾以銀，駕馳；送終車一，車樓純錦，銀螭，懸鐸，後垂大氈，駕牛。載羊一，謂之祭羊，擬送終之具，至覆尸儀物咸在。賜其婿朝服、四時襲衣、鞍馬，凡所須無不備。選皇族一人，送至其家。

親王女封公主者，婚儀做此，以親疏爲差降。

婚禮次日，尚主之家的家族人等，在公主及婿（駙馬）率領下入見，并設宴招待皇帝、皇后。帝、后"獻賵"——頒給送親者禮物，爲其送行，然後朝辭宮廷。"賜給公主青幰車，二螭頭、蓋部皆飾以銀，駕以駝"。據《遼史》卷五五《儀衛志》："青幰車，二螭頭、蓋部皆飾以銀，駕用駝，公主下嫁以賜之。古者王姬下嫁，車服不系其夫，下王后一等。此其遺意歟。"公主相當於上古的"王姬"，她們用以代表自己身份等級的車、服不受其夫身份限制，是按照低於王后一等實行。"青幰車"有"二螭頭"，即有兩個螭龍頭像，這代表公主的身份。此外還有送終車一乘，車樓用純錦，銀螭，懸鐸——車行進時作響，車後垂大氈，駕以牛，并載一隻羊——作爲祭祀用羊，擬之作爲公主離世送終之用具，甚至覆蓋尸體的儀物也都在車中。賜給公主婿朝服以及一年四季穿的衣服，還有鞍馬，凡其所須無不具備。選皇族一人，送至其家。

親王之女封公主者，婚儀仿此，但要按照與皇帝關係親疏差別，分別降低規格。

七 嘉儀下（《遼史》卷五十三）

皇太后生辰朝賀儀

　　此儀是爲興宗生母法天太后生辰朝賀所制。太平十一年
（1031）六月，聖宗病故，年僅十六歲的宗真宣告即位，是爲遼興
宗。其生母元妃耨斤立即發動政變，在進行了一系列的殘酷殺戮之
後，囚禁齊天皇太后，自稱“法天皇太后”，臨朝聽政，軍國大事
興宗皆不得過問。重熙元年（1032）春，她竟派人去上京將齊天太
后殺害。法天太后臨朝，專用自家兄弟分監南北蕃漢事，甚至連蕭
氏的家奴也備受重用。興宗成年後，既無權力又無自由，鬱鬱不
樂。他説：“我貴爲天子，乃與囚同答狀。”[1] 重熙三年（1034）五
月，興宗之弟重元密報：法天太后欲謀廢興宗而立自己爲帝。在這
樣嚴重危機的情況下，興宗採取果斷措施，率兵出其不意地將太后
拘押，送到慶州幽禁起來，法天太后的勢力被一網打盡了。後來她
雖又被興宗接回，但已再無權干政了。此太后生辰朝賀儀，如係法
天太后臨朝所制，則充分反映了她當時大權獨攬的地位；如係她離

---

　　① （宋）李燾：《續資治通鑑長編》卷一一五，仁宗景祐元年八月壬申，第
　　2697頁。

開幽禁、返回宮中所制，則不過是展示興宗母子關係的假象，給外人特別是給宋人看，以便藉太后生辰收取宋朝一份厚禮。宋朝也爲太后祝壽，但并無隆重儀式："光宗紹熙元年四月十九日，詔壽聖皇太后姪吳琚妻令人邢氏特封淑人、姪孫女吳氏特封孺人。七月八日，詔壽聖皇太后生辰，令左藏西上庫排辦銀三萬兩、金五百兩投進（注：每歲如之）。八月二十一日，壽聖皇太后生辰，皇帝詣慈福宮上壽（注：每歲如之）。"[1] 以遼朝的皇太后生辰朝賀儀與宋朝爲皇太后慶賀生辰的方式加以對比，可以發現遼朝臨朝稱制的皇太后與臣僚的互動完全是直接、公開的，皇帝也處於臣服地位。

至日，臣僚入朝，國使至幕，班齊，如常儀。皇太后昇殿坐，皇帝東面側坐。契丹舍人殿上通名，契丹、漢人臣僚、宋使副綴翰林學士班東西兩洞門入，合班稱賀。班首上殿祝壽，分班引出，皆如正旦之儀。教坊起居，七拜。契丹、漢人臣僚入，進酒，皆如正旦之儀，唯宣答稱"聖旨"。

至皇太后生辰日，臣僚入朝，外國賀使同時至幕次，排班整齊，一如百官集體朝見皇帝、問安的常朝之儀。如前述，起居儀有常朝起居與大朝起居之分。凡常起居兩拜，大起居則七拜。皇太后昇殿南向坐。"皇帝東面側坐"，即"東向坐"。東向，故御座在西面而不是在東面。下文有漢人臣僚面西謝宴，證明皇帝確實是坐在西側而面向東方。契丹舍人在殿上先通報自己名字。該官職屬北面官。《遼史》載宋使見皇太后、皇帝諸儀，皆有契丹舍人、漢人閣使齊贊拜之文，蓋因漢人臣僚及宋使不諳胡語，故當大臣進酒、皇帝飲酒時，"契丹通、漢人贊：'殿上臣僚皆拜。'"即漢人贊唱同時，契丹人還要將此節翻譯成契丹語。擔任翻譯者，即是契丹舍人。契丹臣僚與漢人臣僚分別自東、西兩洞門入殿，宋使、副隨翰

林學士班入。遼朝模仿唐朝制度設翰林學士，專知制誥。遼又稱學士爲"林牙"。這些人合班稱賀。"班首上殿祝壽，分班引出，皆如正旦之儀"。按同卷"正旦朝賀儀"，是親王上殿祝壽，他們上殿祇五拜。"教坊"是宮廷表演機構，其成員亦稱"教坊"，他們起居，七拜，與臣僚不同。契丹、漢人臣僚入，進酒，皆如正旦之儀，唯宣答稱"聖旨"。按"正旦朝賀儀"是宣徽使殿上宣答，稱"有敕"。

皇帝降御座，進奉皇太后生辰禮物過畢，皇帝殿上再拜，殿下臣僚皆再拜。皇帝昇御座。引臣僚分班出，引中書令、北大王西階上殿，奏契丹臣僚進奉，次漢人臣僚并諸道進奉。控鶴官置擔牀，起居，四拜畢；引進使鞠躬，通文武百僚某官某以下、高麗、夏國、諸道進奉。宣徽使殿上贊"進奉各付所司"，控鶴官聲喏。擔牀過畢，契丹、漢人臣僚以次謝，五拜。贊"各祇候"，引出。教坊、諸道進奉使謝如之。

皇帝從御座起身走下來，這時進奉皇太后生辰禮物在殿上展示過程完畢，皇帝上殿向太后兩拜，殿下臣僚皆兩拜。然後皇帝昇御座。舍人引臣僚分班退出。"引中書令、北大王西階上殿，奏契丹臣僚進奉"，其次奏"漢人臣僚并諸道進奉"。按：奏契丹臣僚進奉者應是北大王。中書令屬南面官，他上殿是奏報漢人臣僚及諸道進奉。唐以他官之同中書門下平章事者爲宰相之職。遼雖有中書令，但亦屬授予勛望卓著者的加官，屬南面。"北大王"又稱北院大王，契丹部族官。遼朝析迭剌部爲五院部和六院部，北院大王和南院大王即是五院部和六院部的首領，握有兵權。控鶴官設置擔牀，展示進奉禮物，并向太后起居，四拜完畢。引進使鞠躬，通報文武百僚某官某以下，還有高麗、夏國以及諸道進奉。按：引進使通報的文武百僚及以下，是指地位低於"臣僚"的文武百官。宣徽使在殿上贊"進奉各付所司"，控鶴官聲喏。擔牀展示已畢，契丹、漢人臣僚按次序致謝，五拜。舍人贊"各祗候"，引出。教坊、諸道進奉使致謝，亦如此。

契丹臣僚謝宣宴，引上殿就位立。漢人臣僚并宋使、副東洞門入，面西謝宣宴，如正旦儀。贊"各上殿祗候"，臣僚、使副上殿就位立，亦如之。監琖，教坊上殿，從人入東廊立，皆如之。御牀入，皇帝初進酒，臣僚就位陪拜。皇太后飲酒，殿上應坐、侍立臣僚皆拜，稱"萬歲"。贊"各祗候，立"。皇太后卒飲，手賜皇帝酒。皇帝跪，卒飲，退就褥位，再拜，臣僚皆陪拜。若皇帝親賜使相、臣僚、宋使副酒，皆立飲。

契丹臣僚感謝宣召赴宴，舍人引他們上殿就位立。漢人臣僚以及宋使、副自東洞門進入，面西感謝皇帝宣宴，一如正旦儀。舍人贊"各上殿祗候"，臣僚、使副皆上殿就位立，亦如契丹臣僚那樣。教坊上殿監琖，使、副的隨從人員進入東廊站立，皆如正旦儀。皇帝酒食案——御牀進入，皇帝初向太后進酒，臣僚就位陪拜。皇太后飲酒時，殿上應坐臣僚及侍立臣僚皆拜，稱"萬歲"。舍人贊"各祗候，立"——肅立恭候。皇太后飲罷，親手賜給皇帝酒。皇帝跪飲罷，退至褥位，然後兩拜，臣僚皆陪拜。若皇帝親自賜給使相、臣僚、宋使副酒，皆立飲。

皇帝昇坐，贊"應坐臣僚并使、副皆拜"，稱"萬歲"。贊"各就坐"。行方褥朵殿臣僚酒，如正旦儀。一進酒，兩廊從人拜，稱"萬歲"，各就坐。親王進酒，如正旦儀。若皇太后手賜親王酒，跪飲訖，退露臺上，五拜。贊"祗候"。殿上三進酒，行餅、茶訖，教坊跪致語。揖臣僚、使副、廊下從人皆立，口號絕，贊拜亦如之。行茶、行殽膳，皆如之。大饌入，行粥盌。殿上七進酒，使相、臣僚樂曲終，揖廊下從人起，拜，稱"萬歲"。"各好去"，承受官引兩門出。

皇帝昇坐，舍人贊"應坐臣僚并使、副皆拜"，稱"萬歲"。

拜過之後，贊"各就坐"。爲在殿上就方裀朵坐的臣僚上酒，一如正旦儀。一進酒，兩廊從人向太后拜，稱"萬歲"，然後各就坐。親王進酒，也如正旦儀。如果皇太后親手賜親王酒，親王應跪飲，飲畢，退至露臺上，向太后五拜。舍人贊"祗候"。殿上第三次進酒，上餅、上茶畢，教坊跪地致語。舍人作揖示意臣僚、使副、廊下從人皆起立，口號絶——致詞末尾頌詩完畢，舍人贊拜，亦如正旦儀。行茶、行殽膳，皆如之。"大饌"開始，上粥盌。殿上七進酒，爲使相、臣僚演奏的樂曲終了，舍人作揖示意廊下從人起立，下拜，稱"萬歲"。然後稱"各好去"，由承受官引導他們從兩洞門退出。

曲破，揖臣僚、使副起，鞠躬。贊"拜"，皆拜，稱"萬歲"。贊"各祗候"，引臣僚、使副下殿。契丹臣僚謝宴畢，出。漢人臣僚、使副舞蹈，五拜畢，贊"各好去"。出洞門畢，報閤門無事，皇太后、皇帝起。

應聖節，宋遣使來賀生辰、正旦，始制此儀，故詳見《賓儀》。凡五拜：拜，興；再拜，興；跪，揖笏，三舞蹈、三叩頭。出笏，就拜，興；拜，興；再拜，興。其就拜，亦曰"俛伏興"。《賓儀》，臣僚皆曰坐，於此儀曰"高裀"，與"方裀"別。

當演奏曲破時，舍人作揖示意臣僚、使副起立，鞠躬。舍人贊"拜"，衆人皆拜，稱"萬歲"。贊"各祗候"，引導臣僚、使副下殿。契丹臣僚謝宴畢，退出。漢人臣僚、使副舞蹈，五拜完畢，舍人贊"各好去"。自洞門退出完畢，報"閤門無事"，皇太后、皇帝起身。

遼以法天皇太后之生辰爲應聖節。應聖節，宋遣使來賀太后生辰、正旦，遼朝始制此儀，故以之詳見《賓儀》中的"宋使見皇太后儀"與"賀生辰正旦宋使朝辭太后儀"。凡五拜：拜，起；再拜，起；跪，揖笏——將笏板插於腰帶間三舞蹈、三叩頭。然後出笏，就拜，起；拜，起；再拜，起。每就拜，亦曰"俛伏興"。因此，所謂"五拜"是五次下拜，叩頭則不止五個。《賓儀》中臣僚在殿上可以就坐者，皆稱爲"坐官"，於此儀則區分"高裀"與"方裀"不同等級。

皇帝生辰朝賀儀

《遼史·皇帝生辰朝賀儀》爲歷代正史所僅見，因爲皇帝接受"生辰朝賀"有違孝道。明洪武十三年（1380），"韓國公李善長等表請今年天壽聖節受百官朝賀，詔'不許'。明日又請，上手詔答之曰：'父母劬勞之恩，昊天罔極，生辰之日有痛心而已，朕於是日所以清晨奉祀、靜居終日者，念劬勞莫報爾。比者卿等數以天下太平，朕復年高，固請稱賀，今不違羣情，尚從中制，惟禮當而已。'"[①]

皇帝接受生辰朝賀，怎樣纔算"禮當"，遼興宗是有所考慮的，因此，他在其母法天太后臨朝稱制時接受羣臣生辰朝賀，實際上是他率臣僚向其母稱賀。故此儀與"皇太后生辰朝賀儀"幾乎完全相同。

臣僚、國使班齊，皇帝昇殿坐。臣僚、使副入，合班稱賀、合班出，皆如皇太后生辰儀。中書令、北大王奏諸道進奉表目，教坊起居七拜，臣僚東西門入、合班再拜，贊"進酒"、班首上殿進酒，宣徽使宣答、羣臣謝宣諭，分班，奏樂，皇帝卒飲，合班、班首下殿、分班出，皆如正旦之儀。進奉皆如皇太后生辰儀。

臣僚、外國使節排班整齊，皇帝昇殿就坐。臣僚、國使副進入，合班稱賀，然後合班退出，這一切皆與如皇太后生辰儀一樣。

---

① （明）湛若水：《格物通》卷三五《事親長下》，《文淵閣四庫全書》影印本。

從"中書令、北大王奏諸道進奉表目"至"班首下殿、分班出",
其間諸禮節全都如同正旦之儀。"諸道進奉表目"——進奉物清單,
應是中書令奏報,而北大王奏報契丹臣僚和諸部進奉表目則失載。
進奉皆如皇太后生辰儀。

**皇帝詣皇太后殿,近上皇族、外戚、大臣並從,奉迎太后即皇帝殿
坐。皇太后御小輦,皇帝輦側步從,臣僚分行序引,宣徽使、諸
司、閤門攢隊前引。教坊動樂,控鶴起居,四拜。引駕臣僚並於山
樓南方立候。皇太后入閤,揖使、副并臣僚入幕次。**

　　皇帝接受羣臣朝賀後,即前往皇太后殿,奉迎太后到皇帝殿就
坐。近上皇族、外戚、大臣一併隨同皇帝前往,"近上皇族"是指
皇族三父房。契丹以玄祖之後爲皇族,分爲三房。玄祖伯子麻魯無
後,次子岩木之後曰孟父房。叔子釋魯曰仲父房。季子爲德祖,德
祖之元子是爲太祖天皇帝阿保機,謂之橫帳;其兄弟曰剌葛,曰迭
剌,曰寅底石,曰安端,曰蘇,皆曰季父房。"皇太后御小輦",據
《遼史》卷五五《儀衛志》,"小輦,《永壽節儀》,皇太后乘小
輦"。遼以興宗生辰爲"永壽節"。皇帝在輦側步行隨從,臣僚分
行依序引導。宣徽使、諸司、閤門各爲一隊前引至皇帝殿,這時教
坊奏樂,控鶴官行起居禮,四拜。"引駕臣僚並於山樓南方立候"。
"山樓"當是在皇城上所建供觀景的樓閣。皇太后入閤後,舍人作
揖示意使、副及臣僚進入幕次。

**皇太后昇殿坐,皇帝東方側坐。引契丹、漢人臣僚、使副兩洞門
入,合班,起居,舞蹈,五拜。贊"各祇候",面殿立。皇帝降御
坐,殿上立,進皇太后生辰物過畢,皇帝殿上再拜,殿上下臣僚皆
拜。皇帝昇御座,引臣僚分班出。契丹臣僚入,謝宣宴。漢人臣僚、
使副入,通名謝宣宴,上殿就位。不應坐臣僚出,從人入,皆如儀。**

　　皇太后昇殿落坐,皇帝面向東方側坐。引契丹、漢人臣僚、使
副從兩洞門進入,合班,行起居禮,舞蹈,五拜。舍人贊"各祇

候”，衆人面殿而立。皇帝“降御坐”，上殿肅立，進獻皇太后生辰物展示一過完畢，皇帝在殿上兩拜，殿上、殿下臣僚皆拜。拜過後，皇帝“昇御座”，此時臣僚分班退出。契丹臣僚進入，謝宣召他們赴宴。漢人臣僚、使副進入，通報姓名謝宣宴，上殿就位。不應坐臣僚退出，使、副的從人進入，皆如儀式規定。

御牀入，皇帝初進皇太后酒，皇太后賜皇帝酒，皆如皇太后生辰儀。贊“各就坐”，行酒。宣飲盡，就位謝如儀。殿上一進酒畢，從人入，就位如儀。親王進酒，行餅、茶，教坊致語如儀。行茶、行肴饍如儀。七進酒，使相樂曲終，從人起。曲破，臣僚、使副起。餘皆如正旦之儀。

供皇帝享用酒食的御牀進入，皇帝首先向皇太后進酒，皇太后賜酒給皇帝，皆如皇太后生辰儀。舍人贊“各就坐”，行酒。宣告“飲盡”，各自按儀式規定就位謝。殿上一進酒完畢，從人進入，就位如儀。親王進酒。行餅、茶，教坊致語如儀。行茶、行肴饍如儀。七進酒，使相樂曲終了，從人起立。曲破，臣僚、使副起立。其餘皆如正旦之儀。

皇后生辰儀

臣僚昧爽朝。皇帝、皇后大帳前拜日，契丹、漢人臣僚陪拜。

晨起，皇帝、皇后在大帳前拜日，説明皇后生辰儀是在捺鉢舉行的。皇后生辰儀開始前拜日，表示爲皇后慶生日，與契丹故俗直接相聯繫。在遼，皇后胡服，其生日也應從蕃禮。

皇帝昇殿坐，皇后再拜，臣僚殿下合班陪拜。皇帝賜皇后生辰禮物，皇后殿上謝，再拜，臣僚皆拜。契丹舍人通名，契丹、漢人臣僚以次入賀。璆入，舍人贊舞蹈，五拜，起居不表“聖躬萬福”。

贊"再拜"。班首上殿拜，跪自通全銜祝壽訖，引下殿，復位，鞠躬。贊舞蹈，五拜。贊"各祗候"。

皇帝上殿就坐，皇后兩拜，臣僚在殿下合班陪拜。皇帝賜給皇后生辰禮物，皇后上殿答謝，兩拜，臣僚在殿下皆拜。契丹舍人通報入賀臣僚姓名，契丹、漢人臣僚依次入賀。杯瓈進入，舍人贊舞蹈，五拜，起居時不表"聖躬萬福"。舍人贊"再拜"。班首上殿拜，跪着自己通報全部官銜祝壽，然後由承受官引其下殿，復歸原位，鞠躬。舍人贊舞蹈，五拜。贊"各祗候"。

引宰臣一員上殿，奏百僚諸道進〔奉〕表目。教坊起居，七拜，不賀。控鶴官起居，四拜。諸道押衙附奏起居，賜宴，共八拜。契丹、漢人合班，進壽酒，舞蹈，五拜。引大臣一員上殿，欄外褥位搢笏，執臺瓈進酒，皇帝、皇后受瓈。退，復褥位。授臺出笏，欄內拜，跪自通全銜祝壽"臣等謹進千萬歲壽酒"訖，引下殿，復位，舞蹈，五拜，鞠躬。宣徽使奏宣答如儀，引上殿，搢笏執臺。皇帝、皇后飲，殿下臣僚分班，教坊奏樂，皆拜，稱"萬歲"。卒飲，皇帝、皇后授瓈。引下殿，舞蹈，五拜。贊"各祗候"，引出。臣僚進奉如儀，宣宴如儀。

承受官引宰臣一員上殿，奏百僚及諸道進奉皇后生日禮物的表目——清單。原文脫"奉"字。教坊起居，行七拜大禮，但不致祝賀語。控鶴官起居，四拜。"諸道押衙附奏起居，賜宴，共八拜。""押衙"是州、縣、軍鎮的下級軍官。陸九淵引《唐六典》解釋道："又曰凡諸軍鎮，五百人置押官一人，今曰押衙者豈幾？是與施其地者曰周丞。鄶丞，鄶之官，曰押衙兼都監，似亦鎮官。然則此鎮有兩押衙，又有都監。"[1] 契丹、漢人合班，向皇帝、皇后進壽酒，舞蹈，五拜。承受官引大臣一員上殿，在欄外褥位搢笏——將

[1] （宋）陸九淵：《象山集》卷二〇《跋資國寺雄石鎮帖》，《文淵閣四庫全書》影印本。

笏板插於腰帶，執臺琖進酒，皇帝、皇后接過杯琖，進酒者退，復歸褥位。將臺案授予承受官，然後出笏——手執笏板，再到欄内拜，跪着自通全銜，向皇帝、皇后祝壽稱"臣等謹進千萬歲壽酒"。祝壽完畢，承受官引其下殿，復位，舞蹈，五拜，鞠躬。宣徽使按照禮儀標準奏請宣答，承受官引進酒臣僚上殿，揖笏執臺。皇帝、皇后飲，殿下臣僚分班，伴隨教坊奏樂，皆拜，稱"萬歲"。飲罷，皇帝、皇后將杯琖授承受官。承受官引進酒者下殿，舞蹈，五拜。舍人贊"各祗候"，承受官引出。臣僚進奉如儀，宣布賜宴如儀。

教坊監琖、臣僚上殿祗候如儀。皇后進皇帝酒，殿上贊拜，侍臣僚皆拜。皇帝受琖，皆拜。皇后坐，契丹舍人、漢人閤使殿上贊拜，皆拜，稱"萬歲"。贊"各就坐"。大臣進皇帝、皇后酒，行酒如儀。酒三行，行殽，行饍。又進皇帝、皇后酒。酒再行，大饌入，行粥。教坊致語，臣僚皆起立。口號絶，贊拜，稱"萬歲"，引下殿謝宴，引出，皆如常儀。

宴會開始，教坊監琖、臣僚上殿恭候如儀。皇后向皇帝進酒，殿上贊拜，侍奉皇帝、皇后的衆臣僚皆拜。皇帝接受杯琖時，衆人皆拜。皇后落坐，契丹舍人、漢人閤使在殿上贊唱"拜"，臣僚皆拜，稱"萬歲"。贊"各就坐"。大臣向皇帝、皇后進酒，按皇帝賜宴標準行酒。酒過三行，行菜殽，行饍食。又向皇帝、皇后進酒。酒再行，大饌進入：行粥。教坊致語，臣僚皆起立。口號絶——致詞結尾頌詩完畢，舍人贊"拜"，稱"萬歲"，承受官引臣僚下殿謝宴，然後引出，皆如常儀。

進士接見儀

"進士科始於隋大業中，盛於貞觀、永徽之際。縉紳雖位極人臣，不由進士者，終不爲美。以至歲貢恒不減八九百，其推重謂之白衣公卿，又曰一品白衫。其艱難謂之三十老明經，五十少進士。"① 遼沿襲唐制，亦重進士科，以詩賦優劣定等第。遼朝北面官——契丹官吏的任用，是通過"世選"，科舉是南面官進用途徑，因此比較起來，科舉并不占重要地位。《金史》卷五一《選舉志》："遼起唐季，頗用唐進士法取人，然仕於其國者，考其致身之所自，進士纔十之二三耳。"② 遼以進士法取人，始於占有幽薊地區之後。據《遼史》卷七九《室昉傳》：室昉於"會同初，登進士第"。當時科舉取士的規模很小。《遼史》卷一二《聖宗本紀》於統和六年（988）末記載："是歲，詔開貢舉，放高舉一人及第。"自此以後，貢舉漸成定制。遼朝科舉，有鄉、府、省三等之設。《契丹國志》卷二三《試士科制》載："太祖龍興朔漠之區，倥傯干戈，未有科目。數世後，承平日久，始有開闢。制限以三歲，有鄉、府、省三試之設。鄉中曰'鄉薦'，府中曰'府解'，省中曰'及第'。時有秀才未願起者，州縣必根刷遣之。程文分兩科，曰詩賦，曰經義，魁各分焉。三歲一試進士，貢院以二寸紙書及第者姓名給之，號'喜帖'。明日，舉按而出，樂作，及門，擊鼓十二面，以法雷震。殿試，臨期取旨，又將第一人特贈一官，授奉直大夫、翰林應奉文字。第二人、第三人止授從事郎，餘并授從事（修職）郎。聖宗時，止以詞賦、法律取士，詞賦爲正科，法律爲雜科。若夫任子之令，不論文武並奏廕，亦有員數。"③

遼朝可能有"三歲一試進士"的規定，但實際上并未按這一規

① （宋）李昉等：《太平廣記》卷一七八《總敘進士科》，中華書局，1961，第1321頁。
② 《金史》卷五一《選舉志》，第1129頁。
③ （宋）葉隆禮：《契丹國志》卷二三《試士科制》，賈敬顏、林榮貴點校，中華書局，2014，第253~254頁。

定執行。遼朝的科舉制度是在不斷變化和發展的。開始時，雖然幾乎每年都有進士及第，至統和二十二年（1004）以前，每次均未超過十人。二十二年以後，由於澶淵之盟的締結，對宋實現了和解，與宋交流增多，朝廷對漢官人才的需求增加，所以進士的數量也有顯著增加，由幾人增至十幾人、幾十人。開泰三年（1014）至太平四年（1024），隔年一試進士，每次及第人數都在三十一人至四十八人之間。興宗、道宗時期，雖然往往三四年纔一試進士，但每次及第人數却顯著增加，道宗時期則經常超過百人，咸雍六年（1070）一試及第即達一百三十八人。遼朝科舉最初主要是在燕京考試，直至重熙五年（1036），興宗還在燕京元和殿試進士，此後則多在永安山的夏捺鉢等地舉行。據《遼史》卷一九《興宗本紀》，重熙十一年（1042）六月"御含涼殿，放進士王寔等六十四人"，此含涼殿即永安山的涼陘。重熙十五年（1046）六月，"御清涼殿，放進士王棠等六十八人"，這個清涼殿在懷州（屬遼上京道）西山。後來，道宗及天祚皇帝也在夏捺鉢試進士。燕雲地區讀書人前往捺鉢應試，旅途艱辛，所以每隔三四年纔舉行一次。此"進士接見儀"即是在捺鉢殿帳舉行的。

其日，舉人從時相至御帳側，通名牓子與時相牓子同奏訖，時相朝見如常儀畢，揖進士第一名以下丹墀內面殿鞠躬，通名，四拜。贊"各祗候"，皆退。若有進文字者，不退，奉卷平立。閤門奏受，跪左膝授訖，直起退。禮畢。

接見日，舉人跟隨當朝宰相至御帳近旁，將通報姓名的牓子與時相牓子一同上奏，然後，時相朝見，一如常朝之儀。唐人所謂"牓子"，即宋人所謂"劄子"，是一種比較簡單的、非表非狀的用於奏事的文書。時相朝見畢，舍人作揖示意"進士第一名以下丹墀內面殿鞠躬，通名，四拜"。贊"各祗候"，全體退下。如果其中有進奏文字材料者，不退，奉卷平身而立。閤門奏受進

奏文字，進奏者跪左膝，將文字材料遞交閣門，事畢後直立起身
退下。禮畢。

進士賜等甲敕儀

　　"等甲"即進士考試録取時按成績排列的等第。這是借用軍士
按身材配備衣甲的概念。"士有肥瘠，甲身不可無廣狹；材有高下，
甲裙不可無長短。故第一等甲，所以給肥胖之士也。肥胖之士亦有
長短，故甲裙又分爲三制：使肥而長、肥而短者，皆可披帶。第三
等甲所以給中常之士也，二者亦有長短，故甲裙又爲三制，使長者
短者皆可披帶。"① 金會試"凡六人取一，榜首曰勑頭，亦曰狀元。
分三甲，曰上甲、中甲、下甲"。② 每甲再分名次。

臣僚起居畢，讀卷官奏訖，於左方依等甲唱姓名序立。閣門交收敕
牒，閣使奏，引至丹墀，依等甲序立。閣使稱"有敕"，再拜，鞠
躬。舍人宣敕："各依等甲賜卿敕牒一道，想宜知悉。"揖拜，各跪
左膝，受敕訖，鞠躬，皆再拜。各祗候，分引左右相向侍立。候奏
事畢，引兩階上殿，就位，齊聲"喏"，賜坐。酒三行，起，聲
"喏"如初。退，揖，出，禮畢。牌印郎君行酒，閣使勸飲。

　　臣僚起居完畢，讀卷官奏報之後，中進士者依照唱姓名所示等
甲順序立於左側。閣門交收敕牒，然後閣使上奏，引諸位至丹墀，
依等甲順序站立。閣使稱"有敕"，進士們兩拜，鞠躬。舍人宣敕：
"各依等甲賜卿敕牒一道，想宜知悉。"作揖示意"拜"，進士們各跪
左膝，接受敕牒，然後鞠躬，皆兩拜。各自恭候，舍人分別引導他

① （明）唐順之：《武編》前集卷五，《文淵閣四庫全書》影印本。
② （宋）宇文懋昭撰，崔文印校證《大金國志校證》卷三五《天會皇統科舉》，
　　中華書局，1986，第 508~509 頁。

們左右相向侍立。待奏事完畢，引他們自兩階上殿，就位，齊聲
"喏"。皇帝賜進士坐。酒至三行，起立，聲"喏"如初。退，舍人
作揖示意他們"出"，禮畢。從殿上退出後，牌印郎君行酒，閣使勸
進士暢飲。"牌印郎君"是契丹官名，屬北面著帳官。遼在著帳郎君
院下設牌印局，有牌印郎君，掌符牌、印信的收藏，是皇帝的親信。

進士賜章服儀

　　"章服"即用以標識身份的服飾。官員章服之制代有不同，據
《遼史》卷五五《儀衛志·輿服》："遼國自太宗入晉之後，皇帝與
南班漢官用漢服，太后與北班契丹臣僚用國服。其漢服即五代晉之
遺制也。""唐制其服則三品紫，四品、五品朱，六品、七品綠，八
品、九品青。其魚袋則高宗時五品以上用銀，三品以上用金。"[①]
遼漢服，五品以上服紫，佩金魚袋；六品、七品服緋，佩銀魚袋；
八品、九品服綠，佩石魚袋。
皇帝御殿，臣僚公服引進士入，東方面西，再拜。揖：就丹墀位，
面殿鞠躬。閣使稱"有敕"，再拜，鞠躬。舍人宣敕："各依等甲
賜卿敕牒一道，兼賜章服，想宜知悉。"揖：再拜。跪受敕訖，再
拜。退，引至章服所，更衣訖。揖：復丹墀位，鞠躬。贊"謝恩"，
舞蹈，五拜。各祗候，殿東亭內序立。聲"喏"，坐。賜宴，簪花。
宣閣使一員、閣門三人或二人勸飲終日。禮畢。

　　皇帝升殿，臣僚著公服引導進士入，於東方面西而立，兩拜。
舍人作揖示意他們"就丹墀位"，面殿鞠躬。閣使稱"有敕"，進
士兩拜，鞠躬。舍人宣敕："各依等甲賜卿敕牒一道，兼賜章服，

① （宋）黃履翁：《古今源流至論》別集卷七，《文淵閣四庫全書》影印本。

想宜知悉。"舍人作揖示意他們"再拜",跪受敕畢,兩拜。退,承受官引進士們至章服所,更衣完畢。舍人作揖示意他們"復丹墀位",鞠躬。舍人贊"謝恩",舞蹈,五拜。各祗候。然後至殿東亭内序立。聲"喏",坐。賜宴,簪花。逢喜慶,百官插花於冠,謂之"簪花"。然後由閤使一員、閤門三人或二人爲進士勸飲終日。禮畢。據《遼史》卷四七《百官志》,遼有東上閤門司和西上閤門司,分別設閤門使和閤門副使,其下屬員不見載。唐制,隸屬中書省如抽赴閤門,并稱"閤門祗侯",後授通事舍人。

宰相中謝儀

臣僚受職或受賞後入朝謝恩,謂之"中謝"。《資治通鑑》卷二四七唐武宗會昌四年(844)秋七月甲辰,以杜悰同平章事,兼度支鹽鐵轉運使,"及悰中謝,上勞之曰:'卿不從監軍之言,朕知卿有致君之心。今相卿,如得一魏徵矣。'"胡注:"既受命入謝,謂之中謝。"[1] 遼沿襲唐制,官員加同平章事,即爲宰相。此儀即加此銜者入謝的儀式。

皇帝常服昇殿坐,諸班起居如常儀。應坐臣僚上殿,其餘臣僚殿下東西侍立,皆如宋使初見之儀。引中謝官左入,至丹墀面西立。舍人當殿鞠躬,通新受具官姓名,祗候中謝。

皇帝身著常服昇殿坐。《遼史》卷五六《儀衛志·漢服》:"唐以冕冠、青衣爲祭服,通天、絳袍爲朝服,平巾幘、袍襴爲常服。"臣僚分別排班起居,一如常儀。應坐臣僚上殿,其餘臣僚在殿下東、西侍立,一切皆如宋使初見皇帝之儀。宮殿坐北朝南,故臣僚

---

[1] 《資治通鑑》卷二四七,唐武宗會昌四年秋七月甲辰,第8002頁。

在殿下東、西侍立。此一情況說明此儀行之中京，即聖宗建中京以後。因爲早年創建的遼上京"屋門皆東向，如車帳之法"。但儀式中又言左右，而不言東西南北，説明此儀也可以在捺鉢殿帳舉行。參與中謝的官員被從左側引入，至丹墀面西而立。舍人在殿前鞠躬，通報新受銜官員姓名，讓他們恭候中謝。

宣徽殿上索通班舍人就贊禮位，贊"某官至"。宣徽贊"通班舍人二人對立"，揖：中謝官鞠躬。贊"就拜位"，舍人二人引面殿鞠躬。贊"拜"，中謝官舞蹈，五拜，不出班，奏"聖躬萬福"。贊"再拜"。揖：出班跪，敍官，致詞訖，俛伏興，復位。贊拜，舞蹈，五拜。又出班，中謝致詞如初儀，共十有七拜。贊"祇候"，引右階上殿，就位。

宣徽在殿上要求通班舍人就贊禮位，舍人贊"某官至"。宣徽贊"通班舍人二人對立"，舍人作揖示意"中謝官鞠躬"。贊"就拜位"，舍人二人引中謝官面殿鞠躬。贊"拜"，中謝官舞蹈，五拜，不出班，奏"聖躬萬福"。舍人贊"再拜"。作揖示意"出班跪"——脱離班列下跪，"敍官"——敍述爲官經歷，亦稱"敍官閥"。"朝廷百司諸廳皆有壁記，敍官秩創置及遷授始末。原其作意，蓋欲著前政履歷而發將來健羨焉。"① 然"敍官"多有不實。最常見者即爲年齡造假。宋人洪邁云："士大夫敍官閥，有所謂'實年''官年'兩説，前此未嘗見於官文書。大抵布衣應舉，必減歲數，蓋少壯者欲藉此爲求昏地。不幸潦倒場屋，勉從特恩，則年未六十，始許入仕，不得不豫爲之圖。至公卿任子，欲其早列仕籍，或正在童孺，故率增擡庚甲有至數歲者。"② "敍官"者致詞畢，俯伏起身，復位。舍人贊"拜"，舞蹈，五拜。再次出班，也

---

① （唐）封演：《封氏聞見記》卷五《壁記》，《文淵閣四庫全書》影印本。
② （宋）洪邁：《容齋四筆》卷三《實年官年》，《四部叢刊》影印宋刊本配明弘治活字本。

如同"敘官"致詞一樣，中謝致詞如儀。中謝官總共十有七拜。舍人贊"祇候"，引中謝官右階上殿，就位。

揖：應坐臣僚聲"喏"，坐。供奉官行酒。傳宣"飲盡"，臣僚搢笏，執琖起，位後立飲。置琖，出笏。贊拜，臣僚皆再拜。贊"各坐"，搢笏，執琖，授供奉官琖。酒三行，揖：應坐臣僚聲"喏"，立。引中謝官右階下殿，至丹墀，面殿鞠躬。贊拜，舞蹈，五拜，引右出。臣僚皆出，丞相、樞密使同。餘官不升殿、賜酒。不帶節度使不通班，止通名，七拜。衆謝，班首一人出班中謝。

舍人向應坐臣僚作揖，示意他們坐下，臣僚聲"喏"，隨即落座。遼在朝儀中以唱喏作爲應答，當是摹仿宋人。"每大起居，宰執侍班於垂拱隔門外東廊廬中，三帥庭下聲喏，捲簾及半起身答之，祖宗之制也。"[1] 供奉官行酒。遼、宋置供奉官是承唐之舊制。宮中作爲皇帝的侍從有西頭供奉官和東頭供奉官。當舍人傳宣"飲盡"時，臣僚皆搢笏，執琖起身，在位後站立，將杯中酒飲下。據《文獻通考·王禮考·元正冬至大朝會儀注》，宋舉行此儀，亦是"羣官立於席後""百僚立於席後"。[2] 飲罷，將酒杯放下，重新將笏捧在手中。舍人贊"拜"，臣僚皆兩拜。贊"各坐"，再搢笏，執琖，將杯授予供奉官。酒三行，舍人作揖，示意應坐臣僚聲"喏"，起立。引中謝官右階下殿至丹墀，面殿鞠躬。贊"拜"，舞蹈，五拜，然後引他們自右側退出。臣僚皆已退出，丞相、樞密使也一同退出。其餘官員不昇殿，但也賜酒給他們。不帶節度使者——不帶節度使銜的官員雖獲得"平章事"頭銜，因其不具有"使相"身份，故不入中謝班列，祇由司儀通報其姓名。他們對皇帝七拜。衆人謝畢，班首一人從班列走出中謝。

① （宋）姚寬：《西溪叢語》卷下，《文淵閣四庫全書》影印本。
② （元）馬端臨：《文獻通考》卷一〇八《王禮考三》，第975頁。

拜表儀

　　"拜表儀"即臣僚上表的禮儀。宋時"進表者先拜，却跪進，其受者亦拜"。① "却跪進"即退一步跪下進表。逢正旦如不受朝賀，則臣下拜表稱賀。《宋史》卷一七《哲宗本紀》元祐四年"春正月壬申朔，不受朝。羣臣及遼使詣東上閤門内東門拜表賀"。② 元日，因故不受朝賀，即行此儀，遼、宋皆同。《宋會要輯稿》儀制七之一三～一四所載"拜表儀"是這樣的："國朝之制，每正、冬不受朝。及郡國大慶瑞、奉上尊號、請行大禮，宰臣率文武群臣或并内諸司使、三班、諸軍將校、蕃夷酋長、僧道、耆老等詣東上閤門拜表。其日班定，知名表官奉表案，於班前跪取表授於宰臣訖，退；次閤門使進前，宰臣跪授表於閤門使，乃由通進司奏御。其降批答者亦拜受於閤門，如降御劄之儀。若所請不允，則不舞蹈；獲可，奏者又奉表稱謝（注：凡拜表，若其三應，横行或當朝者，其並拜表訖，再立拜。正、冬賜茶酒）。正、冬，樞密使率内職庭臣拜表於長春殿門外，亦閤門使受之。"③ 因此，所謂"拜表"并不是一般上奏章，而是地方官報告發現了"祥瑞"，或臣僚請上尊號等媚上之舉，纔行此禮。遼中期以後，統治者也一再玩弄"進祥瑞""請上尊號"之類的把戲。以《遼史》所載與宋朝的拜表儀對照，可發現二者基本相同，説明遼朝的拜表儀是與宋通好之後引進的。

其日，先於東上閤門陳設氈位，分引南北臣僚、諸國使副於氈位合

---

① 《朱子語類》卷一二八，第 3064 頁。
② 《宋史》卷一七《哲宗本紀》，第 329 頁。
③ （清）徐松輯《宋會要輯稿》儀制七之一三～一四，第 4 册，第 2426～2427 頁。

班。通事舍人二人舁表案，置班首前，揖：鞠躬，再拜，平身。中
書舍人立案側，班首跪，擂笏，興，捧表，跪左膝，以表授中書舍
人。出笏，就拜，興，再拜。中書舍人復置表案上。通事舍人舁表
案於東上閤門入，捲班，分引出。禮畢。

元日，皇帝不御坐行此儀，餘應上表有故皆做此。

其日，事先於東上閤門陳設氈位，分別引南、北臣僚以及諸國
使副於預設的氈位合班。通事舍人二人抬出表案，置於班首前，舍
人作揖示意：“鞠躬，再拜，平身。”中書舍人立於案側，班首跪，
擂笏，起身，捧表，跪左膝，以表授予中書舍人。然後出笏，就
拜，起，再拜。中書舍人再將表置於案上。通事舍人將表案抬至東
上閤門，由此入閤。捲班，分別引出，禮畢。“通事舍人”原是唐
官名。唐於中書省置通事舍人十六人，從六品上，掌朝見引納、殿
庭通奏。“四夷”入貢，也經由通事舍人轉呈皇帝。後任此職者多
通“四夷”語言。

“元日，皇帝不御坐行此儀”，意思是若元旦这一天皇帝不上
朝，則臣僚拜表致賀。其餘應上表，但有故不受朝，皆仿此。

賀生皇子儀

其日，奉先帝御容設正殿，皇帝御八角殿昇坐。聲警畢，北、南宣
徽使殿階上左右立，北、南臣僚金冠盛服，合班入。班首二人捧表
立，讀表官先於左階上側立。二宣徽使東、西階下殿受表，捧表者
跪左膝授訖，就拜，興，再拜。各祗候。二宣徽使俱左階上，授讀
表官讀訖。揖：臣僚鞠躬。引北面班首左階上殿，欄內稱賀訖，引
左階下殿，復位，舞蹈，五拜。禮畢。

當賀禮舉行之日，供奉先帝御容，設爲正殿，皇帝於八角殿昇

坐。據《遼史》卷三二《營衛志》，廣平淀冬捺鉢“省方殿北有鹿皮帳，帳次北有八方公用殿”。所謂“八角殿”即“八方公用殿”。聲警即戒嚴之聲呼喊過後，北、南宣徽使在殿階上分立左右，北、南臣僚金冠盛服，合班進入。“金冠”是契丹權貴的冠飾。班首二人捧表立，讀表官事先於左階上殿，側立。二宣徽使自東、西階下殿接受賀表，捧表者，即二班首跪左膝，將表授予二宣徽，交接完成後，二班首就地下拜，起，再拜。各自恭候。二宣徽使一同自左階上殿，將表授予讀表官讀罷，司儀作揖示意“臣僚鞠躬”。引北面班首左階上殿，在欄內稱賀罷，然後左階下殿。因爲北、南臣僚合班，所以北面班首是代表北、南臣僚全體上殿稱賀，當其下殿復位後，殿下臣僚舞蹈，五拜。禮畢。

賀祥瑞儀

“祥瑞”即吉祥的徵兆。《後漢書·隗囂傳》：“故新都侯王莽，慢侮天地，悖道逆理，鴆殺孝平皇帝，篡奪其位，矯託天命，僞作符書，欺惑衆庶，震怒上帝，反戾飾文以爲祥瑞。”李賢注：“大風毀莽王路堂，又拔其昭寧堂池東榆樹，大十圍。莽乃曰：‘念紫閣仙圖，天意立太子，正其名。’乃立其子臨爲太子，以爲祥應也。”[1]可見，所有異常的自然現象，統治者都可以隨心所欲地稱其爲祥瑞。天祚帝即位後，遼朝統治已是風雨飄搖，處於行將覆滅之際，還一再行此儀讓臣下恭賀有祥瑞呈現，實是自我麻醉的鬧劇。

聲警，北、南臣僚金冠盛服合班立，班首二人各奉表賀。北、南宣

---

[1]　《後漢書》卷一三《隗囂傳》，第515頁。

徽使左階下殿受表，上殿授讀表大臣讀訖，揖殿下臣僚鞠躬，五拜畢，鞠躬。引班首二人左階上殿，欄內拜，跪稱賀，致詞訖，引左階下殿，復位，五拜畢，鞠躬。宣答、聽制訖，再拜，鞠躬。謝宣諭，五拜畢，各祗候，分班侍立，禮畢。兩府奏事如常。

乾統六年，木葉山瑞雲見，始行此儀。天慶元年，天雨穀，謝宣諭後，趙王進酒，教坊動樂，臣僚酒一行。禮畢，奏事。

戒嚴示警聲過後，北、南臣僚金冠盛服，合班而立，班首二人各自奉表稱賀。北、南宣徽使自左階下殿接受賀表，上殿授予讀表大臣，讀罷，舍人作揖示意：殿下臣僚鞠躬，五拜畢，鞠躬。引班首二人自左階上殿，在欄內拜，然後跪稱賀，致賀詞畢，引其左階下殿，復歸原位，五拜畢，鞠躬。宣徽使代皇帝宣答、臣僚聽制後，兩拜，鞠躬。謝宣諭，五拜畢，各祗候，分班侍立，禮畢，然後兩府奏事如常。

天祚帝乾統六年（1106），木葉山出現瑞雲，始行此儀，賀祥瑞。天慶元年（1111），“天雨穀”，指天空中出現很多布穀鳥。“雨谷催耕，風帝戲鼓，家家歡笑。”① 謝宣諭後，趙王進酒。教坊開始奏樂，臣僚酒過一行，禮畢。然後奏事。據《遼史》卷六五《皇子表》，天祚帝第四子習泥烈曾受封趙王，“從天祚至白水濼，爲金師所獲”。

賀平難儀

所謂“平難”，即平定皇太叔重元發動的叛亂。太叔重元（？~1063），本名宗元，因避興宗諱，改重元，小字孛吉只，聖宗

---

① （宋）盧祖皋：《月城春·壽無爲趙秘書》，（明）陳耀文編《花草粹編》，《文淵閣四庫全書》影印本。

次子。太平三年（1023），封秦國王。聖宗死後，欽哀皇后稱制，曾密謀立重元。重元以所謀告於興宗，封皇太弟。賜以金券誓書。道宗即位，冊爲皇太叔，爲天下兵馬大元帥，復賜金券。清寧九年（1063），與其子涅魯古謀亂，失敗自殺。道宗爲慶賀平定內難，特行此儀。

皇帝、皇后昇殿坐，北、南臣僚并命婦合班，五拜。揖：班首二人出班，俛跪，搢笏執表，昇案近前。閤使受表，置案上。皆再拜。通事舍人二人昇案，左階上殿，置露臺上。讀表官受，入，讀表。對御讀訖，臣僚殿下五拜，鞠躬。引班首二人左、右階上殿，欄內並立。先引北面班首少前，跪致詞訖，退，復褥位；次引南面班首亦如之。畢，分引左、右階下殿，復位，五拜，鞠躬。

皇帝、皇后昇殿坐，北、南臣僚以及命婦合班，向皇帝、皇后五拜。舍人作揖示意：班首二人出班，俯身跪，搢笏執表，抬案近殿前。閤使受表，置於案上。臣僚皆再拜。通事舍人二人抬表案，自左階上殿，置於露臺上。讀表官受表，進入讀表位。對皇帝讀罷，衆臣僚於殿下五拜，鞠躬。舍人引班首二人分別從左、右階上殿，在欄內并立。先引北面官班首少前，跪致賀詞畢，退下，復歸褥位；其次引南面官班首上殿致詞亦同上。班首二人致詞完畢，分別引他們自左、右階下殿，復位，然後五拜，鞠躬。

宣徽稱“有敕”，再拜，宣答“內難已平，與公等內外同慶”。謝宣諭，五拜。捲班，臣僚從皇帝、命婦從皇后，詣皇太后殿見先帝御容。陪位，皆再拜。皇太后正坐，稱賀，共十拜。並引上殿，賜宴如儀。

平難之儀，道宗清寧九年太叔重元謀逆，仁懿太后親率衛士與逆黨戰。事平，因制此儀。

宣徽使稱“有敕”，臣僚聞聽皆再拜。宣答稱“內難已平，與公等內外同慶”。臣僚謝宣諭，五拜。捲班，臣僚隨皇帝、命婦隨皇后，前往皇太后殿見先帝御容。臣僚陪位，皆再拜。皇太后正坐，皇帝、皇后稱賀，共十拜。一同引臣僚上殿，賜宴如儀。

平難之儀，發生在道宗清寧九年，太叔重元謀逆，仁懿太后親率衛士與逆黨作戰。事平，因制此儀。"仁懿太后"即興宗仁懿皇后蕭氏（？～1076），小字撻里，欽哀皇后弟孝穆之長女。重熙四年，立爲皇后。二十三年，號貞懿慈和文惠孝敬廣愛崇聖皇后。道宗即位，尊爲皇太后。《遼史》卷七一有傳。

正旦朝賀儀

"正旦朝賀始於漢制朝賀儀……冬至朝賀始於魏，儀亞於歲朝。"① 正旦與冬至，是一年四季中最重要的節令。除了正旦，冬至朝賀遼宋也基本相同。《遼史》卷四二《曆象志》載："大同元年，太宗皇帝自晉汴京收百司僚屬、伎術、曆象，遷于中京，遼始有曆……聖宗統和十二年，可汗州刺史賈俊進新曆，則大明曆是也。"遼初無曆，當然也就無正旦、立春、冬至等禮儀。後來遼宋雙方曆法不同，但正旦等朝賀儀式却相似，因爲遼多摹仿宋。《宋史》卷一一六《禮志·大朝會》載："宋承前代之制，以元日、五月朔、冬至行大朝會之禮。太祖建隆二年正月朔，始受朝賀於崇元殿，服衮冕，設宮縣，仗衛如儀。仗退，羣臣詣皇太后宮門奉賀，帝常服，御廣德殿，羣臣上壽，用教坊樂。"② 遼與宋通好之後，正旦、立春、冬至朝賀儀式，多摹仿宋朝，但此前也曾摹仿唐和五代，從《遼史》關於儀式細節的不同記載，我們可以發現其變化過程。

儀式所記宮殿有東西洞門，證明其爲南向。在太后殿上，皇帝

---

① （明）周祈：《名義考》卷二《節令所起》，《文淵閣四庫全書》影印本。
② 《宋史》卷一一六《禮志·大朝會》，第2743～2744頁。

"東方側坐"應是面向東方於西邊側坐。因爲皇太后南向坐，皇帝祗能側坐。契丹東向而尚左，故在漢式南向宮殿中側坐時也必定面向東方。以上情況表明所記正旦朝賀儀是興宗時期在中京舉行的。

臣僚并諸國使昧爽入朝，奏"班齊"。皇帝昇殿坐，契丹舍人殿上通訖，引契丹臣僚東洞門入，引漢人臣僚并諸國使西洞門入。合班，舞蹈，五拜，鞠躬，平身。引親王東階上殿，欄內褥位偒伏跪，自通全銜臣某等祝壽訖，伏興，退，引東階下殿，復位，舞蹈，五拜畢，鞠躬。

臣僚以及諸國使黎明入朝，宣徽使奏"班齊"（常朝起居內侍奏"班齊"；正旦朝賀則宣徽使奏"班齊"）。皇帝昇殿坐，契丹舍人殿上通報完畢，引契丹臣僚自東洞門入，再引漢人臣僚及諸國使自西洞門入。蕃漢臣僚合班，舞蹈，五拜，鞠躬，然後平身。引親王自東階上殿，在欄內褥位俯伏跪，自通全銜"臣某等祝壽"畢，伏起，退。引其東階下殿，復位，舞蹈，五拜畢，鞠躬。

宣徽使殿上鞠躬，奏"臣宣答"。稱"有敕"。班首以下聽制訖，再拜，鞠躬。宣徽傳宣云："履新之慶，與公等同之。"舍人贊"謝宣諭"，拜，舞蹈，五拜。贊"各祗候"，分班引出。引班首西階上殿，奏表目訖，教坊起居：賀、十二拜畢，贊"各祗候"。

宣徽使殿上鞠躬，奏請"臣〔爲陛下〕宣答"。然後轉身對殿下衆臣稱"有敕"，班首以下聽宣制完畢，向皇帝兩拜，鞠躬。宣徽傳宣云："履新之慶，與公等同之。"舍人贊"謝宣諭"，拜，舞蹈，五拜。贊"各祗候"，分班引出。引班首自西階上殿，奏上表目已畢，教坊起居：恭賀正旦并十二拜。完畢，舍人贊"各祗候"。比照宋朝的正旦朝賀儀，我們即可以發現遼宋朝賀儀式確有關聯。《宋會要輯稿》禮八之一四《大朝會儀》："典儀曰'再拜'，贊者承傳，在位官皆再拜，搢笏，舞蹈，又再拜訖，躬。侍中進，當御榻前躬承旨，退臨折檻稍東，西向，稱'有制'，上公并應在位官皆再拜訖，躬宣曰：'履新之慶，與公等同之。'宣訖，復位。在位官皆再拜，搢笏，舞蹈，又再拜。"[1] 與遼朝正旦朝賀儀兩相對照，可發現皇帝的制敕内容一字不差，皆曰："履新之慶，與公等同之。"區別祇在於遼由宣徽傳宣，宋由侍中傳宣。此外，宋"再拜"（兩拜），遼皆改爲五拜。

引契丹、漢人臣僚并諸國使東西洞門入，合班，再拜。贊"進酒"，引親王東階上殿，就欄内褥位，搢笏，執臺琖進酒訖，退，復褥位。置臺，出笏，少前俛跪，自通全銜"臣某等謹進千萬歲壽酒"。俛伏興，退，復褥位，與殿下臣僚皆再拜，鞠躬。

引導契丹、漢人臣僚以及諸國使從東西兩洞門進入，合班後兩拜。舍人贊"進酒"，引親王東階上殿，就欄内褥位，搢笏，手執臺琖向皇帝進酒後，退，回歸褥位。放下臺琖，取出笏板，少前俯身跪地，自通全銜"臣某等謹進千萬歲壽酒"。俯身起，退，復褥位，與殿下臣僚一同向皇帝兩拜，鞠躬。

俟宣徽使殿上鞠躬，奏"臣宣答"，稱"有制"，親王以下再拜如初儀。傳宣云："飲公等壽酒，與公等内外同慶。"舍人贊"謝宣諭"如初。贊"各祗候"，親王搢笏，執臺，殿下臣僚分班。皇帝飲酒，教坊奏樂，殿上下臣僚皆拜，稱"萬歲"。贊"各祗候"。樂止，教坊再拜。皇帝卒飲，親王進受琖，復褥位，置臺琖，出笏。揖臣僚合班，引親王東階下殿，復位，鞠躬，再拜。贊"各祗候"，分班引出。

待宣徽使殿上鞠躬，再次奏"臣宣答"，然後稱"有制"，親王以下再拜如初儀——再拜，鞠躬。宣徽使傳宣云："飲公等壽酒，與公等内外同慶。"舍人贊"謝宣諭"如初——拜，舞蹈，五拜。贊"各祗候"，親王搢笏，手執臺案上殿進酒。殿下臣僚分班。皇

---

[1] （清）徐松輯《宋會要輯稿》禮八之一四，第 2 册，第 649 頁。

帝飲酒時，教坊奏樂，殿上下臣僚皆拜，稱"萬歲"。舍人贊"各祗候"，樂止，教坊再拜。皇帝乾杯，親王進前接過杯琖，復歸褥位，放下臺琖，出笏。舍人作揖示意臣僚合班，引親王東階下殿，復歸原位，鞠躬，再拜。贊"各祗候"，分班引出。

"進酒"一節，在《宋會要輯稿》禮五七之一五所載"國朝誕聖節日"中亦能找到："太尉執笏，俛伏興，少退，跪奏稱：'文武百官攝太尉具官臣某等稽首言：誕聖令節，臣等不勝大慶，謹上千萬歲壽。'俛伏興，退復階下位。典儀曰'再拜'，在位官俱再拜，隨拜三呼萬歲。宣徽使承旨退，臨階西向宣曰：'得公等壽酒，與公等內外同慶。'"① 以遼宋記載相互對照可知，遼朝的禮儀完全是採用宋朝的脚本排練的，一舉一動雖少有差別，但基本上一言一行都是照搬過來的。

皇帝起，詣皇太后殿，臣僚并諸國使皆從。皇太后昇殿，皇帝東方側坐。引契丹、漢人臣僚并諸國使兩洞門入，合班稱賀、進酒，皆如皇帝之儀。畢，引出。教坊入起居、進酒亦如之。皇太后宣答稱"聖旨"。契丹班謝宣宴，上殿就位立。漢人臣僚并諸國使東洞門入，丹墀東方面西鞠躬。舍人鞠躬，通"文武百僚宰臣某已下謝宣宴"，再拜，出班致詞訖，退，復位，舞蹈，五拜。贊"各上殿祗候"，引宰臣以下并諸國使副、方裀朵殿臣僚西階上殿就位立。不應坐臣僚並於西洞門出。二人監琖，教坊再拜。贊"各上階、下殿謝宴"，如皇太后生辰儀。

皇帝起身前往皇太后殿，臣僚及諸國使皆一同前往。皇太后昇殿，皇帝面向東方於西邊側坐。引契丹、漢人臣僚及諸國使自兩邊洞門入，合班向皇太后稱賀、進酒，皆如以上朝賀皇帝之儀。禮畢，引出。教坊進入，向皇太后起居、進酒亦如向皇帝進酒之儀。

① （清）徐松輯《宋會要輯稿》禮五七之一五，第 4 冊，第 1987 頁。

皇太后宣答稱"聖旨"。契丹臣僚班謝宣宴，上殿就位立；漢人臣僚并諸國使東洞門入，在丹墀東方，面西鞠躬。舍人鞠躬，通報文武百僚宰臣某以下謝宣宴，臣僚再拜，宰臣出班致詞，完畢後，退回原位，舞蹈，五拜。舍人贊"各上殿祗候"，引宰臣以下及諸國使副還有在殿上就褥朵坐的臣僚，從西階上殿就位站立。不應坐臣僚一併由西洞門退出。二人監琖，教坊再拜。舍人贊"各上階、下殿謝宴"，如皇太后生辰儀。因爲"不應坐臣僚"已經於西洞門退出，所以讓他們"上階謝宣宴"，留在殿內者則"下殿謝"。"如皇太后生辰儀"，即"引臣僚、使副下殿。契丹臣僚謝宴畢，出；漢人臣僚、使副舞蹈，五拜"。

遼朝皇帝元旦接受朝賀的服裝，《遼史》卷五六《儀衛志》載："皇帝通天冠，諸祭還及冬至、朔日受朝、臨軒拜王公、元會、冬會服之……《元日上壽儀》，皇帝服通天冠，絳紗袍。""元會"，即皇帝於元旦朝會羣臣，稱"正會"，也稱"元會"。最初始於漢，魏晉以降皆因之。"冬會"是立冬的祭祀活動。《續漢志》第八《祭祀》（附見《後漢書》）"立冬之日，迎冬于北郊，祭黑帝玄冥。車旗服飾皆黑。歌《玄冥》，八佾舞《育命》之舞"。[1] 遼初皇帝沿襲唐五代之制，元會、冬會以及其他重要祭祀、慶典服通天冠。與宋通好之後則仿宋制改服袞冕。

冬至朝賀儀

除了正旦，冬至朝賀，遼宋也基本相同，所不同者，遼按契丹傳統，增加了皇帝、皇后拜日。

---

① 《後漢書》志第八《祭祀中》，第 3182 頁。

臣僚班齊如正旦儀。皇帝、皇后拜日，臣僚陪位再拜。皇帝、皇后昇殿坐，契丹舍人通，臣僚入，合班，親王祝壽、宣答皆如正旦之儀。謝訖，舞蹈，五拜，鞠躬。出班奏"聖躬萬福"，復位，再拜，鞠躬。班首出班俛伏跪，祝壽訖，伏興，舞蹈，五拜，鞠躬。贊"各祗候"。分班，不出，合班。

　　臣僚排班整齊，一如正旦朝賀儀。皇帝、皇后在露臺上拜日。契丹晨起東向拜日，故知儀式是在捺鉢殿帳舉行。臣僚陪位再拜。然後皇帝、皇后入殿昇坐，契丹舍人通知臣僚進入，合班。親王祝壽、宣答，皆如正旦朝賀之儀。臣僚謝宣答之後，舞蹈，五拜，鞠躬。臣僚分別出班奏"聖躬萬福"，然後復位，再拜，鞠躬。班首出班，俯伏跪，祝壽之後，伏起，舞蹈，五拜，鞠躬。舍人贊"各祗候"。分班，不退出，又合班。

御牀入，再拜，鞠躬。贊"進酒"。臣僚平身。引親王左階上殿，就欄內褥位，搢笏，執臺琖進酒。皇帝、皇后受琖訖，退，就褥位，置臺，出笏，俛伏跪少前，自通全銜"臣某等謹進千萬歲壽酒"。俛伏興，退，復褥位，再拜，鞠躬。殿下臣僚皆再拜，鞠躬。宣答如正旦儀。親王搢笏，執臺，分班。皇帝、皇后飲酒，奏樂；殿上下臣僚皆拜，稱"萬歲壽"，樂止。教坊再拜，臣僚合班。親王進受琖，至褥位，置臺琖，出笏，引左階下殿。御牀出。親王復丹墀位，再拜，鞠躬。贊"祗候"。

　　御牀——皇帝酒食案進入，臣僚再拜，鞠躬。舍人贊"進酒"。臣僚平身。引親王左階上殿，在欄內褥位就位，搢笏，手執臺琖，進酒。皇帝、皇后接過杯琖後，親王退，仍就褥位，放下臺案，出笏，俯伏跪，少前，自報全銜"臣某等謹進千萬歲壽酒"。俯伏起，退回褥位，再拜，鞠躬。此時殿下臣僚皆再拜，鞠躬。宣答如正旦儀——"飲公等壽酒，與公等內外同慶"。親王搢笏，執臺。臣僚分班。皇帝、皇后飲酒時奏樂，殿上、殿下臣僚皆拜，稱"萬歲壽"。樂止後，教坊再拜，臣僚合班。親王進前接過皇帝、皇后的杯瓚，至褥位，將杯瓚置於臺案上，出笏。引親王左階下殿。御牀出。親王回到丹墀位，再拜，鞠躬。舍人贊"祗候"。

分班引出。班首右階上殿奏表目，進奉，諸道進奉、教坊進奉過訖，贊"進奉收"。班首舞蹈，五拜，鞠躬。贊"各祗候"。班首出，臣僚復入，合班謝，舞蹈，五拜，鞠躬。贊"各祗候"。分班引出。聲警，皇帝、皇后起，赴北殿。皇太后於御容殿，與皇帝、皇后率臣僚再拜。皇太后上香，皆再拜。贊"各祗候"。可矮墩以上上殿。皇太后三進御容酒，陪位皆拜。

引臣僚分班退出。班首右階上殿奏表目，進奉冬至賀禮。然後是諸道地方官進奉、教坊進奉，進奉物在殿上展示一過之後，舍人贊"進奉收"。班首舞蹈，五拜，鞠躬。贊"各祗候"。班首退出，臣僚再入，合班謝恩，舞蹈，五拜，鞠躬。舍人贊"各祗候"。分班引出。聲警，皇帝、皇后起身赴北殿。皇太后於御容殿與皇帝、皇后率臣僚向先帝御容兩拜。皇太后上香，眾人皆再拜。舍人贊"各祗候"。"可矮墩"以上官員上殿。皇太后三次向先帝御容進酒，陪位者皆拜。所謂"可矮墩官"，是契丹官員的一個級別，地位比侍立者高。矮墩官地位則在高墩官之下。

皇太后昇殿坐。皇帝就露臺上褥位，親王押北、南臣僚班丹墀內立。皇帝再拜，臣僚皆拜，鞠躬。皇帝欄內跪，祝皇太后壽訖，復位，再拜。凡拜，皆稱"萬歲"。贊"各祗候"。臣僚不出，皇帝、皇后側座，親王進酒，臣僚陪拜，皇太后宣答皆如正旦之儀。臣僚分班，不出，班首右階上殿奏表目，合班謝宣宴，上殿就位如儀。御牀入。皇帝進皇太后酒如初，各就座，行酒，宣"飲盡"如皇太后生辰之儀。皇后進酒如皇帝之儀。三進酒，行茶，教坊致語，行殽饍，大饌，七進酒。曲破，臣僚起，御牀出，謝宴，皆如皇太后生辰儀。

皇太后昇殿就坐。皇帝在露臺上就褥位，親王押北、南臣僚班於丹墀內立。皇帝再拜，臣僚皆拜，鞠躬。皇帝在欄內跪，向皇太后祝壽畢，復位，再拜。皇帝每拜皆稱"萬歲"。舍人贊"各祗候"。臣僚不退出，皇帝、皇后在殿內側座，親王向太后進酒，臣僚陪拜，皇太后宣答皆如正旦朝賀之儀。臣僚分班，不出，班首自右階上殿奏表目，臣僚合班謝宣宴，依禮儀規範上殿就位。御牀入。皇帝向皇太后進酒如初，臣僚各就座，行酒。舍人宣告"飲盡"一如皇太后生辰之儀。皇后進酒，如皇帝進酒之儀。三進酒，行茶，教坊致語，行殽饌、大饌，七進酒。當演奏樂曲"曲破"時，臣僚起立，御牀退出，衆臣僚謝宴，皆如皇太后生辰儀——契丹臣僚謝宴，退出，然後漢人臣僚、使副舞蹈，五拜畢，舍人贊"各好去"。從洞門退出，報閤門無事，皇太后、皇帝、皇后起身。

立春儀

皇帝出就內殿，拜先帝御容，北、南臣僚丹墀內合班，再拜。可矮墩以上入殿，賜坐。帝進御容酒，陪位并侍立皆再拜。一進酒，臣僚下殿，左右相向立。皇帝戴幡勝，等第賜幡勝。

　　皇帝進入內殿拜先帝御容，北、南臣僚在丹墀內合班，再拜。可矮墩以上官員入殿，賜給坐位。皇帝向御容進酒，此時陪位及侍立臣僚皆兩拜。一進酒，臣僚至殿中，左右相向立。皇帝戴幡勝，并按官員等第高下頒賜幡勝。"幡勝"即綵勝，用金銀箔羅綵製成，爲歡慶春日來臨，用作裝飾或餽贈之物。《後漢書》曰："立春皆青幡幘。今世或剪綵錯緝爲幡勝，雖朝廷之制，亦鏤金銀或繒絹爲之，戴於首。"① 宋人孟元老云："春日，宰執親王百官，皆賜金銀幡勝，入賀訖，戴歸私第。"②

臣僚簪畢，皇帝於土牛前上香，三奠酒，不拜。教坊動樂，侍儀使跪進綵杖。皇帝鞭土牛。

臣僚將幡勝戴在頭上之後，皇帝於土牛前上香，三奠酒，但不拜土牛。此時教坊開始奏樂，侍儀使跪地進獻綵杖。皇帝用綵杖鞭打土牛，"鞭土牛"非契丹故俗。這種習俗甚爲久遠。唐"凡立春前，兩京及諸州縣門外並造土牛"。③《文獻通考·郊社考》載："立春前五日，於州大門外之東造青土牛兩頭、耕夫、犁具。立春有司迎春於東郊，豎青幡於青牛之旁。"④ 以上記載可證，迎春造土牛乃各地官府之事，更無皇帝"鞭土牛"一節。宋亦有與此相關的記載："立春前一日，開封府進春牛入禁中，鞭春。開封、祥符兩縣置春牛於府前，至日絕早，府僚打春如方州儀。"⑤ 開封府雖進春牛入禁中，但并無皇帝鞭土牛之記載。鞭打土牛亦是小兒的游戲。宋楊萬里有"小兒著鞭鞭土牛，學翁打春先打頭"的詩句。⑥ 遼朝皇帝親自鞭打土牛，確實反映了燕京等漢族地區農業經濟的重要地位。

可矮墩以上北、南臣僚丹墀內合班，跪左膝，受綵杖，直起，再拜。贊"各祗候"。司辰報春至，鞭土牛三匝。矮墩鞭止，引節度使以上上殿。撒穀豆，擊土牛。撒穀豆許衆奪之。臣僚依位坐，酒兩行，春盤入。酒三行，畢，行茶。皆起。禮畢。

在朝可坐矮墩以上的北、南臣僚，在丹墀內合班，跪左膝接受

---

① （宋）高承：《事物紀原·歲時風俗·春幡》，《文淵閣四庫全書》影印本。
② （宋）孟元老：《東京夢華録·立春》，《文淵閣四庫全書》影印本。
③ 《大唐開元禮》卷三，《文淵閣四庫全書》影印本。
④ （元）馬端臨：《文獻通考》卷七八《郊社考十一》，第 717 頁。
⑤ （宋）孟元老：《東京夢華録·立春》，《文淵閣四庫全書》影印本。
⑥ （宋）楊萬里：《誠齋集》卷一二《觀小兒戲打春詩》，《文淵閣四庫全書》影印本。

綵杖，直身起，然後兩拜。舍人贊"各祗候"。司辰報"春至"——春天已到，衆臣僚各鞭土牛三遍。矮墩官鞭打完，引節度使以上官員上殿。在殿外撒穀豆，擊土牛。撒穀豆，允許衆人爭奪。殿内臣僚按照排位規則入坐，酒兩行，上春盤。酒三行完畢，行茶。皆起身。禮畢。

重午儀

至日，臣僚昧爽赴御帳。皇帝繫長壽綵縷昇車坐，引北、南臣僚合班，如丹墀之儀。所司各賜壽縷，揖臣僚跪受，再拜。引退，從駕至饌所，酒三行。若賜宴，臨時聽敕。

　　至日——五月初五，臣僚黎明趕赴捺鉢御帳。皇帝繫長壽綵縷昇車坐，表明此儀是在御帳外舉行的。"長壽綵縷"即壽縷。五月端午，繫壽縷，與紀念屈原有關。"始鳴楝葉，結綵絲襠；祭彼三閭，蛟龍不竊。祭之水曰汨羅，祭之日曰端午。情既本乎楚俗，奉又告乎壽縷。"[1] 承受官引導北、南臣僚合班，"如丹墀之儀"，即如同在殿帳丹墀内舉行儀式一樣。所司向臣僚各賜壽縷。舍人作揖示意臣僚跪受，然後兩拜。引退，跟隨御駕至用膳處，酒三行而止。如果賜宴，臨時聽敕令。

重九儀

　　"重九"即九月初九，又稱"重陽"，古人於是日聚飲、游玩、

---

　　[1]　《御定歷代賦彙》卷一一《歲時》，（唐）闕名《五絲續寶命賦》，《文淵閣四庫全書》影印本。

登高。皇家也在這一天宴請近臣、宗室。《宋史》卷一一《仁宗本紀》慶曆五年九月辛卯"以重陽，曲宴近臣、宗室于太清樓，遂射苑中"。① 《宋史》卷一一三《禮志》載："是歲（乾德三年）重陽，宴近臣於長春殿。"② 遇有例外，是年則停止重陽宴。遼朝重九儀也大致相同。

北、南臣僚旦赴御帳，從駕至圍場，賜茶。皇帝就坐，引臣僚御前班立，所司各賜菊花酒，跪受，再拜。酒三行，揖起。

　　北、南臣僚早晨奔赴捺鉢御帳，隨皇帝至圍場，在圍場，皇帝賜茶給臣僚。皇帝就坐後，承受官引臣僚在御前立班，所司賜各人菊花酒，每個臣僚都須跪着接受然後兩拜。酒過三行，舍人作揖示意"起"，然後開始打獵等游樂活動。

藏鬮儀

　　"藏鬮"俗稱"抓鬮"，通過這種游戲"檢驗"個人運氣，因此古人爲脫險也行鬮并與求神助相結合。"紹熙五年春，江西安撫司將官林應趾部豫章米綱往金陵，抵蕪湖。内一舟最大，所載千斛。中夜忽漏，作水如湧，舟中之人惶窘無計。林具衣冠謁龍祠，拜禱曰：'應趾以貧爲此役，今若是，將大有損失，何力以償？勢須徙出，又非倉卒可辦。舟有七倉，輒用甲乙次敍書七鬮，以卜所向，願大神威靈曲垂昭告。'遂得第三鬮，水及舟運而漏自止。"③ 契丹宮中"藏鬮"游戲當是承襲漢俗。

至日，北、南臣僚常服入朝，皇帝御天祥殿，臣僚依位賜坐。契丹

①　《宋史》卷一一《仁宗本紀》，第 221 頁。
②　《宋史》卷一一三《禮志》，第 2691 頁。
③　（宋）洪邁：《夷堅志》丁卷七《蕪湖龍祠》，《文淵閣四庫全書》影印本。

南面，漢人北面，分朋行圍。或五或七籌，賜饍。入食畢，皆起。頃之，復坐行圍如初。晚賜茶，三籌或五籌，罷。教坊承應。若帝得圍，臣僚進酒訖，以次賜酒。

大康十年十二月二十二日，始行是儀。是日不御朝。

至"藏圍"日，北、南臣僚著常服入朝，臣僚常服，古人指軍服爲常服。皇帝進入天祥殿，臣僚依照位次賜坐。契丹面南，漢人面北，分朋行圍——分羣、分組"藏圍"。《舊唐書》卷七《中宗本紀》：景龍四年二月"庚戌，令中書門下供奉官五品已上、文武三品已上并諸學士等自芳林門入，集於梨園毬場，分朋拔河，帝與皇后、公主親往觀之"。[1] 此言"分朋拔河"亦有分組比賽之義，與分朋藏圍同。"藏圍"或五輪，或七輪，然後賜饍。吃完飯，皆起身。稍過片刻，再入坐行圍如初。晚間賜茶，玩三輪或五輪而罷。教坊在場侍應。如果皇帝得圍，臣僚向其進酒，然後皇帝依次賜酒給臣僚。

大康十年（1084）十二月二十二日始行此儀。這一日不上朝。

---

[1] 《舊唐書》卷七《中宗本紀》，第149頁。

八 歲時雜儀（《遼史》卷五十三）

　　"歲時雜儀"凡十六事，前十五事皆採自《契丹國志》卷二七《歲時雜記》，所記實爲四時民俗，當是歲有意摹仿《荆楚歲時記》。《荆楚歲時記》一卷，舊本題晉宗懍撰（陳振孫《直齋書録解題》作梁人）。懍自序曰："率爲小記，以録荆楚歲時風物故事，自元日至除日，凡二十餘事。""歲時雜儀"各事凡省略標題者，皆據《契丹國志·歲時雜記》增補，以方括號括之。

○正旦

　　國俗以糯飯和白羊髓爲餅，丸之若拳，每帳賜四十九枚。戊夜，各於帳内窗中擲丸於外。數偶，動樂，飲宴；數奇，令巫十有二人鳴鈴，執箭繞帳歌呼，帳内爆鹽爐中，燒地拍鼠，謂之"驚鬼"，居七日乃出。國語謂正旦爲"廼捏咿唲"。"廼"，正也；"捏咿唲"，旦也。

　　正旦，依契丹風俗，用糯米飯和白羊髓做餅，團成拳頭大小，每帳賜予四十九枚。夜晚戊時，各自從帳内將丸投擲於窗外。如果總數爲偶，即動樂、飲宴；如得奇數，則令巫十二人鳴鈴，并且執箭繞帳歌呼，帳内同時在爐中爆鹽、燒地、拍打驚動老鼠，即所謂

“驚鬼”，帳內之人留居七日始出。契丹語稱“正旦”爲“廼捏咿呢”。“廼”，正也；“捏咿呢”，旦也。此事見於《契丹國志·歲時雜記》，“國俗”作“國主”。① 看來這是慶新年時宮廷舉辦的游戲，故作“國主”爲是。將大量的糯米飯拋擲於地，如係一般民俗，在普遍不富裕的契丹殊難想象。

○立春

婦人進春書，刻青繒爲幟，像龍（御）〔銜〕之，或爲蟾蜍，書幟曰“宜春”。

　　“立春，婦人進春書”一段文字，引自唐段成式《酉陽雜俎》。該書卷一載：“北朝婦人……立春進春書，以青繒爲幟，刻龍像銜之，或爲蝦蟆。”② 據《舊唐書》卷一六七《段文昌傳附成式傳》，其父爲宰相，故“以蔭入官爲祕書省校書郎，研精苦學，祕閣書籍披閱皆遍”。③ 成式生當唐末，他披閱皆遍的秘閣藏書中所稱“北朝”是指隋統一以前的北朝，與遼宋時期所稱“北朝”無關。南宋末年書商以葉隆禮名義拼凑《契丹國志》時，見成式所記有“北朝”字樣，即作爲契丹國俗編入書中。元修《遼史》不加考究，徑入禮志。《契丹國志》卷二七《歲時雜記》：“立春日，婦人進春書：刻青繒爲幟，象龍象銜之，或爲蝦蟆。”④ “象龍象銜之”第一個“象”字當係“刻”。而“銜”字則《遼史》誤爲“御”字。“刻青繒爲幟，像龍御之”，“青繒”如何能刻爲旗幟？“像龍

---

① （宋）葉隆禮：《契丹國志》卷二七《歲時雜記》，第 281 頁。
② （唐）段成式撰，許逸民校箋《酉陽雜俎校箋》，中華書局，2015，第 80 頁。
③ 《舊唐書》卷一六七《段文昌傳附成式傳》，第 4369 頁。
④ （宋）葉隆禮：《契丹國志》卷二七《歲時雜記》，《文淵閣四庫全書》影印本。

御之"亦殊不可解，其實應是"以青繒爲幟，刻龍像銜之"。或爲蟾蜍，即刻成蝦蟆，銜在旗幟上，并在旗幟上書寫"宜春"二字。

○人日

凡正月之日，一雞、二狗、三豕、四羊、五馬、六牛，七日爲人。其占，晴爲祥，陰爲災。俗煎餅食於庭中，謂之"薰天"。

《説郛》卷六九下引元韓鄂《歲華紀麗》卷一《人日》："一二稱雞狗，六七爲馬人。"注引《董勛問禮俗》曰："正月一日爲雞，二日爲狗，三日爲羊，四日爲豬，五日爲牛，六日爲馬，七日爲人。以陰晴爲豐耗。正旦畫雞於門，七日鏤人於金薄。"《歲華紀麗·人日》又曰："稽董勛之問俗，時則罔愆；考陳氏之見儀，事乃不忒。鏤人、薰天（注引《述征記》云：'人日作煎餅於中庭，謂之薰天。'）、挼狗耳、翦人形（注引《荆楚歲時記》云：'人日夜多鬼鳥過人家，槌牀打户，挼狗耳，滅燈燭以禳之。'），趙伯符七日之歡（注引《壽陽記》曰：'趙伯符爲豫州刺史，立義樓，每至元日人日、七日月半，乃於樓上作樂，樓下男女盛飾，遊看作樂。'）。"[1] "陰爲災"，這是儒家的傳統觀念。《通典》卷七八《禮三八》載："後漢制，朔前後各二日，牽羊酒至社下以祭日。日有變，割羊以祠社，用救日變……月朔日蝕，博士孫瑞議：'按八座書以爲正月之日，太陽虧曜，謫見於天，而冠者必有裸享之儀，金石之樂、飲燕之娛、獻酬之報，是爲聞災不祇肅，見異不怵惕也。'"[2]

---

① （明）陶宗儀等編《説郛三種》，上海古籍出版社，1988，第6册，第3229頁。
② （唐）杜佑：《通典》卷七八《禮三八》，第2115~2116頁。

○［中和］

二月一日爲中和節，國舅族蕭氏設宴，以延國族耶律氏，歲以爲常。國語是日爲"怛里夘"。"怛里"，請也；"夘"，時也。怛，讀若狎；夘，讀若顏。

　　二月一日爲中和節，這一日國舅族蕭氏設宴，宴請國族耶律氏，每年如此。契丹語稱這一日爲"怛里夘"。"怛里"，請也；"夘"，"時"之義。"怛"，讀如"狎"；夘，讀如"顏"。"中和節"原本唐朝節日。據《舊唐書》卷一三《德宗本紀》，貞元五年（789）正月乙卯詔："朕以春方發生，候及仲月，勾萌畢達，天地和同，俾其昭蘇，宜助暢茂。自今宜以二月一日爲中和節，以代正月晦日，備三令節數。內外官司休假一日。"①

○［佛誕］

二月八日爲悉達太子生辰，京府及諸州雕木爲像，儀仗百戲導從，循城爲樂。悉達太子者，西域淨梵王子，姓瞿曇氏，名釋迦牟尼。以其覺性，稱之曰"佛"。

　　這一日爲佛教創始人悉達太子生辰，京府及諸州雕悉達太子木像，屆時以儀仗、百戲爲導從，抬悉達太子像在城中循游爲樂。悉達太子者，乃西域淨梵王之子，姓瞿曇氏，名釋迦牟尼。義爲"覺"，故稱之曰"佛"。"二月八日"《契丹國志》作四月八日，

---

① 《舊唐書》卷一三《德宗本紀》，第367頁。

亦曰"行城一日爲樂"。①《遼史》卷五三《禮志六》校勘記
[二]："二月八日爲悉達太子生辰:《考異》:'二月當爲四月……
《志》載此條于二月一日之後,三月三日之前,則史文固然,非轉
寫之誤。'《金史·海陵紀》正隆元年,禁二月八日迎佛,亦一證。
檢《遼文滙》四,應曆十五年王正《重修范陽白帶山雲居寺碑》
言'風俗以四月八日共慶佛生'。又高麗蔡忠順《大慈恩玄化寺碑
陰記》亦稱'每年四月八日開菩薩會'。"② 按:相傳皆以四月八日
爲佛誕辰,二月八日爲悉達太子出家之日。"太子不貪世樂,意存
道德,年十九,二月八日夜半,呼車匿勒犍陟跨之,鬼神扶舉,飛
而出宮,明日廓然不知所在。"③

○［上巳］

**三月三日爲上巳,國俗刻木爲兔,分朋走馬射之。先中者勝,負朋
下馬列跪進酒,勝朋馬上飲之。國語謂是日爲"陶里樺"。"陶
里",兔也;"樺",射也。**

　　三月三日爲上巳節。按照契丹風俗,這一日刻木爲兔,分夥走
馬,於馬上射之。先中者爲勝,負的一夥下馬排成一列,跪着向勝
者進酒,勝者則在馬上飲之。契丹語稱這一日爲"陶里樺"。"陶
里",兔也;"樺",是射的意思。以農曆三月上旬巳日爲"上巳"
節,起源甚久遠。《毛詩集解》卷一一引《韓詩》注云:"鄭國之
俗,三月上巳之辰往溱、洧兩水之上招魂續魄,秉蘭草以袚除不

---

① (宋)葉隆禮:《契丹國志》卷二七《歲時雜記》,第282頁。
② 《遼史》卷五三《禮志六》校勘記 [二],中華書局,1974,第880頁。
③ (梁)釋僧祐:《弘明集》卷一《理惑論》,《文淵閣四庫全書》影印本。

祥。"① 漢以前以農曆三月上旬巳日爲"上巳"；魏晉以後定爲三月三日，不必取巳日。"魏晉以來始不用巳日而專用三月三日，至今循之以爲故事。若專用三日則不可謂之'上巳'矣。蓋名存而實亡也。"②

○ ［端午］

五月重五日午時，採艾葉和綿著衣七事，以奉天子，北南臣僚各賜三事，君臣宴樂，渤海膳夫進艾餻。以五綵絲爲索纏臂，謂之"合歡結"。又以綵絲宛轉爲人形簪之，謂之"長命縷"。國語謂是日爲"討賽咿呢"。"討"，五；"賽咿呢"，月也。

五月重五這一日正午時分，採艾葉與綿和在一起做衣七件，以奉獻天子。天子賜北、南臣僚各三件。同時君臣宴樂，渤海厨師進獻艾糕。以五綵絲爲繩索纏於臂，稱爲"合歡結"。又用綵絲宛編成小人形狀佩戴，稱爲"長命縷"。契丹語稱這一日爲"討賽咿呢"。"討"，五；"賽咿呢"，月也。渤海是靺鞨粟末在今中國東北地區建立的政權。聖曆元年（698），靺鞨粟末部首領大祚榮建立振國（亦稱震國）。天顯元年（926）爲遼所滅，改稱東丹。《太平廣記》卷三二六《沈警》：沈警，字元機，吳興武康人，美風調，善吟詠，爲梁東宮常侍。某日，他與二女郎離別，"大女郎即復至前，相對流涕，不能自勝，復置酒……警乃贈小女郎指環，小女郎贈警金合歡結，歌曰：'結心纏萬縷，結縷幾千迴；結怨無窮極，結心終不開。'"③ 可知合歡結早有流傳，更非契丹故俗。

---

① （宋）李樗、黃櫄：《毛詩集解》卷一一，《文淵閣四庫全書》影印本。
② （宋）王觀國：《學林》卷五《節令》，《文淵閣四庫全書》影印本。
③ （宋）李昉等：《太平廣記》卷三二六《沈警》，第 2591 頁。

○ ［朝節］

夏至之日俗謂之"朝節"。婦人進綵扇，以粉脂囊相贈遺。

　　"朝節"，民間謂之朝廷過節，是日官吏休假，舉家歡宴，招待鄰里，其俗由來已久。《漢書》卷八三《薛宣傳》："及日至休吏，賊曹掾張扶獨不肯休，坐曹治事。宣出教曰：'蓋禮貴和，人道尚通。日至，吏以令休，所緣來久。曹雖有公職事，家亦望私恩意。掾宜從衆，歸對妻子，設酒肴，請鄰里，壹笑相樂，斯亦可矣！'"顏師古對"日至休吏"的解釋是"冬、夏至之日，不省官事，故休吏"。[①] 遼時"朝節"蓋源於此。"婦人進綵扇"云云，表明是日民間也過節。

○ ［三伏］

六月十有八日，國俗，耶律氏設宴，以延國舅族蕭氏，亦謂之"怛里冴"。

　　"怛里冴"又作"瞎里冴"。《契丹國志·歲時雜記·三伏》："六月十八日，大族耶律姓並請蕭姓者，亦名'瞎里冴'。"[②] 這一日，耶律氏宴請蕭氏是因爲"三伏"。

○ ［中元］

七月十三日夜，天子於宮西三十里卓帳宿焉。前期，備酒饌。翼日，諸軍部落從者皆動蕃樂，飲宴至暮，乃歸行宮，謂之"迎節"。

---

① 《漢書》卷八三《薛宣傳》，顏師古注："笑，古笑字也。"（第 3390 頁）
② （宋）葉隆禮：《契丹國志》卷二七《歲時雜記》，第 283 頁。

十五日中元，動漢樂，大宴。十六日昧爽，復往西方，隨行諸軍部落大譟三，謂之"送節"。國語謂之"賽咿呪奢"。"奢"，好也。

七月十三日夜，天子於捺鉢行宮以西三十里卓帳留宿。據《遼史》卷三二《營衛志·夏捺鉢》，遼主"五月末旬、六月上旬至。居五旬。與北、南臣僚議國事，暇日遊獵。七月中旬乃去"。七月中旬正是皇帝要離開夏捺鉢行宮的時候。沈括《熙寧使虜圖抄》載，他於熙寧八年（遼大康元年，1075）使遼，當年五月至遼廷——道宗設在犢山（又作拖古烈，在永安山附近）的夏捺鉢，他見到的情形是這樣的："有屋，單于（道宗）之朝寢、后蕭之朝寢凡三，其餘皆氈廬，不過數十，悉東向，庭以松幹表其前，一人持牌，立松幹之間，曰'閤門'。"① 七月十三日夜，遼帝在行宮外宿營，并事前先在營地備酒饌。翌日——十四日，隨皇帝宿營的諸軍、部落皆奏本民族音樂，飲宴進行至日暮，始返回行宮，此謂之"迎節"——迎皇帝回宮。次日——十五日中元，奏漢樂，大宴。十六日天明，再往西方，隨行諸軍、部落大噪三聲，謂之"送節"——表示夏捺鉢納涼結束，皇帝將前往秋捺鉢。契丹語謂之"賽咿呪奢"。"奢"，"好"之義。過"中元"本是漢俗，遼朝將其與四時捺鉢遷徙活動結合起來。"七月十五日，道家謂之中元節，各有齋醮等會。僧寺則於此日作盂蘭盆齋，而人家亦以此日祀先，例用新米、新醬、冥衣、時果、綵段、麨糕，而茹素者幾十八九。屠門爲之罷市焉。"②

○［中秋］

八月八日，國俗屠白犬，於寢帳前七步瘞之，露其喙。後七日中

① （宋）沈括：《熙寧使虜圖抄》（《永樂大典》卷一〇八七七）。
② （宋）周密：《武林舊事》卷三《中元》，《文淵閣四庫全書》影印本。

秋，移寢帳於其上。國語謂之"捏褐耐"。"捏褐"，犬也；"耐"，首也。

中秋前七日——八月八日，契丹故俗屠白犬，於寢帳前七步遠處埋葬，并將其嘴部露出地面。七日後正值中秋，將寢帳移於狗葬處之上。契丹語謂之"捏褐耐"。"捏褐"，犬也；"耐"，"首"之義。契丹原無曆法，當然也無過中秋之俗。他們是將故俗與中秋結合在一起了。

○ ［重九］

九月重九日，天子率羣臣、部族射虎，少者爲負，罰重九宴。射畢，擇高地卓帳，賜蕃、漢臣僚飲菊花酒。兔肝爲臡，鹿舌爲醬，又研茱萸酒，洒門户以襘禳。國語謂是日爲"必里遲離"，九月九日也。

"重九"記載的射虎活動，是對"重九儀"的補充。"重九儀"祇載君臣初至圍場立班、飲酒等活動。北面臣僚拜過皇帝，酒過三行，舍人作揖示意他們起身，開始射虎。九月重九這一天，天子率羣臣、部族射虎，獵獲少者爲負，負者被罰擺"重九宴"。射虎活動完畢，選擇高地卓帳，應是符合重儿登高之義。皇帝賜蕃、漢臣僚飲菊花酒。以兔肝爲臡（或曰糜——醬也），以鹿舌爲醬，又研製茱萸酒，灑於門户以作爲襘禳——爲消災除病而做的法事。國語謂是日爲"必里遲離"。"九月九日，佩茱萸，食蓬餌，飲菊花酒，令人長壽。"[1] "茱萸"，植物名。香氣辛烈，可入藥。古俗農曆九月九日重陽節，佩茱萸能袪邪避惡。九月九日飲茱萸酒，是宋遼金時期普遍的習俗。

---

[1] （晉）葛洪：《西京雜記》卷三，《文淵閣四庫全書》影印本。

○［小春］

歲十月，五京進紙造小衣甲、槍刀、器械萬副。十五日，天子與羣臣望祭木葉山，用國字書狀，并焚之。國語謂之"戴辣"。"戴"，燒也；"辣"，甲也。

　　梁宗懍《荆楚歲時記》謂十月"天氣和暖似春，故曰小春"。這個原本是漢俗的節令，遼朝賦予它特殊的紀念意義。每年十月十五日，皇帝率羣臣望祭木葉山舉行一個契丹語稱爲"戴辣"的儀式，祭祀死者，活動的内容顯然與軍事有關。《遼史・歲時雜儀》記載此事，是採自《契丹國志》，但不如後者完備。《契丹國志・歲時雜記・小春》載："十月内，五京進紙造小衣甲并槍刀器械各一萬副。十五日一時推垛，國主與押番臣寮望木葉山葬太祖處奠酒拜，用番字書狀一紙，同焚燒奏木葉山神，云'寄庫'。北呼此時爲'戴粹'，漢人譯云'戴'是'燒'，'粹'是'甲'。"①《遼史》所載不言"望木葉山葬太祖處奠酒拜"。望木葉山焚燒紙造小衣甲、槍刀、器械萬副，送給太祖阿保機及其已故戰士們，他們生爲戰士，死後在另一世界也仍然需要武裝。這些紙造的武器、裝備由五京進貢，説明此儀形成的時間較晚。重熙十三年（1044）十一月，興宗爲加强對宋夏防御，改雲州爲西京大同府。至此，遼始備五京之制。五京下轄各州縣的居民是漢人、渤海人等從事農耕的民族，讓他們向朝廷進獻紙造衣甲，其象徵意義在於讓他們不要忘記有爲契丹人提供武器、裝備的義務。

---

① （宋）葉隆禮：《契丹國志》卷二七《歲時雜記》，第284頁。

○冬至日

國俗，屠白羊、白馬、白雁，各取血和酒，天子望拜黑山。黑山在境北，俗謂國人魂魄其神司之，猶中國之岱宗云。每歲是日，五京進紙造人馬萬餘事，祭山而焚之。俗甚嚴畏，非祭不敢近山。

《契丹國志·歲時雜記·冬至》載："冬至日，國人殺白羊、白馬、白鴈，各取其生血和酒，國主北望拜黑山，奠祭山神。言契丹死，魂爲黑山神所管。又彼人傳云：凡死人，悉屬此山神所管，富民亦然。契丹黑山，如中國之岱宗。云北人死，魂皆歸此山。每歲五京進人、馬紙物各萬餘事，祭山而焚之。其禮甚嚴，非祭不敢近山。"① 冬至祭黑山是在十月祭木葉山一個月以後進行。"《三統曆》曰：大雪爲十一月節，冬至爲十一月中氣。"②《遼史》卷三二《營衛志·夏捺鉢》載："黑山在慶州北十三里，上有池，池中有金蓮。"黑山近慶陵，故"道宗每歲先幸黑山，拜聖宗、興宗陵，賞金蓮，乃幸子河避暑"。另據卷三七《地理志》："在［慶］州西二十里。有黑山、赤山、太保山、老翁嶺、饅頭山、興國湖、轄失濼、黑河。"慶州在今内蒙古自治區巴林右旗境内的索博日嘎鎮。契丹朝廷祭祀燒紙衣甲一事，可能是較晚纔形成的，不僅是在五京之制形成以後，而且可能是受到漢俗影響的結果。《淵鑒類函》卷一六《送寒衣》載："燕市俗刻版爲男女衣狀，飾文五色，印以出售，農民競以初一日鬻去焚之祖考，名曰送寒衣。"③ 此俗至清代相沿不變，"都中人民七月祀先，用麻秸尊酒爲誠，買紙錢冥衣燒

---

① （宋）葉隆禮：《契丹國志》卷二七《歲時雜記》，第 193 頁。
② （宋）陳元靚：《歲時廣記》卷四《仲冬月》，《文淵閣四庫全書》影印本。
③ （清）張英等：《淵鑒類函》卷一六《送寒衣》，《文淵閣四庫全書》影印本。

化於墳，謂之送寒衣"。① 這種習俗可以追溯到更遠的時代。清人顧炎武《日知錄》卷一五《墓祭》言及天寶二年八月有制："自今以後每至九月一日薦衣於寢陵。"并説今關中之俗有所謂"送寒衣者，其遺教也"。注："今俗乃用十月一日。"② 總之，可以推測契丹爲死者燒紙衣甲之俗，應是受漢俗影響，却自有其塞北特色。特色之一是燒紙槍刀，表明以武立國的契丹人認爲死者也離不開武器；特色之二是漢俗在墳前燒化，契丹人却是遥望木葉山、黑山集中燒化，表明契丹人對氏族部落共同體仍然具有很深的依附關係。

○臘辰日

天子率北、南臣僚並戎服，戊夜坐朝，作樂、飲酒，等第賜甲仗、羊、馬。國語謂是日爲"炒伍侕咘"。"炒伍侕"，戰也。

　　《遼史》關於"臘辰日"活動的記載，是對《軍儀・臘儀》的補充。兩者都是在臘月（十二月）辰日。《軍儀》記載了這一日"設圍"及"北、南院大王以下進馬及衣"，而未提及皇帝對臣下"等第賜甲仗、羊、馬"。經此補充，這一日的活動就完整了。臘日，歷代也不同，契丹以十二月辰日爲臘。其儀除焚香拜日、宴飲之外，更有圍獵形式的軍事演習，不同於漢俗祭祖、祭神。漢俗"臘者，歲終大祭，縱吏民宴飲，非迎氣，故但送不迎"。③ 宋吴曾《能改齋漫録》卷四《臘》："臘祭名起於三代，廢於始皇而興於漢

---

① （清）于敏中：《日下舊聞考》卷一四八《風俗》，《文淵閣四庫全書》影印本。
② （清）顧炎武撰，黄汝成集釋《日知錄集釋》卷一五《墓祭》，欒保羣、吕宗力點校，上海古籍出版社，2006，第876頁。
③ （漢）蔡邕：《獨斷》卷下，《文淵閣四庫全書》影印本。

也。"① 明周祈云："秦惠文王十二月初臘，以冬至後陽氣初起，報祭百神，謂之'臘'。臘者，接也，接陽氣以扶陽也，皆秦人爲之，周以前無是也。"②

○再生儀

再生禮是契丹故有的禮俗。古人在日常生活中觀察到春、夏、秋、冬一年四季十二個月包含萬物生長的周期，於是產生對十二這個數字的敬畏，進而聯想到經過十二年，生命会走到盡頭，會遇到不祥。契丹人相信以"再生禮"這種樸素的形式化腐朽爲神奇，將臨近枯萎的生命轉化爲具有勃勃生機的新生命。漢族也有"本命年"之説，將本命年視爲人生歷程中的一個艱難階段，宋人便有這樣的詩句："告卧春明日，災逢本命年。"③ 但與契丹人認爲每十二歲爲生命的一個周期不同，文人雅士、精英階層更重視六十甲子輪回，以爲渡過一甲子之後遭逢的本命年更爲兇險。白居易詩云："今朝吳與洛，相憶一欣然；夢得君知否，俱過本命年。"注："余與蘇州劉郎中同壬子歲，今年六十二。"④ 一甲子之後的本命年，虛歲恰好是六十二歲。宋人陳師道《代醮青詞》有云："天運有叙，六十餘而一周；人心所歸，五千言之大典。惟此庚辰之歲，是爲本命之年。數之所窮，理有必反。不勝恐懼，是用祈禳。"⑤ 關

① （宋）吳曾：《能改齋漫録》，上海古籍出版社，1979，第78頁。
② （明）周祈：《名義考》卷二《伏臘》，《文淵閣四庫全書》影印本。
③ （宋）蘇頌：《蘇魏公文集》卷一四《國史龍圖侍郎宋次道五首》之三，王同策等點校，中華書局，1988，第194頁。
④ （唐）白居易：《白氏長慶集》卷三一《七年元日對酒五首》第五，《文淵閣四庫全書》影印本。
⑤ （宋）陳師道：《後山集》卷一七《代醮青詞》，《文淵閣四庫全書》影印本。

於本命年，除了十二與六十之不同，還有化解之道的不同。宋人作道場，祈求上天保佑。"上自人主，下至臣庶用道科儀，奏事於天帝者，皆青藤朱字，名爲青詞。"①　契丹人則以象徵"再生"的游戲方式化解不祥。一文一質，正反映了南北兩地農業文化和游牧文化的區别。

凡十有二歲，皇帝本命前一年季冬之月，擇吉日。前期，禁門北除地置再生室、母后室、先帝神主輿。在再生室東南，倒植三岐木。

每經歷十二歲，皇帝本命年前一年季冬之月——冬季之最後一個月，選擇一個吉日。此日到來之前，在宮禁門北將地面掃除乾净，設置再生室、母后室以及先帝神主車帳。在再生室東南方，倒樹三岐木。契丹在捺鉢有設在車帳内的太廟。"除地"即清掃地面之義。唐陳鴻《東城老父傳》：　"老父姓賈名昌，長安宜陽里人……祿山往年朝於京師，識昌於橫門外。及亂二京，以千金購昌長安、洛陽市。昌變姓名，依於佛舍，除地擊鐘，施力於佛。"②

其日，以童子及産醫嫗置室中。一婦人執酒，一叟持矢箙，立於室外。有司請神主降輿，致奠。奠訖，皇帝出寢殿，詣再生室。羣臣奉迎，再拜。皇帝入室，釋服、跣。以童子從，三過岐木之下。每過，産醫嫗致詞，拂拭帝躬。童子過岐木七，皇帝卧木側，叟擊箙曰："生男矣。"太巫幪皇帝首，興，羣臣稱賀，再拜。

當日，於再生室内安置男孩以及作爲産醫的老婦。一婦人執酒，一老者手持箭及弓箭袋，立於室外。有關官員請神主——祖先的牌位下輈，然後向神主致奠。奠畢，皇帝走出寢殿，前往再生室，羣臣奉迎，向皇帝兩拜。皇帝進入再生室，脱掉衣服、赤足，由男童跟隨，三次經過岐木之下。每次經過，産醫老婦都要致詞，同時拂拭皇帝身體。男童經過岐木七次，然後皇帝卧於木側，老者

---

① （宋）程大昌：《演繁露》卷九《朱書御劄》，《文淵閣四庫全書》影印本。
② （宋）李昉等：《太平廣記》卷四八五，第3992~3993頁。

擊上箭袋説："男孩出生了。"太巫過來爲皇帝幪头，然後站立，於是羣臣稱賀，向皇帝兩拜。

產醫嫗受酒于執酒婦以進，太巫奉褓褓、綵結等物贊祝之。預選七叟，各立御名繫于綵，皆跪進。皇帝選嘉名受之，賜物。再拜，退。羣臣皆進褓褓、綵結等物。皇帝拜先帝諸御容，遂宴羣臣。

產醫老嫗接過執酒婦人手上的酒，進奉皇帝，太巫奉上褓褓、綵結等物并且贊祝。預先選七位老者，他們各自爲"再生"的皇帝取名，皆繫綵跪進。皇帝選擇最佳者受之，并賜物給老者。老者再拜，退下。羣臣皆進褓褓、綵結等物。皇帝拜諸先帝御容，然後設宴招待羣臣。

善哉，阻午可汗之垂訓後嗣也。孺子無不慕其親者，嗜欲深而愛淺，妻子具而孝衰，人人皆然，而況天子乎。再生之儀，歲一周星，使天子一行是禮，以起其孝心。夫體之也真，則其思之也切，孺子之慕，將有油然發于中心者。感發之妙，非言語文字之所能及。善哉，阻午可汗之垂訓後嗣也。始之以三過岐木，母氏劬勞能無念乎？終之以拜先帝御容，敬承宗廟，宜何如哉。《詩》曰："無念爾祖，聿脩厥德。"

阻午可汗之爲後嗣制定的訓誡是多麼好！孩子年幼時無不愛慕其父母，但是往往是索取之欲望深，而對父母之愛淺。及至娶妻生子之後，孝敬之心也隨之衰減。人人皆然，天子也不例外。再生之儀，經一周星十二年，使天子一行此禮，目的是喚起其孝心。其體驗愈真，則其思念也愈深切，此時孺子對父母的愛慕，必將油然發生於心中。再生儀的感發之妙，非言語文字之所能及。阻午可汗之垂訓後嗣就是這樣好！以三過岐木爲始，能不思念慈母生養之劬勞乎？以拜先帝御容而終，敬承宗廟，沒有比這更適宜的。《詩》曰："無念爾祖，聿脩厥德。"見《大雅·文王七章》，是文王對近臣的告誡。

附論　遼朝禮樂制度溯源

　　《遼史·禮志》五卷，對研究遼代政治、文化、民俗及與北宋、西夏、高麗的關係都具有重要史料價值。爲進一步理解這五卷書所記載的各種禮儀，有必要追溯遼朝禮樂制度的淵源。

一

　　禮樂對於專制帝王維持其權威，具有無可替代的重要作用。《漢書·禮樂志》云：“樂以治内而爲同，禮以修外而爲異；同則和親，異則畏敬；和親則無怨，畏敬則不爭。揖讓而天下治者，禮、樂之謂也。”[1] 顔師古注引李奇曰：“尊卑爲異也。”也就是説，禮是要人們自知身份的尊卑差異，從而産生敬畏。因此，《漢書·禮樂志》又云：“治身者斯須忘禮則暴嫚入之矣，爲國者一朝失禮則荒亂及之矣。”[2] 中原自上古以來就是依禮樂、法度爲治的社會。《史記·秦本紀》載秦繆公問戎使由余：“中國以詩書禮樂法度爲政，然尚時亂，今戎夷無此，何以爲治，不亦難乎？”[3] 秦繆公不

---

[1] 《漢書》卷二二《禮樂志》，中華書局，1962，第 1028 頁。
[2] 《漢書》卷二二《禮樂志》，第 1027 頁。
[3] 《史記》卷五《秦本紀》，中華書局，1959，第 192 頁。

理解那些尚處在原始階段的民族，并不需要中原社會那一套禮樂、法度。

十世紀初的契丹社會内部已經産生了私有制以及階級對立，於是他們的統治者也迫切感到需要引進中原的禮樂，用以確立秩序和鞏固其統治地位。《新唐書》卷二一九《契丹傳》載，貞觀二年（628）契丹首領大賀摩會降唐，"明年，摩會復入朝，賜鼓纛，由是有常貢"。① "鼓纛"是唐朝皇帝所賜，故契丹人稱爲"天子旗鼓"。《遼史》卷五八《儀衛志》載：

> 遼自大賀氏摩會受唐鼓纛之賜，是爲國仗。其制甚簡，太宗伐唐、晉以前，所用皆是物也……遙輦末主遺制，迎十二神纛、天子旗鼓置太祖帳前。②

這一組被稱爲"天子旗鼓"的契丹"國仗"，包括十二神纛、十二旗、十二鼓、曲柄華蓋和直柄華蓋，是代表契丹可汗權威和地位的法物。可以説自從有了這些法物，契丹就開始有了顯示社會地位差異的初期的禮制。另據《新唐書·契丹傳》，阿保機并不是依"遙輦末主遺制"取得汗位和天子鼓旗的，而是因爲"欽德晚節政不競，其八部大人法常三歲代，時耶律阿保機建鼓旗爲一部，不肯代，自號爲王而有國"。③ 這説明不僅他是自取汗位，而且他的所謂"天子旗鼓"更可能是"自建"的假貨。儘管如此，直至太宗

---

① 《新唐書》卷二一九《契丹傳》，中華書局，1975，第6168頁。
② 《遼史》卷五八《儀衛志》，第1020頁。
③ 《新唐書》卷二一九《契丹傳》，第6173頁；《資治通鑑》卷二六六後梁開平元年（907）載阿保機"恃其强，不肯受代。久之，阿保機擊黄頭室韋還，七部劫之於境上，求如約（胡注：如三年一代之約）。阿保機不得已，傳旗鼓且曰：'我爲王九年，得漢人多，請帥種落居古漢城與漢人守之，別自爲一部。'七部許之"（中華書局，1956，第8678頁）。

德光伐唐和滅晉以前，這些法物却一直是契丹可汗權威和地位的象徵。

阿保機於公元 907 年奪得汗位之後，已經不再以此爲滿足了，而是要圖謀稱帝，在舉行柴册儀及獲得那套號稱"天子旗鼓"的儀仗之後，要稱帝并在契丹部族社會内外普遍獲得承認，最便捷的途徑就是尋求中原皇帝的"封册"。《資治通鑑》卷二六六後梁開平元年載："是歲，阿保機帥衆三十萬寇雲州，晉王與之連和，面會東城，約爲兄弟，延之帳中，縱酒，握手盡歡，約以今冬共擊梁……阿保機歸而背盟，更附于梁。"① 阿保機之所以背盟，原因就在於他急需封册，晉王勢力雖强大，但無皇帝名分，能爲他封册的祇能是當時開封的後梁皇帝朱温。爲了求得朱梁對自己"封册"，他不惜背棄與晉王李克用的盟約。雲州會盟原是約定雙方共同進攻後梁，會盟後阿保機却背盟附梁。他首鼠兩端，後梁并未對其封册，到頭來一無所成。一氣之下，他決定不再有求於中原統治者，而要獨自排演一齣稱帝的大戲。《遼史》卷一《太祖本紀》載：

> 神册元年春二月丙戌朔，上在龍化州，迭烈部夷离堇耶律曷魯等率百僚請上尊號，三表乃允。丙申，羣臣及諸屬國築壇州東，上尊號曰大聖大明天皇帝，后曰應天大明地皇后。大赦，建元神册。初，闕地爲壇，得金鈴，因名其地曰金鈴岡。壇側滿林曰册聖林。②

這一年是後梁貞明二年（916），阿保機自行稱帝，建元"神册"，意在表明他這個契丹皇帝雖未經中原皇帝封册，但已經過神册。當然他自知所謂"神册"，如同"闕地爲壇，得金鈴"一樣，都是自

---

① 《資治通鑑》卷二六六，後梁開平元年，第 8679～8680 頁。
② 《遼史》卷一《太祖本紀》，第 10～11 頁。

編的故事。因此，身爲契丹可汗的阿保機以及其子德光，自稱皇帝，總覺得底氣不足。

天顯十一年（後晉天福元年，936）十一月，耶律德光册石敬瑭“爲大晉皇帝，約爲父子之國，割幽州管内及新、武、雲、應、朔州之地以賂之，仍每歲許輸帛三十萬”。① 在此以前，是北方民族的統治者接受中原皇帝的封册，如今反過來由北方民族的統治者册立中原皇帝。這是南北關係的根本性轉變。天顯十三年（938）十一月，後晉又派馮道、韋勳、劉昫、盧重等出使契丹，德光在上京開皇殿召見晉使。晉使在這座宮殿内爲其母述律氏上尊號曰“廣德至仁昭烈崇簡應天皇太后”；德光又御宣政殿，晉爲其上尊號曰“睿文神武法天啓運明德章信至道廣敬昭孝嗣聖皇帝”，改天顯十三年爲會同元年，表示他要努力將幽薊地區的農業文化與塞外的游牧文化匯合起來，建立起一個統一的王朝。

關於這次耶律德光與述律太后上尊號一事，《資治通鑑》卷二八一後晉高祖天福三年（938）七月載：

> 帝上尊號於契丹主及太后，戊寅，以馮道爲太后册禮使（考異曰：《周世宗實録·馮道傳》云：“虜遣使加徽號於晉祖，晉亦獻徽號於虜。始命兵部尚書王權銜其命，權辭以老病。晉祖謂道曰：‘此行非卿不可。’道無難色。”按《晉高祖實録》：“天福三年八月戊寅，道爲契丹太后册禮使。十月戊寅，北朝命使上帝徽號。戊子，王權以不受北使，停任。”《周

---

① 《舊五代史》卷一三七《外國列傳》，中華書局，1976，第1833頁。此外，《資治通鑑》卷二八〇後晉高祖天福元年十一月則載：“契丹主作册書，命敬瑭爲大晉皇帝，自解衣冠授之，築壇於柳林，是日，即皇帝位。割幽、薊、瀛、莫、涿、檀、順、新、嬀、儒、武、雲、寰、朔、蔚十六州以與契丹，仍許歲輸帛三十萬匹。”（第9154頁）

世宗實録》誤也)。左僕射劉煦爲契丹主册禮使，備鹵簿、儀仗、車輅，詣契丹行禮，契丹主大悦。①

後晉以馮道爲"太后册禮使"，以劉煦爲"契丹主册禮使"，證明當時這個塞北政權的國號就叫"契丹"；在册禮舉行之前耶律德光對外也没有"皇帝"的稱號。馮、劉一行帶着晉方置備的鹵簿、儀仗、車輅，前去舉行册禮，使契丹主德光大悦，而後纔是德光爲後晉石敬瑭上徽號。

關於德光及太后上尊號一事，《遼史》卷五五《儀衛志》載："太宗皇帝會同元年，晉使馮道、劉煦等備車輅、法物，上皇帝、皇太后尊號册禮。自此天子車服昉見於遼。"這説明契丹方面在此之前并没有典禮所要使用的車輅、法物，没有"天子車服"。法物是古代帝王用於儀仗、祭祀能代表其身份的器物。"王者制事立法，物度軌則，壹稟於六律。六律爲萬事根本焉。"②"六律"是古代音樂的標準。樂律有十二，陰陽各六，陽爲"律"，陰爲"吕"。法物最重要的特性是必須合律、中度。乾德四年（966）北宋滅蜀以後，太祖遣右拾遺孫逢吉至成都收僞蜀圖書、法物。"逢吉還，所上法物皆不中度，悉命焚毁，圖書付史館。"③四川的後蜀政權所用法物"皆不中度"，是因爲他們缺少精通律吕的專業人才。可以想象契丹以其經濟、文化更爲後進的發展狀況，絶無可能自己製造彰顯皇帝權威、地位的法物。作爲契丹王朝開國皇帝阿保機的繼承人，耶律德光要免除缺少法物造成的典禮不能如儀的尷尬，除了從中原獲得彌補，别無他途。

---

① 《資治通鑑》卷二八一，後晉高祖天福三年七月，第 9188 頁。
② 《史記》卷二五《律書》，第 1239 頁。
③ （宋）李燾：《續資治通鑑長編》卷七，乾德四年五月甲戌，第 1 册，第 171 頁。

　　阿保機立國初期，統治尚未及於幽薊，其治下主要是契丹及塞北其他部族，當時并無行漢禮的迫切需要。此外由於缺少法物，也無實行漢禮的必備物質條件。契丹開始行漢禮，始於耶律德光。《遼史》卷四九《禮志》稱："太宗克晉，稍用漢禮。"其實在此以前，會同元年（938）尊號册禮以及三年（940）四月行入閤禮，即已經開始採用漢禮。

　　《遼史》卷三七《地理志·上京道》載："太宗援立晉，遣宰相馮道、劉昫等持節，具鹵簿、法服至此，册上太宗及應天皇太后尊號。太宗詔蕃部並依漢制，御開皇殿，闢承天門受禮，因改皇都爲上京。"① 德光及應天太后的尊號册禮在阿保機興建的皇都舉行，缺少鹵簿、法服。"天子出，車駕次第謂之鹵簿，有大駕、有法駕、有小駕。大駕則公卿奉引，大將軍叅乘，大僕御，屬車八十一乘（原注：古者諸侯二車九乘。秦滅六国，兼其車服。漢依秦制，故大駕八十一乘。'屬'者，言相聯屬不絶也）。"② 比較起來，契丹可汗的"十二旗，十二鼓"儀仗實在差得太遠，那祇是相當於地方官出行的儀仗。《孝經·開宗明義章》："非先王之法服不敢服。（原注：'服者身之表也，先王制五服，各有等差，言卿大夫遵守禮法，不敢借上偪下。'）"服飾要體現等級差別，皇帝服法服，官員服公服。胡人服飾原無等差。《資治通鑑》卷一三六齊永明四年（486）："夏，四月，辛酉朔，魏始制五等公服；甲子，初以法服、御輦祀南郊。"胡注："公服，朝廷之服，五等，朱、紫、緋、綠、青。法服，袞冕以見郊廟之服。"③ 契丹上尊號册禮的法服、公服都是後晉使者帶來的。

　　除了缺少鹵簿、法服之外，契丹皇都與漢唐帝都規制也不合。

<hr/>

① 《遼史》卷三七《地理志·上京道》，第498~499頁。
② 《三輔黄圖》卷六《雜録》，《四部叢刊》影印元刊本。
③ 《資治通鑑》卷一三六，齊永明四年四月，第4272頁。

公元 907 年（後梁開平元年）阿保機“即皇帝位”，此前，契丹無城郭宮室之制，據《舊五代史》卷一三七《外國列傳》：

> 天祐末，阿保機乃自稱皇帝，署中國官號。其俗舊隨畜牧，素無邑屋，得燕人所教，乃爲城郭宮室之制于漠北，距幽州三千里，名其邑曰西樓邑，屋門皆東向，如車帳之法。[1]

“天祐末”即唐末帝天祐四年（907），這一年唐亡，朱温建立後梁。同年，阿保機即汗位，稱天皇王。

皇都後稱遼上京，遺址在今内蒙古巴林左旗林東鎮以南的波羅城，營建工程是神册三年（918）開始的，“百日而訖事”，可謂草草了事，工程之簡陋可想而知。這不僅限於當時的物質條件，也受制於主持工程的康默記、韓延徽及韓知古等人的學問與見識。他們出走契丹之前，都在幽州割據軍閥劉守光麾下任職，甚至可能没有到過洛陽、開封和長安，僅憑典籍記載和聽聞，很難規劃設計出一座雄偉、壯觀的皇都。但是他們三人都隨阿保機參與了征服渤海的戰争，親臨并且目睹了渤海上京龍泉府這一海東盛國都城的城池和宮殿，這便爲他們隨後參與擴建遼上京提供了追蹤的目標。

渤海國都城上京龍泉府，仿唐長安城而建，由外城、内城和宮城組成，規模宏大，據考古工作者實測，外城周長達十六點三公里。宮城内有山、水、亭、榭以及壯麗的宮殿。契丹人目睹此情此景，感受到的震撼可想而知。戰争結束，返回皇都之後，德光爲在回師途中病逝的阿保機營建山陵，同時即開始擴建都城，其中與在渤海上京見聞之聯繫，不言自明。《遼史》卷三七《地理志》載：“天顯元年，平渤海歸，乃展郛郭，建宮室，名以天贊。”

---

① 《舊五代史》卷一三七《外國列傳》，第 1830 頁。

擴建以後的遼上京，規模仍不及渤海上京龍泉府，而且仍是
"屋門皆東向，如車帳之法"。不過，據考古工作者鑽探調查，"大
內北院三殿，尤其是十五號殿基和周圍九座臺基，純係左右對稱、
前後呼應、成南向的漢式建築，體現了中原王朝傳統的所謂'南面
而立，北面而朝'的布局"。考古工作者推斷十五號正殿應是三大
殿之一的"開皇殿"，其左右偏殿當是"安德、五鑾"兩殿址。
"承天門"則當在三大殿建築的前方——南面。① 屋門東向應是皇
都早期建築的朝向，南向建築應是後來改建的。太宗舉行尊號冊禮
時，不僅沒有南向宮殿，而且紫禁城的正門承天門也是爲冊禮而新
闢的。大中祥符九年（遼聖宗開泰五年，1016），樞密直學士薛映、
直昭文館張士遜充使至上京。《續資治通鑑長編》卷八八真宗大中
祥符九年九月己酉載，薛映回到宋朝以後奏報在上京所見稱：

> 入西門，門曰金德，內有臨潢館。子城東門曰順陽，入門
> 北行至景福門，又至承天門，內有昭德、宣政二殿，皆東向，
> 其氈盧亦皆東向。②

此時上京"昭德、宣政二殿，皆東向"，説明南向建築是更晚時改

---

① 內蒙古文物考古研究所：《遼上京城址勘查報告》，見《內蒙古文物考古文
集》，中國大百科全書出版社，1994。

② （宋）李燾：《續資治通鑑長編》卷八八，真宗大中祥符九年九月己酉，第 4
册，第 2015 頁。（宋）葉隆禮《契丹國志》卷二四所引《富鄭公行程録》
是僞作，完全抄自《薛映記》。傅樂煥先生説："《薛映記》與《富鄭公行程
録》又祇是一件東西，而其確實的主人應當是薛映。現在先來證明兩者之應
爲一物，然後再確定其究應誰屬。按兩者的內容幾乎完全相同，如我們稍加
比較，便可發見。不過，過去我國考證《遼史》的人，如厲樊榭以及《熱
河志》《承德府志》的編纂者，竟全然不曾覺到。每當引用的時候，他們常
將兩者兼列并舉。即在不久以前，金毓黻在《遼海叢書》本《陳襄語録》
的跋語中，也仍將兩者并論。"（《遼史叢考》，中華書局，1984，第 7~8 頁）
中華書局點校本《遼史》校勘記也一再徵引富弼《行程録》。

建的。承天門是歷代皇城正門,[①] 還是皇帝處理重大政務的場所,唐時"若元正、冬至、大陳設、燕會、赦過宥罪、除舊布新、受萬國之朝貢、四夷之賓客,則御承天門以聽政"。[②] 渤海上京没有以"承天"命名的宫城正門。遼上京原來亦無承天門。渤海是唐朝屬國,如果其都城建承天門即屬於"僭越"。天顯元年依照渤海上京龍泉府改建遼上京,契丹統治者尚不明確其國家定位究竟是應當比照大唐,還是參照渤海國。直到十多年後舉行尊號册禮纔醒悟,既然要受册稱皇帝,都城也需要開闢一個承天門。實際情况表明,會同元年的尊號册禮雖然實現了契丹統治者受中原皇帝封册正式稱帝的夙願,但册禮是在契丹自己既無鹵簿、法服,又無標準帝都的情况下舉行的。

二

《遼史》關於尊號册禮的記載,有一點特別值得注意,那就是契丹方面是以此作爲册封看待的。《遼史》卷五八《儀衛志》載:"至於太宗,立晉以要册禮,入汴而收法物,然後累世之所願欲者,一舉而得之。"一個册禮,一個法物,遼朝開國兩代君主朝思暮想了數十年,當石敬瑭依靠他們的援助奪得帝位之後,德光終於可以讓這位中原皇帝爲他實行封册了。但册禮的不完美又使他心有不甘。於是,尊號册禮兩年後德光又在燕京舉行純屬漢禮的"入閤禮"。

《遼史》卷四《太宗本紀》:"(會同三年)夏四月庚子,至燕,

---

① 北京紫禁城正門,明時亦稱承天門,清順治八年重建後改稱天安門。

② (唐)李林甫等:《唐六典·尚書工部》,《文淵閣四庫全書》影印本。

備法駕，入自拱辰門，御元和殿，行入閣禮。"所謂"法駕"是天子出行時的羽儀導從。契丹原無禮樂制度，當然也就沒有這些代表天子身份的"法駕"。這是馮道等人當年爲德光及其生母應天皇太后上尊號時帶來的，德光從此感受到這些法物的重要作用，此次又在這套儀衛導引下浩浩蕩蕩進入燕京大内，足足過了一把皇帝癮。

燕京地區在唐爲幽州，唐末軍閥劉仁恭、劉守光父子在此割據。後梁乾化元年（911）八月，"守光即皇帝位，國號大燕，改元應天……受冊之日，契丹陷平州，燕人驚擾"。① 公元936 年，契丹統治者得到燕雲十六州之後，升幽州爲南京，又曰燕京，仍稱幽都府，開泰元年（1012）改稱析津府，軍號盧龍，統順、檀、涿、易、薊、景等六州和析津、宛平等十一縣。這是遼朝境内經濟最發達的地區，也是遼朝財賦最主要的來源之所在。宋人認爲："契丹據有全燕，擅桑麻棗栗之饒，兼玉帛子女之富，重斂其人，利盡北海。"② 遼朝人自己也認爲析津之壤，"兵戎冠天下之雄，與賦當域中之半"。③ 遼南京正是這樣一個富庶地區的政治經濟中心。德光在此舉行入閣禮，不僅是爲了彌補那次尊號册禮的缺憾，同時也是爲了穩固對這一富庶地區的統治。

作爲遼南京的燕京城，其規模雖然不能與漢、唐都城長安和洛陽相比，但是作爲幽薊地區的經濟、政治中心，又經劉氏父子經營多年，早已是契丹人熟知的威震塞北的名城。《遼史》卷四〇《地理志·南京道》載：

城方三十六里，崇三丈，衡廣一丈五尺。敵樓、戰櫓具。

---

① 《資治通鑑》卷二六八，梁乾化元年八月，第 8745 頁。
② （宋）蘇轍：《欒城後集》卷一一《歷代論五·燕薊》，《四部叢刊》影印明蜀府活字本。
③ 《王澤墓誌》，陳述輯校《全遼文》，中華書局，1982，第 165 頁。

八門：東曰安東、迎春，南曰開陽、丹鳳，西曰顯西、清晉，北曰通天、拱辰。大內在西南隅。①

燕京不僅規模遠超上京，而且敵樓、戰櫓齊備。城內西南隅的"大內"是劉守光留下的，雖然不能與長安、洛陽的皇城相比，但建築考究自應勝過塞外的遼上京。而且德光尤其看重的是燕京大內宮殿皆南向，他的"入閣禮"在此舉行，纔真正成爲漢禮。

"入閣"是自唐末以來皇帝見羣臣最隆重的禮儀。"唐日御宣政〔殿〕，設殿中細仗、兵部旄旞等於廷，朝官退皆賜食。自開元後，朔望宗廟上牙槃食，明皇意欲避正殿，遂御紫宸殿，喚仗入閣門，遂有'入閣'之名。"② 宣政殿是正殿，紫宸殿則是便殿，本來在正殿見羣臣更隆重。所謂"入閣"，即"喚仗入閣門"，也就是召喚儀仗入便殿。當初祇是由於玄宗朔望祭禮避正殿而御紫宸殿，後來竟成常態，於是"入閣"反成盛典。《五代會要》卷六《廊下餐》載：

> 晉天福二年三月御史臺奏："唐朝令式，南衙常參官、文武百官每日朝退，於廊下賜食，謂之'常食'。自唐末亂離，常食漸廢，仍於入閣起居日賜食。每入閣禮畢，閣門宣放仗，羣臣俱拜，謂之'謝食'。至清泰年中，入閣禮畢，更差中使至正衙門口宣賜食，百官並立班重謝，交失本根。今後入閣賜食，望不差中使口宣。從之。"③

"入閣禮"引起的爭議，一直沒有停止，至北宋，雖然繼續實行該

① 《遼史》卷四〇《地理志·南京道》，第 562 頁。
② （宋）宋敏求：《春明退朝録》卷中，中華書局，1980，第 27 頁。
③ （宋）王溥：《五代會要》，上海古籍出版社，1978，第 95 頁。

禮儀，但關於其本身的一系列問題，連朝廷的高官們也搞不清楚
了。有一位在朝擔任侍讀的劉某曾致信歐陽修詢問"入閣之禮起自
何年（閣是何殿）？開延英亦起何年？五日一起居遂廢正衙不坐起
何年？"歐陽修作了如下回答：

> 問此一事，本爲明宗置內殿起居，又復入閣，當時緣昭宗
> 朝誤繆不合故事也。朔望宣政一事，尤失紫宸入閣本制也（然
> 不見初起年代），今乃入閣，卻御前殿（此自昭宗失之）。延
> 英之對，與入閣儀（亦自昭宗失之），起居而廢正衙（自明宗
> 失之，至今遂爾）。含元大殿（大朝會），宣政常朝（謂之正
> 衙，本爲玄宗朔望以陵寢薦食，不復御正殿，始於便殿召入宰
> 臣已下，此入閣之漸。今云朔望御宣政殿，大失之矣）。延英
> 便殿（亦謂入閣，乃五日一開，與宰臣議事。宣政立而奏事
> 訖，賜坐，茶湯。延英賜坐而論事，蓋漸密而漸親也，昭宗始
> 一日中九度開延英入閣，仍於一度開延英，一日行之）。前殿
> 入閣（唐未即於朔望日前殿——正觀殿行入閣，自后唐至國朝
> 并於文明殿行入閣，皆非便殿。或指朔望宣政爲入閣，尤誤
> 説也）。①

歐陽修覆信正文中間又加自注説明，足見其問題之複雜。大體説
來，他也明確認定是起源於玄宗朔望避正殿而御紫宸殿。但至昭宗
時已經是朔望御宣政殿了，失去了"入閣"本義。后唐明宗既
"置內殿起居，又復入閣"，且在延英殿與宰臣議事，都與"入閣"
不合。自后唐至北宋，所謂"入閣"都不是在便殿，而是在前殿，
在宣政殿。

---

① （宋）歐陽修：《歐陽文忠公集·外集》卷一九《問劉原甫侍讀入閣儀帖》，
《四部叢刊》影印元刊本。括弧中的文字是原書的注文。

　　耶律德光在燕京舉行"入閤禮"，其儀式的具體過程雖然不見諸《遼史》記載，但與後唐、後晉的"入閤禮"一脉相承，應是毫無疑問的。天祐二年（905）四月唐哀宗敕："自今年五月一日後，常朝出入取東上閤門，或遇奉慰即開西上閤門，永爲定制。"①於是五日一起居，百官出入東上閤門朝見皇帝，這一入閤禮又稱爲常朝起居儀。哀宗的常朝起居儀雖然出入東上閤門，但并不會改變昭宗時期在前殿——宣政殿行"入閤禮"的慣例。《遼史》卷五一《禮志·賓儀》所載"常朝起居儀"就是沿襲太宗初行於燕京的入閤禮，後來多行於遼中期以後的禮儀性的都城——中京。燕京喜寧殿和西京同文殿的常朝起居儀也大體與中京同。

　　會同以後的耶律德光已儼然是一個大皇帝了，不過他祇是對漢人、渤海人纔具有這樣的身份；對契丹及其他游牧部族，他仍然是個部族聯盟首領。據《遼史》卷六一《刑法志》，他"治渤海人一依漢法，餘無改焉"。他把中原統治者的一套辦法行之於其統治下的漢人和渤海人，契丹人仍維持氏族社會的一整套生活方式。滅晉以前，德光雖然擁有幽薊地區，并且受册、加尊號，還舉行了"入閤禮"，但有開封朝廷在，他還是覺得自己的朝廷不足以與之并立。直至滅掉後晉，德光纔有了自己是"真皇帝"的感覺。

　　當契丹大軍進逼開封時，後晉"國之衛兵，悉在北面，計無所出"。②在幾乎未遇抵抗的情況下，天福十二年（947）正月初一，德光進入開封城。關於他入城及在開封登基的情況，《資治通鑑》卷二八五後晉開運三年（946）末記載：

　　　帝聞契丹主將渡河，欲與太后於前途奉迎；張彦澤先奏

---

① （宋）程大昌：《演繁露續集》卷二《入兩閤門吉凶異制》，（明）程烜校刻本。
② 《舊五代史》卷八五《晉少帝本紀》，第1124頁。

之，契丹主不許。有司又欲使帝銜璧牽羊，大臣輿櫬，迎於郊外，先具儀注白契丹主，契丹主曰："吾遣奇兵直取大梁，非受降也。"亦不許。又詔晉文武羣官，一切如故，朝廷制度並用漢禮。有司欲備法駕迎契丹主，契丹主報曰："吾方擐甲總戎，太常儀衛，未暇施也。"皆卻之（胡注：用太常儀衛，則當改胡服而華服，故言未暇）。①

"朝廷制度並用漢禮"，這既是德光對晉文武羣臣的承諾，也是他關於新政權制度的宣誓。《新五代史》卷七二《四夷附錄》有頗爲生動的描述：

德光將至京師，有司請以法駕奉迎，德光曰："吾躬擐甲冑，以定中原，太常之儀，不暇顧也。"止而不用。出帝與太后出郊奉迎，德光辭不見，曰："豈有兩天子相見于道路邪！"四年正月丁亥朔旦，晉文武百官班于都城北，望帝拜辭，素服紗帽以待。德光被甲衣貂帽，立馬于高岡，百官俯伏待罪。德光入自封丘門，登城樓，遣通事宣言諭衆曰："我亦人也，可無懼。我本無心至此，漢兵引我來爾。"遂入晉宮，宮中嬪妓迎謁，皆不顧，夕出宿于赤岡。封出帝負義侯，遷于黃寵府。癸巳，入居晉宮，以契丹守諸門，門廡殿廷皆磔犬掛皮，以爲厭勝。甲午，德光胡服視朝于廣政殿。乙未，被中國冠服，百官常參，起居如晉儀，而氈裘左衽，胡馬奚車，羅列階陛，晉人俛首，不敢仰視。二月丁巳朔，金吾六軍、殿中省仗、太常樂舞陳于廷，德光冠通天冠，服絳紗袍，執大珪以視朝，大赦，改晉國爲大遼國。②

---

① 《資治通鑑》卷二八五，後晉開運三年，第 9325 頁。
② 《新五代史》卷七二《四夷附錄》，中華書局，1974，第 896~897 頁。

開運四年爲會同十年。德光以勝利者的姿態初到開封，原來特別看重那套以壯聲威的法駕，如今開封備好迎接他入城，他却予以拒絶，這是爲什麼？是因爲此時用法駕與其身份不合。當時他最重要的身份是蕃漢大軍的最高統帥，在軍事行動尚未結束的情況下，任何可能導致誤解其身份的舉動都是危險的。即拒絶法駕奉迎，但并不意味否認自己是皇帝。他不與出帝石重貴見面，説"豈有兩天子相見于道路邪！"即認爲自己也是天子。開運四年正月初一德光已到達開封城外，但不立即進城，而是立馬於高崗上，觀看後晉文武百官辭別被押送黃龍府的出帝石重貴。待石重貴一行走後，他纔進城，登上城樓，通過"通事"（翻譯）向民衆喊話，讓大家不要恐懼。入宮看了看，仍返回城外過夜，表現了高度的警惕性。第三天後入居晉宮，以契丹守諸門，并且到處殺狗掛皮，次日胡服視朝。下一日起，雖然"被中國冠服，百官常參，起居如晉儀"，但"氊裘左衽"的契丹人，以及"胡馬奚車，羅列階陛"，這一切都在向俯首稱臣的晉人宣告：他們面對的是征服者，而且是不同文明的征服者。直至二月初一纔完全以漢服、漢禮視朝，并且大赦，建號大遼，表明從這一天起，軍事管制結束。德光希望中原能恢復正常秩序。但由於經驗不足，措施不當，最後未能在開封立足。同年三月，召見後晉百官，聲稱天時向熱，他不能在開封久留，要返回塞外看望述律太后，於是率部分蕃漢臣僚北返。

德光一入開封，石重貴先獻出傳國寶——玉璽。德光發現此璽非精品，而且其文與史書記載不合，故懷疑石重貴所獻非真。其實，原來的秦璽至漢末已失落，後又有晉璽及唐太宗所刻"受命璽"，後者是李從珂自焚時毀掉的。石重貴所獻，實際上是石敬瑭即位時所刻。德光瞭解了原委，并有羣臣爲證，始不再深究。

《遼史》卷四《太宗本紀》記載了當年德光從開封出走前將文物、圖書以及各種專業人才送往塞外的情況："〔三月〕壬寅，晉諸司僚吏、嬪御、宦寺、方技、百工、圖籍、曆象、石經、銅人、明堂刻漏、太常樂譜、諸宮縣、鹵簿、法物及鎧仗，悉送上京。"被德光劫掠北去的，還有彌足珍貴的《定武蘭亭序石刻》一件。

契丹滅晉之役，使文物、圖書大量流失，是華夏文明的一次空前浩劫。不過事情的另一面則是塞北游牧民族從此進一步接受漢文化，民族融合又得以向前推進。宋人田況説：

自開運中德光入汴，盡得晉朝帑實、圖書、服器、工巧，事多摹擬中國，久而益盛矣。始石晉時關南、山後初薙彼，民既不樂附，又爲彼所侵辱，日久企思中國聲教，常若喁息苟生。周世宗止平關南，功不克就，歲月既久，漢民宿齒盡逝，新少者漸服習不怪，甚至右彼而下漢，其間士人及有識者亦嘗悵然，無可奈何。[1]

這種議論是符合實際的。這次，德光南下滅亡後晉的戰爭，成爲契丹王朝日後發展的重要契機。從此之後，他們更加事事摹擬中原王朝，而且接受這次南下因遭遇中原人民激烈反抗而致敗的教訓，逐步改變了對漢族人民公開掠奪的政策。到遼後期，由於南北文化差異日益縮小，遼朝統治下的漢族人民的確有"右彼而下漢"——自認是大遼臣民而不再認同漢人。其實這是遼境內民族融合的反映。

三

契丹統治遭遇中原百姓的激烈反抗，在開封登基後不久，當年

---

① （宋）田況：《儒林公議》，《文淵閣四庫全書》影印本。

四月初德光就不得不從中原撤離。北返途中，他魂斷欒城（石家莊市欒城區），作中原、塞北統一王朝"真皇帝"的美夢最終破滅。大軍帶着經過防腐處理的德光尸體行至鎮州（河北正定），永康王兀欲經過與趙延壽激烈爭奪，在德光柩前繼位。趙延壽原以爲憑自己率領漢軍衝鋒陷陣，爲契丹統治者效盡犬馬之勞，即會被立爲中原傀儡皇帝。因此德光一死，他就開始奪取大位的行動。《資治通鑑》卷二八六後漢高祖天福十二年（947）四月載：

> 趙延壽恨契丹主負約，謂人曰："我不復入龍沙矣。"（胡注：盧龍山後即大漠，故謂之"龍沙"）即日，先引兵入恒州，契丹永康王兀欲及南、北二王，各以所部兵相繼而入。延壽欲拒之，恐失大援，乃納之。時，契丹諸將已密議奉兀欲爲主，兀欲登鼓角樓受叔兄拜；而延壽不之知，自稱受契丹皇帝遺詔，權知南朝軍國事，仍下教布告諸道，所以供給兀欲與諸將同，兀欲銜之。恒州諸門管鑰及倉庫出納，兀欲皆自主之。延壽使人請之，不與……或説趙延壽曰："契丹諸大人數日聚謀，此必有變。今漢兵不下萬人，不若先事圖之。"延壽猶豫不決。壬午，延壽下令，以來月朔日於待賢館上事（胡注：上事者，言欲禮上以領權知南朝軍國事）。受文武官賀。其儀：宰相、樞密使拜於階上，節度使以下拜於階下。李崧以虜意不同，事理難測，固請趙延壽未行此禮，乃止。[①]

趙延壽自以爲依靠手下萬餘漢兵，可以從容不迫地舉行典儀，宣布領受"權知南朝軍國事"，然而就在他疏於防範的情況下，永康王先下手了：他以計拘押了趙延壽，"後數日，集蕃、漢之臣於府署

① 《資治通鑑》卷二八六，後漢高祖天福十二年四月，第9356~9357頁。

（胡注：恒州府署也），宣契丹主遺制。其略曰：'永康王，大聖皇帝之嫡孫，人皇王之長子，太后鍾愛，羣情允歸，可於中京即皇帝位。'（胡注：德光取中國，以恒州爲中京）於是始舉哀成服。既而易吉服見羣臣，不復行喪，歌吹之聲不絕於内"。① 兀欲不依漢禮爲德光服喪，這種情況表明，他爲取悦擁戴自己的契丹權貴，已經改行蕃禮。

《遼史》卷六《穆宗本紀》載，應曆元年（951）冬十一月"乙亥，詔朝會依嗣聖皇帝故事，用漢禮"。這説明世宗在位的短暫期間，遼朝的確曾經放棄漢禮。放棄漢禮，削弱了自己作爲最高統治者的權威，在導致世宗迅速失敗、遇弑的諸多因素中，當是致命性的。因此，穆宗即位後很快又恢復用漢禮。

遼穆宗以後，特別是自"澶淵之盟"以後，遼朝雖然放棄了直接統治中原的意圖，但皇權一直受到"族屬雄强"——契丹貴族勢力的威脅。爲强化皇權，就必須進一步削弱契丹貴族的社會地位，爲此祇有繼續實施漢禮，除此之外，更別無良策。在新的歷史條件下，遼朝在與北宋的密切交往中，加速了全面實施漢禮的進程。

澶淵之盟以後，遼宋雙方交往得以迅速發展，使節往來日益頻繁，遼聖宗爲此曾預作準備。營建中京是他採取的一項重要措施。《遼史》卷一四《聖宗本紀》載："（統和）二十五年春正月，建中京。"此時澶淵之盟訂立不過兩年多。當工程還在進行中，聖宗即親自駕臨中京——同年"冬十月丙申，駐蹕中京"。顯然他是要親自察看和督促工程的進展。二十六年五月"己巳，遣使賀中京成"。僅用了一年零五個月，中京就建成了。二十七年"夏四月丙戌朔，駐蹕中京，營建宮室"。此次聖宗又是親自監督營建工程，足見其對中京建設的重視。

---

① 《資治通鑑》卷二八七，後漢高祖天福十二年五月乙酉朔，第 9358～9359 頁。

中京遺址在内蒙古自治區東部赤峰市寧城縣，這一地區原本是奚王牙帳所在地。這里接近幽薊，在此建新都城，便於通好之後與宋往來。此外，中京地區還有獨特的人文環境。蘇頌有一首以《奚山路》爲題的詩寫道：

> 行盡奚山路更賒，路旁時見百餘家。風煙不改盧龍俗（唐盧龍節度兼押契丹使），塵土猶兼瀚海沙。朱版刻旗村賜食（食邸門掛木刻朱旗），青氈通幰貴人車（貴族之家，車屋通以青氈覆之）。皇恩百歲加荒景，物俗依稀想夢華。

中京地區不僅人煙相對稠密，而且蕃漢雜居，漢人不改盧龍舊俗，人物風俗依稀有華夏之風。這首詩題目之下小注云：“出奚山路，入中京界，道旁店舍頗多，人物亦衆。”[①] 宋使至此，雖已入契丹境，但并無異域之感。

《遼史·地理志》載，遼聖宗決定建新都，即“擇良工於燕、薊，董役二歲，郛郭、宮掖、樓閣、府庫、市肆、廊廡，擬神都之制”。所謂“神都”即唐東都洛陽，武則天於光宅元年（684）曾“改東都爲神都”。[②] 遼朝標榜上承唐制，在都城建築上亦如此。由於遼原有上京，猶如唐先有西京長安，所以中京建設不仿長安而仿洛陽。唐東都洛陽有城三重，分爲外郭、宮城和皇城，遼中京城也分爲外城、内城和皇城三部分。[③]《遼史·地理志·中京道》對中京城有如下記載：

---

① （宋）蘇頌：《蘇魏公文集》卷一三《奚山路》，《文淵閣四庫全書》影印本。
② 《資治通鑑》卷二〇三，光宅元年“改東都爲神都，宮名太初”（第6421頁）。
③ 中國社會科學院考古研究所編《新中國的考古發現和研究》，文物出版社，1984，第601頁。

皇城中有祖廟，景宗、承天皇后御容殿。城池湫濕，多鑿井泄之，人以爲便。大同驛以待宋使，朝天舘待新羅使，來賓舘待夏使。有七金山、馬盂山、雙山、松山、土河。①

皇城内原建有宮殿羣，武功、文華二殿基址猶存。1959 年至 1960 年，我國考古工作者對中京遺址進行過全面勘測和重點發掘。"通過遼中京的勘察和發掘工作，使我們對這座遼代中期新建城市的布局有了較清楚的認識，它比遼代初期所建的上京，更多地模仿了中原都城的制度。"②

路振《乘軺録》稱中京爲"契丹國"，證明遼中期以後，確曾以中京作爲都城。然而，遼的都城與中原的都城不同。中京作爲都城，僅僅是禮儀性的。例如遼聖宗，平時住在捺鉢，往往祇是爲了會見宋朝和高麗使節纔來中京，而且就是這樣一個短暫期間，他也并不住在中京大内，"虜所止之處，官屬皆從，城中無舘舍，但於城外就車帳而居焉"。③ 中京作爲禮儀性的都城，不僅方便了與宋、夏、高麗的交往，同時漢式宮殿羣的建成，也免除了諸多禮儀在上京不能行禮如儀的尷尬。

接受後晉封册、上尊號，是當年遼太宗德光夢寐以求的夙願，并無臣下三番五次拜表請求的虛僞表演，也無須命大臣撰册文，而是一切聽憑後晉馮道一行安排。中京建成後，契丹纔有可能自行舉辦一場完備的漢式册禮。太平元年（1021）聖宗尊號册禮在中京舉行。《遼史》卷一六《聖宗本紀》載："十一月癸未，上御昭慶殿，文武百僚奉册上尊號曰睿文英武遵道至德崇仁廣孝功成治定昭聖神

① 《遼史》卷三九《地理志·中京道》，第 546 頁。
② 中國社會科學院考古研究所編《新中國的考古發現和研究》，第 601 頁。
③ （宋）江少虞：《宋朝事實類苑》卷七七《安邊禦寇·契丹》，上海古籍出版社，1981，第 1012 頁。

贊天輔皇帝，大赦，改元太平，中外官進級有差。"册禮仍然是按照當年太宗册禮儀式進行的，但已是遼朝自己的"文武百僚奉册上尊號"，而且典禮由上京東向宮殿移至中京南向的宮殿中舉行。

決定建立完全漢化都城中京的遼聖宗，是一位積極推進遼朝漢化的皇帝，故其子興宗贊揚他"遠則有虞、大舜，近則唐室文皇"。[①] 上古時期，儒家即認爲所謂"華夏"和"夷狄"的區別主要在文化而不在血統。契丹統治者接受并進一步發揮了這種觀念，他們認爲遼朝既然已經接受了中原的傳統文化，就不再屬"四夷"之列，而是和北宋并立的王朝。在遼宋交往中，遼朝一直堅持互稱南、北朝，以表明雙方地位是對等的。宋朝雖不情願，但也還是接受了互稱南、北朝的主張，於是宋遼就成了兄弟之邦。宋真宗比遼聖宗年長，故真宗爲兄，聖宗爲弟。宋真宗致書於遼，稱聖宗爲弟、承天太后爲嬸，《宋朝事實類苑·典故沿革·北朝官》載：

> 北朝書詔，白紙寫，用御寶印，渾金鍍匣子盛，錦托里，渾金鍍鎖鑰，請御寶印封，并紅絲條、錦重黄襖白面籤云"書致於弟大契丹皇帝闕下，兄大宋皇帝封。"國母即云："嬸，大契丹皇太后。"籤云"謹致書"，下云"謹封"。再用紅羅襖封畢，用詔紙封帶，復用御寶印。大中祥符正月，契丹太后喪，予慰書，用黄羅襖。乾興元年二月，告哀，亦用黄羅襖。當年十月，與契丹皇后生辰書，却用紅羅襖。[②]

雙方交往過程中表現的這種手足親情關係，爲宋真宗和遼聖宗的繼承者繼續沿用。《石林燕語》記載：

---

①　《遼陵石刻集録》卷二《聖宗皇帝哀册》，僞奉天圖書館，1934。

②　（宋）江少虞：《宋朝事實類苑》卷三三《典故沿革·北朝官》，第421頁。

契丹既修兄弟之好，仁宗初，隆緒在位，於仁宗爲伯。故明肅太后臨朝，生辰正旦，虜皆遣使致書太后，本朝亦遣使報之，猶娣婦通書於伯母，無嫌也。至和二年，宗真卒，洪基嗣位，宗真妻臨朝，則仁宗之弟婦也，與隆緒時異。衆議：每遣使但致書洪基，使專達禮意，其報亦如之，最爲得體。元祐初，宣仁臨朝，洪基亦英宗之弟，因用至和故事。①

隆緒與宋仁宗之父真宗爲兄弟行，遼聖宗耶律隆緒小於宋真宗，因此隆緒之於宋仁宗當爲叔。遼興宗耶律宗真與宋仁宗又爲兄弟，而宋仁宗長於遼興宗，仁宗爲兄，興宗爲弟。應當説宋遼皇室之間這種兄弟關係，恰好反映了漢族與契丹之間的親情。

元人耶律楚材有詩云："遼家遵漢制，孔教祖宣尼。煥若文章備，康哉政事熙。朝廷嚴衮冕，郊廟奏塤篪"。② 遼朝採用的"漢制"，其中之一即是"漢禮"，它體現了孔子的思想、學説，并且與體現孔子思想的文章、政事、服飾及祭祀的音樂相配合。

在遼宋密切交往中，遼朝亦步亦趨地向宋朝學習禮儀。遼朝有些禮儀完全照搬宋朝儀式，如《遼史》卷五一《禮志·臣僚接見儀》，接見前，先要由内侍"奏見牓子"，即内侍先要向皇帝奏上當日被接見者的名單，皇帝首肯之後，纔能引入牓子上的臣僚。

勘箭儀本宋初行之，元豐元年以後，此儀在宋已廢止不行，然景德初遼宋開始通好後勘箭之儀行之於遼，則未有廢止的記載。

《遼史》卷四二《曆象志》載："大同元年，太宗皇帝自晉汴京收百司僚屬、伎術、曆象，遷于中京，遼始有曆……聖宗統和十二年，可汗州刺史賈俊進新曆，則大明曆是也。"遼初無曆，當然

---

① （宋）葉夢得：《石林燕語》卷二，中華書局，1984，第18頁。
② （元）耶律楚材：《湛然居士集》卷一二《懷古一百韻寄張敏之》，《四部叢刊》影元寫本。

也就無正旦、立春、冬至等禮儀。後來遼宋雙方曆法不同，但正旦等朝賀儀式相似，因爲遼多摹仿宋。

"元會"即皇帝於元旦朝會羣臣，也稱"正會"。最初始於漢，魏、晉以降皆因之。"冬會"是立冬的祭祀活動。元會、冬會以及其他重要祭祀、慶典，遼初皇帝沿襲唐制服通天冠。[①]《遼史·儀衛志》又載："衮冕，祭祀宗廟、遺上將出征、飲至、踐阼、加元服、納后若元日受朝則服之……《元日朝會儀》，皇帝服衮冕。""元日朝會儀"即"正旦朝賀儀"，也就是上面所説的"元會"，皇帝究竟是服通天冠還是衮冕，《儀衛志》的記載是矛盾的。之所以會出現這種矛盾，是因爲修史者將兩個不同時期的記載并列起來，而沒有發現其變化的過程。皇帝服通天冠，是早期沿襲唐五代之制，衮冕則是與宋通好之後摹仿宋制。以《遼史》卷五三《禮志》所載"正旦朝賀儀"與《宋會要輯稿》禮八之一五《大朝會儀》對照，可以發現皇帝的制敕内容一字不差，皆曰"履新之慶，與公等同之"。區別祇在於遼由宣徽傳宣，宋由侍中傳宣。此外，宋"再拜"（兩拜），遼皆改爲五拜。

契丹故俗在遼朝禮儀中亦有保存，但是都經過改造，成爲皇朝禮儀的一部分。以遼朝的喪葬等"凶儀"爲例，這些遼中期以後逐漸形成的朝廷禮儀内，契丹故俗僅以從屬地位存在着。

遼太宗死於北返途中，世宗、穆宗皆遇弑死於非命。景宗雖壽

---

① 《遼史·儀衛志》關於通天冠那段文字，本《舊唐書》卷四五《輿服志》，但有錯漏。《新唐書》卷二四《車服志》的有關記載，有助於理解《舊唐書》的相關文字："通天冠者，冬至受朝賀、祭還、燕羣臣、養老之服也。二十四梁，附蟬十二首，施珠翠、金博山，黑介幘，組纓翠緌，玉、犀簪導，絳紗袍，朱裹紅羅裳，白紗中單，朱領、褾、襈、裾，白裙、襦，絳紗蔽膝，白羅方心曲領，白韈，黑舄。白假帶，其制垂二條帛，以變祭服之大帶。天子未加元服，以空頂黑介幘，雙童髻，雙玉導，加寶飾。"（第515~516頁）

終正寢，但其葬禮在《遼史》中并無具體記載。《遼史》卷五〇《禮志·喪葬儀》所記是聖宗及道宗喪禮，而且二者頗不相同。先看聖宗喪禮，殯殮後停放棺槨於“菆塗殿”，稱“大行”，出殯就“輼輬車”，這都是符合皇帝身份的漢式葬禮，但却過多摻雜契丹故有習俗，如巫者祓除、祈禳等，將這些契丹故俗加入葬禮中，與傳統帝王葬禮不合。道宗葬禮則完全不同。天祚帝問禮於總知翰林院事耶律固，道宗葬禮對此前契丹故俗多所摒棄。例如巫者祓除、祈禳以及所謂“燒飯”都不再進行。爲道宗服喪，皇族、外戚及蕃漢官員皆服“斬衰”。喪葬儀的變化反映了契丹喪葬習俗在皇家喪禮中影響逐漸減少，直至幾乎完全消失。

“燔柴告天”，是古代天子祭天之禮。遥輦氏阻午可汗制柴册儀，正是爲彰顯其王者地位。耶律阿保機自稱“天皇帝”，行此禮，顯然也是取其“定天位”之義。此後遼朝諸帝行柴册禮雖仍然保留其中的“再生儀”等契丹傳統禮俗，但已不再“燔柴告天”，而是將其改造得更符合唐以後的漢禮。其他如拜日、拜火神、祭山、祭東等禮儀，雖然皆爲塞北民族故俗，但都已經加以改造，使其成爲與皇帝身份相適應的禮儀。

四

論及禮儀就不能不涉及與禮相配合的樂。見諸《遼史》記載的遼代音樂基本上祇有宮廷音樂，其演變過程也大抵與禮儀同步，也是由繼承唐五代到學習北宋。《遼史》卷五四《樂志》載：

> 遼有國樂，有雅樂，有大樂，有散樂，有鐃歌、橫吹樂。舊史稱聖宗、興宗咸通音律聲氣、歌辭舞節，徵諸太常儀鳳、

教坊不可得。①

所謂“國樂”，即契丹民族音樂。公元十世紀初阿保機奪取汗位之前，契丹社會内部并無顯著的階級分化，因此反映契丹民間生産、生活，表達人民真情實感的音樂，并不適合作爲新興的契丹王朝的宫廷音樂，不能登朝會、讌享的大雅之堂。統治者祇是在宫廷以外的游樂活動中纔偶爾動用“國樂”。《遼史·樂志》載：“七月十三日，皇帝出行宫三十里卓帳。十四日設宴，應從諸軍隨各部落動樂。”契丹人的音樂簡單而樸素，他們信手拈來一片樹葉，可以“吹葉成曲，以番歌相和，音韻甚和”。②

聖宗、興宗通曉音律，不是説他們精通契丹民族音樂，即所謂國樂，他們精通音律聲氣、歌辭舞節，即通曉雅樂、大樂的節奏以及歌辭包含的舞蹈动作。聖宗、興宗精通的“聲氣”專指音律的聲氣。音聲的高低、强弱、急促或舒緩都是由氣息决定的。《朱子語類》卷九二《樂》：“又問聲氣之元。曰：律歷家最重這元聲，元聲一定，向下都定；元聲差，向下都差。”同樣，懂音樂的聖宗、興宗通歌辭也是專指含“舞節”的歌辭，或者説是歌辭與舞節的關係。“舞與歌相應：歌主聲，舞主形。自六代之舞至于漢魏，並不著辭也。舞之有辭，自晉始。”③ 以雅樂、大樂爲代表的宫廷音樂，其内容和形式都是爲了彰顯帝王的威權。“今夫樂始於聲，聲始於宫。宫，土音也，其數八十一，其聲最大而中，固足以綱四聲、覆四方，君之象也。”④ 遼朝的宫廷音樂，全部來自唐五代和北宋。

---

① 中華書局點校本這一段是：“舊史稱聖宗、興宗咸通音律，聲氣、歌辭、舞節，徵諸太常、儀鳳、教坊不可得。”（1974 年精裝點校本第 2 册，第 881 頁；2017 年修訂本，第 979 頁）

② （宋）葉隆禮：《契丹國志》卷二五《張舜民使北記·吹葉成曲》，第 270 頁。

③ （宋）鄭樵：《通志·樂略·樂府總序》，《文淵閣四庫全書》影印本。

④ （宋）陳暘：《樂書》卷九《禮記訓義》，《文淵閣四庫全書》影印本。

會同元年（938），後晉爲遼太宗德光和其生母述律太后舉行册禮，馮道一行帶去了宮懸雅樂，其後大同元年（947），太宗北返又從開封帶走了太常樂譜、樂工和樂器。從此，遼朝有了主管音樂表演和音樂人才培養的機構——太常寺下轄的太樂署和鼓吹署。《遼史·樂志》以"太常儀鳳"喻太樂署和鼓吹署，因其是音樂表演機構，故將之喻爲鳥獸鳴叫之所。"《黃圖》曰'文王立辟廱而知人之歸附，靈臺靈沼而知鳥獸之得其所'，以爲音聲之道與政通，故合樂以識之。案此類而言，即簫韶、儀鳳，非真有鳳來也。"① 教坊是負責宮廷表演的機構，有衆多樂舞表演者，《唐會要》卷三載：貞元二十一年（805）三月"出後宮及教坊女妓六百人，聽其親戚迎於九僊門，百姓莫不叫呼大喜"。② 遼的教坊雖然不一定有很大規模，但也同樣匯集了各類表演人才。

雅樂源自先秦《詩》三百篇的曲調，自漢至曹魏以至北魏太和間的傳承過程，明代學者方以智有詳細考證。他說："《詩》三百篇皆樂也，正調即雅樂也。樂不過高、下、疾、徐，中節而已。五經無樂，獨以《樂記》當之乎！《記》曰：'誦《詩》三百，歌《詩》三百，絃《詩》三百，舞《詩》三百。'" "古樂之存者，至魏猶有《鹿鳴》《騶虞》《伐檀》《文王》四曲，皆古聲辭。魏武平荆州，獲雅樂郎杜夔，故始設軒縣。及太和中左延年改變《騶虞》《伐檀》《文王》三曲，更自作聲節，惟《鹿鳴》不改。每正旦大會，太尉奉璧君後行禮，東厢雅樂常作者是也。"③

聖宗、興宗咸通音律，表明他們對樂亦同禮一樣重視。他們在位時，宮廷雅樂的形式和內容都有很多改變，經歷了從模仿唐五代到模仿宋的過程。《遼史·樂志》載：

① （宋）程大昌：《演繁露》卷一《韶鳳石獸》，（明）程煦校刻本。
② （宋）王溥：《唐會要》卷三，《文淵閣四庫全書》影印本。
③ （明）方以智：《通雅》卷二九《樂曲》，《文淵閣四庫全書》影印本。

　　唐《十二和樂》，遼初用之：《豫和》祀天神，《順和》祭地祇，《永和》享宗廟，《肅和》登歌奠玉帛，《雍和》入俎接神，《壽和》酌獻飲神，《太和》節升降，《舒和》節出入，《昭和》舉酒，《休和》以飯，《正和》皇后受冊以行，《承和》太子以行。①

雅樂十二和樂，其中《豫和》、《順和》、《永和》、《肅和》、《雍和》及《壽和》等是用於祭祀的音樂，其餘則是用於宮廷生活和各種儀式的演奏。《遼史·樂志》又載：

　　聖宗統和元年，冊承天皇太后，設宮懸，簨簴，太樂工、協律郎入。太后儀衛動，舉麾，《太和》樂作；太樂令、太常卿導引昇御坐，簾捲，樂止。文武三品以上入，《舒和》樂作；至位，樂止。皇帝入門，《雍和》樂作；至殿前位，樂止。②

十二和樂是唐代的雅樂，唐太宗貞觀二年（628）太常少卿祖孝孫奏：“陳、梁舊樂，雜用吳、楚之音；周、齊舊樂，多涉胡戎之伎。於是斟酌南北，考以古音，作爲大唐雅樂，以十二律各順其月，旋相爲宮，按《禮記》云‘大樂與天地同和’，故制十二和之樂，合三十一曲、八十四調。”③ 隋唐雅樂傳自梁陳，與漢魏以《詩》三百篇爲曲調的雅樂已大不相同。而隋唐對梁陳雅樂又多有改革，主要是以梁陳的江南曲調，兼採胡樂節奏，“華聲而用胡樂之節奏，惟瀛府獻仙音，謂之法曲，即唐之法部也”。④ 經過唐末喪亂，十

---

① 《遼史》卷五四《樂志》，第982頁。
② 《遼史》卷五四《樂志》，第981頁。
③ 《舊唐書》卷二八《音樂志》，中華書局，1975，第1041頁。
④ 《宋史》卷一三一《樂志》，中華書局，1977，第3052頁。

二和樂、法曲在後梁和後唐宮廷中都無法繼續演奏。"莊宗起於朔野，經始霸圖，其所存者，不過邊部鄭聲而已，先王雅樂，殆將泯絕。"① 後唐音樂，所存"不過邊部鄭聲"，即祇有北部邊境地區的民歌之類。遼太宗德光滅晉，雖然從開封獲得了太常樂譜、樂器以及一批樂工和音樂家，但皆非大唐之舊，難以興滅繼絕。因此，很難說遼朝雅樂"十二和樂"就是大唐的"十二和樂"。

太宗至聖宗時期，基本上是沿襲唐代殘缺不全的雅樂，聖宗以後情況有所變化，與宋通好以後，得以方便學習北宋的音樂。《遼史·樂志》載："興宗重熙九年，上契丹册，皇帝出，奏《隆安》之樂。""册皇太子儀：太子初入門，《貞安》之樂作。"《隆安》《貞安》都是十二安樂中的樂章。十二安樂是宋樂。建隆元年（960）兼判太常寺竇儼上言：

> 請改周樂文舞崇德之舞爲《文德之舞》，武舞象成之舞爲《武功之舞》，改樂章十二順爲十二安，蓋取"治世之音安以樂"之義，祭天爲《高安》，祭地爲《静安》，宗廟爲《理安》，天地、宗廟登歌爲《嘉安》，皇帝臨軒爲《隆安》，王公出入爲《正安》，皇帝食飲爲《和安》，皇帝受朝、皇后入宮爲《順安》，皇太子軒懸出入爲《良安》，正月朝會爲《永安》，郊廟俎入爲《豐安》，酌獻、飲福、受胙爲《僖安》，祭文宣王、武成王同用《永安》，藉田、先農用《静安》。②

從聖宗時的十二和樂到興宗以後的十二安樂，反映了遼朝宮廷雅樂由摹仿唐雅樂到摹仿宋雅樂的歷史過程。

"大樂"是指雅樂中用於祭祀的樂舞。《舊唐書》卷二八《音

---

① 《舊五代史》卷一四四《樂志》，第1923頁。
② （宋）李燾：《續資治通鑑長編》卷一，建隆元年三月己巳，第1册，第11頁。

樂志》載："長壽二年正月則天親享萬象神宫。先是上自製神宫大樂舞，用九百人，至是舞於神宫之庭。"① 此外，"大樂"還是比雅樂更廣泛的概念，泛指北朝—隋唐融合中亞音樂的"華夏正聲"。《遼史·樂志》云：

自漢以來，因秦、楚之聲置樂府。至隋高祖詔求知音者，鄭譯得西域蘇祗婆七旦之聲，求合七音八十四調之説，由是雅俗之樂，皆此聲矣。用之朝廷，別於雅樂者，謂之大樂。②

"大樂"，漢稱"大予樂"，當初是皇帝進餐時演奏的音樂。漢武帝時定郊祀禮，始立樂府，掌管宫廷、巡行、祭祀所用的音樂，兼採民歌配以樂曲，以李延年爲協律都尉掌樂府。樂府的音樂都屬於"大樂"。漢以後，"大樂十三曲，魏時省《遠期》《承元氣》《海淡淡》三曲，皆大予樂官掌之"。③ 西晉末年，隨着胡人紛紛在北方建立割據政權，他們的音樂也在更大程度上影響中國古代故有的傳統音樂。北周武帝時龜兹人蘇祗婆向北朝傳播中亞音樂文化，成爲中國音樂史上頗具影響力的音樂家。《隋書》卷一四《音樂志》載開皇二年詔求知音，鄭譯對曰：

有龜兹人曰蘇祗婆，從突厥皇后入國，善胡琵琶。聽其所奏，一均之中間有七聲。因而問之，答云："父在西域，稱爲知音。代相傳習，調有七種。以其七調，勘校七聲，冥若合符。一曰'娑陀力'，華言平聲，即宫聲也。二曰'雞識'，華言長聲，即商聲也。三曰'沙識'，華言質直聲，即角聲也。四曰'沙侯加濫'，華言應聲，即變徵聲也。五曰'沙臘'，華言應和聲，即徵聲也。

① 《舊唐書》卷二八《音樂志》，第 1050 頁。
② 《遼史》卷五四《樂志》，第 983 頁。
③ （明）方以智：《通雅》卷二九《樂曲》，《文淵閣四庫全書》影印本。

六曰'般瞻'，華言五聲，即羽聲也。七曰'俟利箑'，華言斛牛聲，即變宮聲也。"譯因習而彈之，始得七聲之正。①

蘇祗婆將七音，即比五音多出兩個"半音程"的樂律傳入中國，後爲隋唐承襲，如果把宮、商、角、徵、羽五音與"變宮""變徵"一起算進來，旋宮轉調，每均可以有七個調，十二均就有八十四個調，"古法一律有七音，十二律共八十四調。更細分之，尚不止八十四，逸調至多"。②

隋唐時期南方六朝音樂與北朝胡樂相互融合，成爲隋唐以後的"華夏正聲"。方以智云：

> 六代多吳音，北樂襲外國。乃隋平得樂，存者什四，世以爲中外正聲，蓋俗樂也。至是沛國公鄭譯復因龜茲人白蘇祗婆善琵琶，而翻七調，遂以制樂。故今樂家猶有大石、小石、大食、般涉等調。大石等國本在西域，而般涉即是般瞻，華言羽聲，隋人且以是爲太蔟羽矣。教坊色長張侇曾製《大樂玄機論》，七音、六十律、八十四調不脫白蘇之舊。③

"大石"即"大食"，是唐宋時期中國對阿拉伯人的專稱，同時又是對伊朗語地區穆斯林的泛稱。當時人們還不知阿拉伯人、波斯人、穆斯林三者的區別，故統稱爲大食。《遼史》有關於契丹遣嫁公主於大食王子等記載，其中大食顯然不是指遠在西方的阿拉伯人，而應是指中亞地區的某個穆斯林政權。遼的"大樂"，基本上是承襲隋唐，與漢魏大樂不同的是其間有中亞音樂的成分。同時遼

---

① 《隋書》卷一四《音樂志》，中華書局，1973，第345~346頁。
② （宋）沈括：《夢溪筆談》卷六《樂律》，《文淵閣四庫全書》影印本。
③ （明）方以智：《通雅》卷二九《樂曲》，《文淵閣四庫全書》影印本。

與大食關係密切，也會直接輸入中亞的音樂。

"大樂"還包括"登歌"，《遼史·樂志》記載天祚皇帝天慶元年（1111）上壽儀云：

> 太樂令奏舉觴，登歌，樂作；飲訖，樂止。行臣僚酒遍，
> 太樂令奏巡周，舉麾，樂作；飲訖，樂止。太常卿進御食，太
> 官令奏食遍，樂作；《文舞》入，三變，引出，樂止。次進酒，
> 行臣僚酒，舉觴，巡周，樂作；飲訖，樂止。次進食，食遍，
> 樂作；《武舞》入，三變。引出，樂止。①

"登歌"，突出的是歌聲，即歌唱时歌聲要蓋過伴奏。"古者登歌，下管與清聲在上，貴人聲也，謂之登歌。"② 演唱者在殿堂上占據突出位置，歌聲要壓過伴奏，反映出以歌詩爲主的效果，"是以登歌在上，而堂上堂下之器應之，是之謂以樂從詩"。③《文》《武》二舞原本爲隋代樂舞。"三變"即舞蹈的三個單元，三個樂章。"貞觀七年製破陣樂舞……令起居郎呂才依圖教樂工百二十人被甲執戟而習之，凡爲三變：每變爲四陣，有來往、疾徐、擊刺之象，以應歌節，數日而就。"④

遼的大樂也和雅樂一樣傳承自隋唐，但經唐末、五代版蕩之餘，已是殘缺不全了，宮廷樂舞更是如此。《遼史·樂志》載：

> 唐末、五代版蕩之餘，在者希矣。遼國大樂，晉代所傳。《雜

---

① 《遼史》卷五四《樂志》，第984頁。
② （明）楊慎：《丹鉛摘録》卷一二引（晉）孟嘉《論樂》，《文淵閣四庫全書》影印本。
③ （清）顧炎武著，黃汝成集釋《日知録集釋》卷五《樂章》，上海古籍出版社，2006，第285頁。
④ （唐）杜佑：《通典·樂典·坐立部伎》，中華書局，1988，第3719頁。

禮》雖見坐部樂工左右各一百二人，蓋亦以《景雲》遺工充坐部；其坐、立部樂，自唐已亡，可考者唯《景雲》四部樂舞而已。①

唐太宗時作《七德》《九功》兩部樂舞，頌揚其武功與文治。"《七德舞》者，本名《秦王破陣樂》。太宗爲秦王，破劉武周，軍中相與作《秦王破陣樂》曲。及即位，宴會必奏之。""《九功舞》者，本名《功成慶善樂》。太宗生於慶善宮，貞觀六年幸之，宴從臣，賞賜閭里，同漢沛、宛。帝歡甚，賦詩，起居郎呂才被之管絃，名曰《功成慶善樂》，以童兒六十四人，冠進德冠，紫袴褶，長袖，漆髻，屣履而舞，號《九功舞》。進蹈安徐，以象文德。"② 武后時，《七德》《九功》樂舞已經不再表演。故遼代可考者唯《景雲》四部樂。《景雲》，唐高宗時的樂舞名。張文收採用古代關於太平盛世出現"河清"之説，"爲《景雲河清歌》，亦名燕樂。有玉磬、方響、搊箏、筑、臥箜篌、大小箜篌、大小琵琶、大小五絃、吹葉、大小笙、大小觱篥、簫、銅鈸、長笛、尺八、短笛，皆一；毛員鼓、連鞉鼓、桴鼓、貝，皆二。每器工一人，歌二人。工人絳袍，金帶，烏鞾。舞者二十人。分四部：一《景雲舞》，二《慶善舞》，三《破陣舞》，四《承天舞》。《景雲樂》，舞八人，五色雲冠，錦袍，五色袴，金銅帶"。③ 總之，不論是"文""武"二舞，

---

① 《遼史》卷五四《樂志》，第 984 頁。
② 《新唐書》卷二一《禮樂志》，第 467~468 頁。
③ 《新唐書》卷二一《禮樂志》，第 471 頁。《慶雲》樂舞：點校本《遼史》卷五四校勘記〔六〕："慶雲樂舞　《新唐書》二一《禮樂志》十一、《舊唐書》二九《音樂志》二并作《慶善》樂舞，以唐太宗生於慶善宮。"（第897 頁）按：《慶雲》非《慶善》。後者即《九功》。《慶雲》爲樂曲名，據《新唐書·禮樂志》，《慶雲》之曲，是高宗所作《上元舞》演奏的曲目之一，"大祠享皆用之"（第 468 頁）。《宋史》卷一四二《樂志》："行酒，惟慶節上壽及將相入辭賜酒，則止奏樂。所奏凡十八調四十大曲。"（第 3348頁）《慶雲曲》屬"歇指調"。

還是《景雲》樂舞，都是"猶歌前代功德"的，而遼王朝始終沒有歌頌自己列祖列宗功德的樂舞，他們之所以長期容忍這種情況延續，是因爲其自身文化底蘊不足，缺少具有禮樂專門知識的創作人才。

遼朝在宴會中演奏的樂曲還有"大曲"。"大曲之名，自沈約至於兩宋，皆以遍數多者爲大曲，雖淵源不同，其義固未嘗有異也。唐時雅樂俗樂均有大曲。"① "大曲"中有一段稱爲"破"，也可以單獨演唱"曲破"。"曲破"亦成爲獨立曲種。《遼史》卷五一《禮志·曲宴宋使儀》記載宴會中有"曲破"上演：

> 殿上酒九行，使相樂曲聲絶，揖兩廊從人起，贊"拜"，稱"萬歲"，贊"各好去"，承受引出。曲破，殿上臣僚、使副皆起立，贊"拜"，稱"萬歲"。②

遼宮廷中上演的"曲破"可能是鼓樂伴奏的獨舞。陳暘《樂書》卷一八五《女樂下》云：

> 至於優伶常舞大曲，惟一工獨進，但以手袖爲容，蹋足爲節。其妙串者，雖風旋、鳥騫不踰其速矣。然大曲前緩疊不舞，至入破則羯鼓、震鼓、大鼓與絲竹合作，句拍益急，舞者入場，投節制容，故有催拍、歇拍之異，姿制俯仰，百態橫出。③

"曲破"作爲獨立樂曲有許多種，《宋史》卷一四二《樂

---

① 王國維：《唐宋大曲考》，《王國維遺書》第 15 册，上海古籍書店，1983。
② 《遼史》卷五一《禮志·曲宴宋使儀》，第 948 頁。
③ （宋）陳暘：《樂書》卷一八五《女樂下》，《文淵閣四庫全書》影印本。

志》載：

> 曲破二十九：正宮《宴鈞臺》，南呂宮《七盤樂》，仙呂宮《王母桃》，高宮《靜三邊》，黃鍾宮《採蓮回》，中呂宮《杏園春》《獻玉杯》，道調宮《折枝花》，林鍾商《宴朝簪》，歇指調《九穗禾》，高大石調《囀春鶯》，小石調《舞霓裳》，越調《九霞觴》，雙調《朝八蠻》，大石調《清夜遊》，林鍾角《慶雲見》，越角《露如珠》，小石角《龍池柳》，高角《陽臺雲》，歇指角《金步搖》，大石角《念邊功》，雙角《宴新春》，南呂調《鳳城春》，仙呂調《夢鈞天》，中呂調《採明珠》，平調《萬年枝》，黃鍾羽《賀回鸞》，般涉調《鬱金香》，高般涉調《會天仙》。
>
> 琵琶獨彈曲破十五：鳳鸞商《慶成功》，應鍾調《九曲清》，金石角《鳳來儀》，芙蓉調《藥宮春》，蕤賓調《連理枝》，正仙呂調《朝天樂》，蘭陵角《奉宸歡》，孤鴈調《賀昌時》，大石調《寰海清》，玉仙商《玉芙蓉》，林鍾角《泛仙槎》，無射宮調《帝臺春》，龍仙羽《宴蓬萊》，聖德商《美時清》，仙呂調《壽星見》。①

遼朝喜愛"曲破""大曲"，因爲"大曲"本來是西北邊遠地區的音樂。王國維說："趙宋大曲實出於唐大曲，而唐大曲以伊州、涼州諸曲爲始，實皆自邊地來也。"② 王氏又引程大昌一段話，以證其說："樂府所傳大曲惟涼州最先出。《會要》曰自晉播遷，内地古樂或分散不存，符堅滅涼，始得漢魏清商之樂，傳於前後二秦。及宋武定關中，收之入於江南，隋平陳獲之。隋文曰此華夏正

① 《宋史》卷一四二《樂志》，第3351~3352頁。
② 王國維：《唐宋大曲考》，《王國維遺書》第15冊。

聲也，乃置清商署，總謂之清樂。"①

"散樂"常用於"百戲"伴奏，如角觝，《遼史‧樂志》記載，
册皇后、皇帝生辰以及曲宴宋使，都有角觝登場。《樂書》卷一八
六《角觝戲 蚩尤戲》：

> 角觝戲本六國時所造，秦因而廣之。漢興雖罷，至武帝復
> 采用之。元封中，既廣開上林，穿昆明池，營千門萬戶之宮，
> 設酒池肉林以饗四夷之客，作巴渝都盧海中碭極漫衍魚龍、角
> 觝以觀示之。角者，角其伎也，兩兩相當，角及伎藝、射御
> 也，蓋雜伎之摠稱云。或曰蚩尤氏頭有角，與黃帝鬥，以角觝
> 人。今冀州有樂名蚩尤戲，其民兩兩載牛角而相觝，漢造此
> 戲，豈其遺象邪？後魏道武帝天興中詔太樂摠章鼓吹增修雜
> 戲，造五兵角觝、麒麟鳳凰、仙人長蛇白象舞及諸畏獸、魚龍
> 辟邪、鹿馬仙車，高絙百尺，長趫緣橦跳丸五案以備百戲，大
> 饗設於殿前。明元帝初又增修之，撰合大曲，更爲鐘鼓之節，
> 是不知夷樂作於中國之庭，陳禪所以力排之也。②

角觝戲有悠久的歷史，後更爲雜伎之總稱。樂志中列角觝戲，
是因其表演時有伴奏。這種音樂興起於北魏明元帝時，"撰合大曲，
更爲鐘鼓之節"，雖然利用傳統的鐘鼓掌握節奏，但可能這種新撰
作的大曲，主要是取材於胡人音樂。陳禪字紀山，巴郡安漢人，東
漢安帝時爲漢中太守，拜諫議大夫。永寧元年（120），"西南夷撣
國王獻樂及幻人，能吐火，自支解，易牛馬頭。明年元會，作之於
庭，安帝與羣臣共觀，大奇之。禪獨離席舉手大言曰：'昔齊、魯

---

① （宋）程大昌：《演繁露》卷七《涼州梁州》，（明）程煦校刻本。
② （宋）陳暘：《樂書》卷一八六《角觝戲 蚩尤戲》，《文淵閣四庫全書》影
印本。

爲夾谷之會，齊作侏儒之樂，仲尼誅之。又曰：'放鄭聲，遠佞
人。'帝王之庭，不宜設夷狄之技。"① 角觝戲、百戲音樂雖然有胡
樂成分，但長期在中原流傳，早已漢化。這種音樂既有契丹人喜愛
的風格，又不違背遼朝宮廷音樂漢化的大趨勢。

---

① 《後漢書》卷五一《陳禪傳》，中華書局，1965，第1685頁。

後　記

　　在寫作過程中，得到中國歷史研究院古代史所同仁吳麗娛、江小濤、樓勁、關樹東諸先生的幫助，他们在百忙中抽暇審讀書稿，提出了許多很好的意見和建議。吳、江二位還爲本稿推薦出版，關樹東先生爲聯繫出版不辭辛勞。本書責任编辑社會科學文獻出版社趙晨、宋超對書稿提出一些重要的修改意見，本書得以現在的面貌呈獻給讀者，實與他們高度負責的工作分不開，在此一併致謝。此外，作者因罹患目疾頑症，書稿校對和修改多賴妻任芬與兒李羣協助。

圖書在版編目（CIP）數據

遼史禮志疏證稿／李錫厚著．--北京：社會科學
文獻出版社，2023.6
（中國社會科學院老年學者文庫）
ISBN 978-7-5228-1473-5

Ⅰ.①遼… Ⅱ.①李… Ⅲ.①中國歷史-遼代 ②《遼
史》-研究 Ⅳ.①K246.104.2

中國國家版本館 CIP 數據核字（2023）第 037025 號

中國社會科學院老年學者文庫
遼史禮志疏證稿

著　　者／李錫厚

出 版 人／王利民
責任編輯／趙　晨　宋　超
責任印制／王京美

出　　版／社會科學文獻出版社·歷史學分社（010）59367256
　　　　　　地址：北京市北三環中路甲 29 號院華龍大廈　郵編：100029
　　　　　　網址：www.ssap.com.cn
發　　行／社會科學文獻出版社（010）59367028
印　　裝／三河市龍林印務有限公司

規　　格／開本：787mm×1092mm　1/16
　　　　　　印　張：14　字　數：181 千字
版　　次／2023 年 6 月第 1 版　2023 年 6 月第 1 次印刷
書　　號／ISBN 978-7-5228-1473-5
定　　價／98.00 圓

讀者服務電話：4008918866